Oliver Sacks

STUMME STIMMEN

Reise in die Welt der Gehörlosen

Deutsch von
Dirk van Gunsteren

Rowohlt

Die Originalausgabe erschien 1989 unter dem Titel
«Seeing Voices: A Journey into the World of the Deaf»
im Verlag University of California Press, Berkeley / Los Angeles
Umschlagillustration Jan Rieckhoff
Umschlagtypographie Büro Hamburg / Peter Wippermann

1. Auflage August 1990
Copyright © 1990 by Rowohlt Verlag GmbH,
Reinbek bei Hamburg
«Seeing Voices»
Copyright © 1989 by Oliver Sacks
Alle deutschen Rechte vorbehalten
Satz Bembo (Linotronic 500)
Gesamtherstellung Clausen & Bosse, Leck
Printed in Germany
ISBN 3 498 06238 7

Für Isabelle Rapin,
Bob Johnson,
Bob Silvers
und Kate Edgar

[Die Gebärdensprache] ist für diejenigen, die sie meisterhaft beherrschen, eine überaus schöne und ausdrucksvolle Sprache, für die im Hinblick auf ihre Eignung, den Gedankenaustausch zwischen Taubstummen zu befördern und einen leichten und raschen Zugang in die Geisteswelt von Gehörlosen zu finden, weder die Natur noch menschliche Kunstfertigkeit ein zufriedenstellendes Surrogat geschaffen haben.

Wer sie nicht versteht, kann unmöglich begreifen, welche Ausdrucksvielfalt sie den Gehörlosen bietet, wie wichtig sie für das ethische und soziale Glück derjenigen ist, die des Gehörs beraubt sind, und wie wunderbar sich ihre Macht ausnimmt, Menschen, deren Verstand sonst in immerwährende Finsternis getaucht wäre, Gedanken nahezubringen. Auch vermag er nicht zu ermessen, wieviel Halt sie den Gehörlosen gibt. Solange auch nur zwei Gehörlose auf dieser Erde leben, werden sie, wenn sie einander begegnen, Gebärden benutzen.

J. Schuyler Long
Direktor der Iowa School for the Deaf
«The Sign Language» (1910)

INHALT

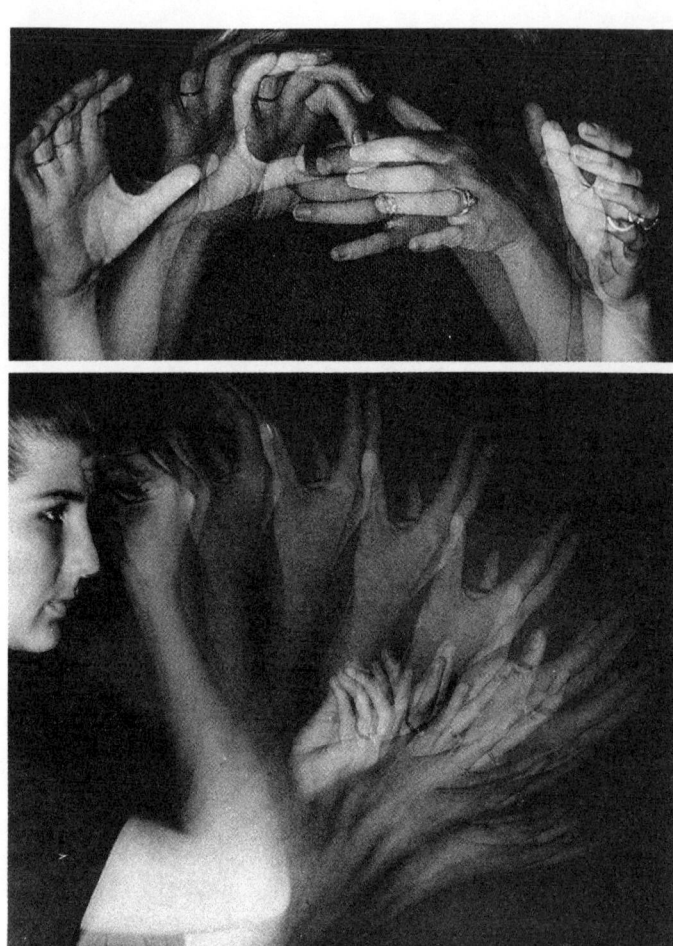

Stroboskopien der ASL-Gebärden VERBINDEN und INFORMIEREN.
Aus: «The Signs of Language» von Edward S. Klima und Ursula
Bellugi, Harvard University Press, 1979.

VORWORT

Vor drei Jahren wußte ich nichts über die Situation von Gehörlosen und wäre nie auf den Gedanken gekommen, daß die Be-
schäftigung mit diesem Thema Erkenntnisse über so viele Bereiche, vor allem aber über den Bereich der Sprache, liefern
könnte. Ich war überrascht, als ich mich mit der Geschichte
der Gehörlosen und den außerordentlichen (sprachlichen)
Herausforderungen befaßte, vor denen sie stehen, überrascht
auch, von einer ganz und gar visuellen Sprache zu erfahren, der
Gebärdensprache, die sich in ihrem Modus von meiner eigenen, der Lautsprache, wesentlich unterscheidet. Es ist nur zu
leicht, Sprache, die eigene Sprache, als etwas Selbstverständ-
liches anzusehen – vielleicht muß man mit einer anderen Sprache oder vielmehr: einem anderen Sprach*modus* konfrontiert
werden, damit man sich wieder verwundert, in das Wundern
hineingestoßen wird.

Als ich zum erstenmal etwas über Gehörlose und diesen
einzigartigen Sprachmodus las, gab mir die Lektüre den
Wunsch ein, zu einer Erkundung, einer Reise aufzubrechen.
Diese Reise führte mich zu Gehörlosen und ihren Familien, zu
Gehörlosenschulen und nach Gallaudet, der einzigen Universität für Gehörlose; sie führte mich auf die Insel Martha's
Vineyard, wo es früher einmal erbliche Taubheit gegeben hat
und wo jeder (Hörende wie Gehörlose) die Gebärdensprache
beherrschte; sie führte mich in Städte wie Fremont und Rochester, wo es einen ungewöhnlichen Austausch zwischen Gehörlosen und Hörenden gibt; sie führte mich zu den großen Erfor-
schern der Gebärdensprache und der Lebensbedingungen der
Gehörlosen – zu bekannten, engagierten Wissenschaftlern; sie
vermittelten mir ihre Begeisterung und ihr Gefühl, auf uner-
forschte Regionen und neue Herausforderungen gestoßen zu

sein.* Im Verlauf dieser Entdeckungsreise habe ich mich mit
Sprache beschäftigt, mit dem Wesen des Sprechens und des
Lehrens, mit kindlicher Entwicklung, mit der Entwicklung
und der Funktion des Nervensystems, mit der Bildung von
Gemeinwesen, Welten und Kulturen – und dies alles auf eine
Weise, die für mich völlig neu und eine geistige und seelische
Bereicherung war. Sie hat mir vor allem ganz neue Perspekti-
ven bei der Betrachtung uralter Probleme eröffnet und unerwartete Einblicke in die Sprache, die Biologie und die Kultur
gegeben – sie hat das Vertraute fremd und das Fremde vertraut
gemacht.

Ich war gefesselt und entsetzt – entsetzt, als ich entdeckte,
wie vielen Gehörlosen es für immer verwehrt bleibt, die Möglichkeiten kennenzulernen, die eine differenzierte Sprache –
oder Denkweise – eröffnet, und wie traurig das Leben, das vor
ihnen liegt, sein kann. Meine Freundin Isabelle Rapin hatte oft
gesagt, daß Gehörlosigkeit in ihren Augen «eine heilbare oder
vielmehr vermeidbare Form geistiger Zurückgebliebenheit»
sei, und dies sollte ich nun bestätigt finden.

Aber fast gleichzeitig stieß ich auch auf eine andere Dimension, auf ein ganzes Universum neuer Gesichtspunkte, die
nicht biologischer, sondern kultureller Natur waren. Viele der
gehörlosen Menschen, die ich kennenlernte, hatten nicht bloß
eine differenzierte Sprache erlernt, sondern vielmehr eine völlig anders strukturierte Sprache, eine Sprache, die sowohl die
Denkfähigkeit unterstützt (und in der Tat Denk- und Wahr-
nehmungsweisen gestattet, von denen sich ein Hörender

---

* Obwohl mit dem Ausdruck «Gebärdensprache» in Amerika meist
nur die Amerikanische Gebärdensprache ASL (= American Sign
Language) bezeichnet wird, gebrauche ich ihn in diesem Buch für alle
früheren und heutigen echten Gebärdensprachen (zum Beispiel die
Amerikanische, die Französische, die Deutsche, die Jiddische und die
«Old Kentish»-Gebärdensprache). Er bezieht sich jedoch nicht auf
die in eine Gebärdenform übersetzten Lautsprachen (zum Beispiel
eine englische Zeichensprache, «signed English» = «manuelles Englisch»), die lediglich Übertragungen und, was die Struktur betrifft,
keine echten Gebärdensprachen sind.

schwerlich einen wirklichen Begriff machen kann) als auch das Medium einer vielgestaltigen Gemeinschaft und Kultur darstellt. Obwohl ich die medizinische Diagnose, mit der die Gehörlosen leben, nie außer acht ließ, war ich nun gezwungen, sie mit den Augen des Ethnologen zu betrachten: als Menschen mit einer eigenen charakteristischen Sprache, Gefühlswelt und Kultur.

Nun könnte man meinen, daß die Geschichte der Gehörlosen und die wissenschaftliche Auseinandersetzung mit ihnen und ihrer Sprache eine Angelegenheit von ausgesprochen begrenztem Interesse ist. Dies ist jedoch, wie ich meine, keineswegs der Fall. Es stimmt zwar, daß die Taubgeborenen nur etwa 0,1 Prozent der Bevölkerung ausmachen, aber die Fragen, die sich angesichts ihrer Existenz stellen, berühren Probleme von allgemeiner und sehr großer Bedeutung. Die Auseinandersetzung mit Gehörlosen führt uns vor Augen, daß viele der Dinge, die uns als Menschen auszeichnen – unsere Fähigkeit, Sprache, Denken, Kommunikationsformen und Kultur zu schaffen –, sich nicht automatisch in uns entwickeln und keineswegs bloße biologische Funktionen darstellen, sondern in gleichem Maße sozialen und historischen Ursprungs sind; daß sie ein *Geschenk* – das wunderbarste aller Geschenke – sind, das eine Generation an die nächste weitergibt. Wir erkennen: Kultur ist von ebenso entscheidender Bedeutung wie Natur.

Die Existenz einer visuellen Sprache, der Gebärdensprache, sowie die frappierende Steigerung der Wahrnehmung und der visuellen Intelligenz, die mit dem Erlernen dieser Sprache einhergeht, beweist, daß das Gehirn über gewaltige Potentiale verfügt, von deren Vorhandensein wir sonst kaum eine Ahnung hätten, und führt uns die fast unbegrenzte Anpassungsfähigkeit und die unerschöpflich scheinenden Ressourcen vor Augen, über die das Nervensystem und der menschliche Organismus angesichts einer neuen Situation und der Notwendigkeit, sich darauf einzustellen, verfügen. Wenn dieses Thema uns also die Verletzlichkeit des Menschen zeigt, die Arten, auf die wir uns (meist ohne es zu wollen) Schaden zufügen können, so weist es uns doch gleichermaßen auf unbekannte und unverhoffte Stärken in uns hin, auf die unerschöpflichen Potentiale, die es uns ermöglichen, zu überleben und über uns hinauszuwachsen – Potentiale, mit denen uns Natur und Kultur gemeinsam ausgestattet haben. Obwohl ich also hoffe, daß dieses Buch für Gehörlose und ihre Familien, Lehrer und Freunde von besonderem Interesse sein wird, würde ich mich doch freuen, wenn sich ihm auch andere Leser zuwendeten; sie werden hier auf unerwartete Einblicke in die *conditio humana* stoßen.

Dieses Buch ist in drei Teile gegliedert. Der erste wurde zwischen 1985 und 1986 geschrieben und war zunächst als Rezension eines Buches über die «Geschichte der Taubheit» konzipiert: Harlan Lanes «When the Mind Hears» (deutsche Ausgabe: «Mit der Seele hören»). Diese Rezension hatte sich, als sie im *New York Review of Books* vom 27. März 1986 veröffentlicht wurde, zu einem Essay entwickelt und ist seitdem noch vielfach erweitert und revidiert worden. Ich habe jedoch bestimmte Formulierungen und Ausdrücke stehenlassen, mit denen ich inzwischen nicht mehr ganz einverstanden bin, denn ich hatte das Gefühl, ich sollte das Original, seine Mängel eingeschlossen, erhalten, um meine Gedanken bei der ersten Annäherung an das Thema wiederzugeben. Zu Teil 3 wurde ich angeregt durch die Revolte der Studenten an der Gallaudet University im März 1988; er erschien im *New York Review of Books* vom 2. Juni 1988.* Auch diesen Text habe ich für die Veröffentlichung in «Stumme Stimmen» erheblich verändert und erweitert. Teil 2 entstand zuletzt, im Herbst 1988, ist aber gewissermaßen das Herzstück des Buches – jedenfalls enthält er die systematischste, aber auch persönlichste Behandlung des Themas. Ich sollte wohl hinzufügen, daß ich es immer unmöglich gefunden habe, eine Geschichte zu erzählen oder einen Gedanken zu verfolgen, ohne unzählige kleine Abste-

------

* Es liegen zwei deutsche Übersetzungen dieser Fassung vor, veröffentlicht im *Freibeuter* 38 und in *Lettre international* 10. *Anm. d. Red.*

cher und Exkurse zu machen, und ich habe immer das Gefühl gehabt, dadurch sei meine Reise um so reicher an Eindrücken gewesen.*

Ich bin, das sollte ich betonen, auf diesem Feld ein Außenseiter – ich bin nicht taub, ich beherrsche die Gebärdensprache nicht, ich bin kein Gehörlosendolmetscher oder -lehrer, kein Experte auf dem Gebiet der kindlichen Entwicklung und auch kein Historiker oder Linguist. Und es handelt sich hier, wie sich zeigen wird, um ein heikles (und immer wieder umkämpftes) Areal, auf dem leidenschaftlich verfochtene Meinungen jahrhundertelang im Streit gelegen haben. Ich bin ein Außenseiter ohne besondere fachliche Kompetenz und Ausbildung, aber auch, so meine ich, ohne Vorurteile, ohne eigennützige Ziele, ohne Rechthaberei in dieser Sache.

Ohne die Hilfe und die Anregungen zahlloser anderer hätte ich diese Entdeckungsreise nicht machen, geschweige denn darüber schreiben können; das waren zuerst und vor allem Gehörlose – Patienten, Probanden, Mitarbeiter, Freunde –, die einzigen, die in der Lage sind, etwas von der Perspektive der Betroffenen zu vermitteln; und dann diejenigen, die am meisten mit diesen Menschen zu tun haben: ihre Familien, Dolmetscher und Lehrer. Ich möchte mich hier besonders bei einigen bedanken, die mir sehr geholfen haben: bei Sarah Elizabeth, Sam Louis und ihrer Tochter Charlotte, bei Deborah Tannen von der Georgetown University, bei den Lehrern der California School for the Deaf in Fremont, der Lexington School for the Deaf und vieler anderer Schulen und Institutionen für Gehörlose, vor allem der Gallaudet University: David de Lorenzo, Carol Erting, Michael Karchmer, Scott Liddell, Jane Norman, John Van Cleve, Bruce White, James Woodward und vielen anderen.

Großen Dank schulde ich den Wissenschaftlern, die es sich zur Lebensaufgabe gemacht haben, Gehörlose und ihre Spra-

---

* Die vielen (zuweilen recht langen) Marginalien sollten als Exkurse des Denkens oder der Phantasie betrachtet und vom Leser, dem Mitreisenden, nach Belieben gelesen oder übergangen werden.

che zu verstehen und sich intensiv mit ihnen auseinanderzusetzen – dies gilt besonders für Ursula Bellugi, Susan Schaller, Hilde Schlesinger und William Stokoe, die mich freizügig und ausführlich an ihren Gedanken und Beobachtungen teilhaben ließen und mich zu eigenen Überlegungen angeregt haben. Jerome Bruner, der die geistige und sprachliche Entwicklung von Kindern so intensiv erforscht hat, ist mir in dieser Zeit ein unschätzbarer Freund und Mentor gewesen. Mein Freund und Kollege Elkhonon Goldberg hat mir neue Betrachtungsweisen bezüglich der neurologischen Grundlagen von Sprache und Denken und der besonderen Formen, die diese beiden geistigen Funktionen bei Gehörlosen annehmen können, aufgezeigt. In diesem Jahr – eine besondere Freude für mich – lernte ich Harlan Lane und Nora Ellen Groce kennen, deren Bücher mich 1986, zu Beginn meiner Reise, so inspiriert hatten, sowie Carol Padden, deren Buch mich 1988 stark beeinflußt hat. Die Einblicke, die sie mir in die Welt der Gehörlosen gaben, waren für meine eigenen Gedanken eine unschätzbare Bereicherung. Verschiedene Kollegen – unter anderen Ursula Bellugi, Jerome Bruner, Robert Johnson, Harlan Lane, Helen Neville, Isabelle Rapin, Israel Rosenfield, Hilde Schlesinger und William Stokoe – haben das Manuskript in verschiedenen Entwicklungsphasen gelesen, und für ihre Anmerkungen, ihre Kritik und ihre Unterstützung bin ich ihnen zu besonderem Dank verpflichtet. Ihnen allen und vielen anderen verdanke ich erhellende Erkenntnisse und Einsichten (auch wenn meine Auffassungen – und Fehler – ausschließlich meine eigenen sind).

Stan Holwitz vom Verlag University of California Press hat im März 1986 sofort auf meinen ersten Essay reagiert und mich gedrängt und ermutigt, ihn zu einem Buch zu erweitern; er hat mich während der drei Jahre, die die Umsetzung seines Vorschlags in Anspruch nahm, geduldig unterstützt und mir immer wieder neue Anregungen gegeben. Paula Cizmar hat verschiedene Rohfassungen des Buches gelesen und mir mit vielen wertvollen Ratschlägen weitergeholfen. Shirley Warren hat das Manuskript als Herstellerin betreut und große Geduld angesichts immer neuer Fußnoten und Änderungen in letzter Minute bewiesen.

Auch danke ich meiner Nichte Elizabeth Sacks Chase, die den Titel «Seeing Voices» vorgeschlagen hat – er ist abgeleitet von einem Satz, den Pyramos der Geliebten Thisbe durch das Loch in der Wand zuflüstert: «Ich sehe eine Stimme...»

Nach der Fertigstellung des Buches habe ich mich zu etwas entschlossen, was ich vielleicht schon zu Beginn meiner Arbeit hätte tun sollen: ich habe angefangen, die Gebärdensprache zu lernen. Hier will ich mich besonders bedanken bei Janice Rimler, meiner Lehrerin von der New York Society for the Deaf, und meinen Tutoren Amy und Mark Trugman, denn sie schlagen sich wacker mit einem schwierigen Schüler herum, einem Spätentwickler auf diesem Gebiet, den sie davon überzeugen mußten, daß es nie zu spät ist.

Mein größter Dank aber gebührt schließlich den vier Leuten – es sind zwei Kollegen und zwei Lektoren –, die meine Arbeit und dieses Buch überhaupt erst ermöglicht haben. Der erste ist Bob Silvers, Redakteur des *New York Review of Books*, der mir Harlan Lanes Buch zuschickte und schrieb: «Sie haben noch nie wirklich über Sprache nachgedacht; dieses Buch wird Sie dazu zwingen» – und tatsächlich, so war es. Bob Silvers hat einen hellseherischen Blick für Dinge, über die man noch nie nachgedacht hat, aber nachdenken sollte, und mit seinen besonderen Fähigkeiten als Geburtshelfer steht er einem bei der Entbindung noch ungeborener Gedanken tapfer zur Seite.

Die zweite ist Isabelle Rapin, die in den zwanzig Jahren unserer Tätigkeit am Albert Einstein College of Medicine zu meiner vertrautesten Freundin und Kollegin geworden ist; sie arbeitet selbst seit 25 Jahren mit Gehörlosen und ist in dieser Zeit zu profunden Erkenntnissen über sie gelangt. Sie hat mich mit gehörlosen Patienten bekannt gemacht, ist mit mir zu Gehörlosenschulen gefahren, hat mich an ihren Erfahrungen mit gehörlosen Kindern teilhaben lassen und mir zu einem Verständnis der Probleme von Gehörlosen verholfen, das ich ohne diese Unterstützung nie erlangt hätte. (Sie hat selbst einen ausführlichen wissenschaftlichen Aufsatz geschrieben – Rapin 1986 –, der hauptsächlich auf Harlan Lanes «Mit der Seele hören» basiert.)

Bob Johnson, Leiter des linguistischen Seminars an der Gallaudet University, habe ich bei meinem ersten Besuch dieser Universität im Jahr 1986 kennengelernt. Er hat mich in die Gebärdensprache und die Welt der Gehörlosen eingeführt – eine Sprache und eine Kultur, zu der Außenstehende kaum Zugang haben und die sie sich schwerlich vorstellen können. Wenn Isabelle Rapin und Bob Silvers mich auf die Entdeckungsreise geschickt haben, so hat Bob Johnson mich während dieser Reise begleitet und geführt.

Kate Edgar schließlich hat mir in einzigartiger Personalunion als Mitarbeiterin, Freundin, Lektorin und Organisatorin zur Seite gestanden. Sie hat mich fortwährend dazu angespornt, nachzudenken und zu schreiben und alle Aspekte des Themas zu berücksichtigen, dabei aber nie die zentralen Fragen aus den Augen zu verlieren.

Diesen vier Freunden also widme ich dieses Buch.

New York   O. W. S.
März 1989

STUMME STIMMEN

KAPITEL EINS

Was die Gehörlosigkeit betrifft, die Dr. Samuel Johnson «einen der schrecklichsten Schicksalsschläge, die einen Menschen treffen können» genannt hat, so sind wir bemerkenswert unwissend – viel unwissender als ein gebildeter Mensch des Jahres 1886 oder 1786. Unwissend und gleichgültig. In den letzten Monaten habe ich dieses Thema in Gesprächen mit zahllosen Menschen angeschnitten und fast immer Antworten wie diese bekommen: «Taubheit? Ich kenne keine Leute, die taub sind. Hab mir auch nie viel Gedanken darüber gemacht. Da ist ja auch nicht viel *Interessantes* dran, oder?» Vor einem halben Jahr wäre das auch meine Reaktion gewesen.

Das änderte sich, als mir ein dickes Buch, «Mit der Seele hören. Die Geschichte der Taubheit» von Harlan Lane, zugeschickt wurde. Die Gleichgültigkeit, mit der ich es aufschlug, wich bald der Verwunderung, welche dann wiederum etwas anderem Platz machte, das der Ungläubigkeit nahekam. Ich besprach das Thema mit meiner Freundin und Kollegin Dr. Isabelle Rapin, die seit 25 Jahren intensiv mit Gehörlosen arbeitet. Ich lernte eine von Geburt an taube Kollegin näher kennen, eine ungewöhnliche, höchst begabte Frau, die ich bisher gar nicht beachtet hatte.* Zum erstenmal begann ich, die Welt

---

* Diese Kollegin, Lucy K., beherrscht das Sprechen und Lippenlesen so hervorragend, daß ich ihre Gehörlosigkeit zunächst gar nicht bemerkt hatte. Erst als ich eines Tages, während wir uns unterhielten, zufällig den Kopf wandte und so unabsichtlich den Kommunikationsfluß unterbrach, wurde mir klar, daß sie mich nicht hörte, sondern mir von den Lippen ablas. (Diese komplexe Kunst der Beobachtung, der Ableitung und des intuitiven Ratens wird mit der Bezeichnung «Lippenlesen» nur äußerst unzureichend umschrieben.)

einiger gehörloser Patienten von mir wahrzunehmen und zu ergründen.⋆ Gleich nach Lanes Buch las ich «The Deaf Experience», eine von Lane herausgegebene Sammlung von Erinnerungen der ersten des Lesens und Schreibens kundigen Gehörlosen sowie einiger Beiträge über sie, und danach Nora Ellen Groces «Everyone Here Spoke Sign Language». Es folgten zahlreiche andere Bücher. Jetzt füllen Publikationen zu diesem Thema, von dem ich vor sechs Monaten noch gedacht hatte, es existiere eigentlich gar nicht, ein ganzes Regalbrett in meinem Arbeitszimmer, und ich habe einige der in den letzten Jahren entstandenen hochinteressanten Filme gesehen, die sich mit Aspekten der Gehörlosigkeit auseinandersetzen.⋆⋆

_____

Als bei ihr im Alter von zwölf Monaten die Diagnose «Taubheit» gestellt wurde, waren Lucys Eltern sich sofort darüber einig, daß ihre Tochter unbedingt sprechen lernen und Zugang zur Welt der Hörenden haben sollte, und ihre Mutter widmete sich jeden Tag einige Stunden lang einem intensiven Einzel-Sprechunterricht – eine mühsame, zwölf Jahre während Arbeit. Erst dann (mit vierzehn Jahren) begann Lucy, die Gebärdensprache zu lernen; sie ist immer ihre zweite Sprache geblieben, eine Sprache, in der sie sich «nicht ganz zu Hause» fühlt. Da sie im Lippenlesen sehr geübt war und starke Hörgeräte trug, konnte sie auf der High School und am College am «normalen» Unterricht (für Hörende) teilnehmen und arbeitet jetzt mit hörenden Patienten in unserer Klinik. Sie selbst sieht ihre Situation mit gemischten Gefühlen: «Manchmal», sagte sie einmal, «fühle ich mich wie jemand, der zwischen zwei Welten steht und zu keiner von beiden wirklich gehört.»

⋆ Vor der Lektüre von Lanes Buch hatte ich meine wenigen gehörlosen Patienten unter rein medizinischen Gesichtspunkten betrachtet – als «Hörgeschädigte», als «Fälle für den Otologen». Nachdem ich es gelesen hatte, begann ich, sie in einem anderen Licht zu sehen, besonders wenn ich gewahr wurde, wie sich drei oder vier von ihnen intensiv und angeregt in der Gebärdensprache unterhielten, was mir zuvor nie aufgefallen war. Erst da fing ich an, sie nicht als Behinderte, sondern als Gehörlose, als nte, sondern als Gehörlose, als Mitglieder einer anderen Sprachgemeinschaft zu betrachten.

⋆⋆ Seit «Voices from Silent Hands» (Horizon, 1980) ist in England mindestens ein halbes Dutzend längerer Fernsehfilme über die Probleme Gehörloser gedreht worden. Auch in den Vereinigten Staaten

Ich will in diesen einleitenden Passagen einen Dank aussprechen: 1969 gab mir W. H. Auden ein Exemplar, sein Exemplar, von «Deafness», der Autobiographie des südafrikanischen Lyrikers und Romanciers David Wright, der als Siebenjähriger ertaubte. «Sie werden es faszinierend finden», sagte Auden. «Es ist ein wunderbares Buch.» Die Seiten waren mit seinen Anmerkungen übersät. 1969 blätterte ich es nur flüchtig durch, ohne mich weiter damit zu befassen. Jetzt aber entdeckte ich es für mich wieder. David Wright ist ein Schriftsteller, der das Thema nicht wie ein Historiker oder Gelehrter, sondern aus den Tiefen seiner eigenen Erfahrung heraus behandelt. Hinzu kommt, daß er uns nicht fremd ist. Wir können uns mehr oder weniger leicht in seine Lage versetzen (während wir uns nur schwer vorstellen können, was es bedeutet, taub geboren zu sein wie der berühmte gehörlose Lehrer Laurent Clerc). So kann er als Brücke dienen und den Leser durch seine eigene Erfahrung in das Reich des Unvorstellbaren hinüberführen. Gegen Ende des Buches schreibt Wright (S. 200f):

Von Gehörlosen ist nicht viel über Gehörlosigkeit geschrieben worden.* Und für mich, der ich mein Gehör erst verlor, *nachdem* ich sprechen gelernt hatte, ist es ebenso schwierig wie für einen Hörenden, mir vorzustellen, wie es wohl sein

---

sind viele solcher Filme entstanden (insbesondere einige von der Gallaudet University produzierte, zum Beispiel «Hands Full of Words»); der neueste und wichtigste von ihnen ist Frederick Wisemans breit angelegte, vierteilige Dokumentation «Deaf and Blind», die 1988 ausgestrahlt wurde. Auch in Spielfilmen kommen immer mehr Gehörlose vor. So war 1989 in der Januar-Folge von «Star Trek», die den Titel «Louder than a Whisper» trug, der gehörlose Schauspieler Howie Seago zu sehen, und zwar in der Rolle eines gehörlosen Botschafters von einem anderen Stern, der sich der Gebärdensprache bedient.
* Als Wrights Buch 1969 erschien, traf dies in der Tat zu. Seitdem sind zahlreiche Bücher von Gehörlosen über die Gehörlosigkeit veröffentlicht worden. Das bemerkenswerteste ist das von den beiden gehörlosen Linguisten Carol Padden und Tom Humphries verfaßte «Deaf in America: Voices from a Culture». Es sind auch von Gehör-

mag, in die Stille hineingeboren zu werden und in das Lebensalter der Vernunft einzutreten, ohne gelernt zu haben, wie man Gedanken vermittelt oder an Kommunikation teilnimmt. Allein schon der Versuch, sich das vorzustellen, verleiht dem gewaltigen ersten Satz des Johannes-Evangeliums Gewicht: Im Anfang war das Wort. Wie soll man in einem solchen Zustand gedankliche Konzepte formulieren?

Dies – die Frage nach dem Verhältnis zwischen Sprache und Denken – ist die an die Wurzel gehende, die eigentliche Frage, vor der wir stehen, wenn wir uns vorstellen, welchen Problemen sich die gegenübersehen oder gegenübersehen könnten, die gehörlos geboren werden oder in frühester Kindheit ertauben.

———

Der Ausdruck «taub» ist vage und so allgemein, daß er der Einschätzung der höchst unterschiedlichen Grade der Gehörlosigkeit im Weg steht – Grade, die von qualitativer, ja sogar «existentieller» Bedeutung sind. Da gibt es die «Schwerhörigen» oder «Hörbehinderten», die mit Hilfe von Hörgeräten in der Lage sind, einiges zu verstehen, sofern ihre Gesprächspartner ein gewisses Maß an Geduld und Rücksicht aufbringen. Viele von uns haben Eltern oder Großeltern, die in diese Kategorie gehören – vor hundert Jahren hätten sie Hörrohre benutzt; heute haben sie Hörgeräte.

Dann gibt es die «schwer Hörgeschädigten», deren «praktische Taubheit» häufig auf eine Verletzung oder Krankheit in der Kindheit oder Jugend zurückzuführen ist; auch sie aber können, wie die Schwerhörigen, Sprache verstehen, besonders wenn sie mit den neuen computerisierten und «personalisierten» Hörgeräten ausgerüstet sind, die jetzt auf den Markt

———

losen geschriebene Romane über Gehörlose erschienen, so zum Beispiel «Islay» von Douglas Bullard, das versucht, die besondere Wahrnehmungsweise, den Gedankenfluß, die innere Sprache jener wiederzugeben, die sich der Gebärdensprache bedienen.

kommen. Und schließlich gibt es Menschen mit «absoluter Taubheit» – manchmal nennt man sie «stocktaub» –, die nicht darauf hoffen können, Gesprochenes zu verstehen, ganz gleich, welche technischen Fortschritte gemacht werden. Diese absolut gehörlosen Menschen können sich nicht normal unterhalten – sie müssen entweder (wie David Wright) von den Lippen lesen oder sich der Gebärdensprache bedienen oder beides tun.

Nicht nur der Grad der Gehörlosigkeit ist von Bedeutung, sondern auch – und zwar in ganz entscheidendem Maße – das Alter oder Entwicklungsstadium, in dem sie einsetzt. In der eben zitierten Passage weist David Wright darauf hin, daß er sein Gehör erst verlor, als er bereits sprechen gelernt hatte, und aus diesem Grund kann er sich nicht vorstellen, wie das Leben für die ist, die gehörlos geboren worden sind oder ihr Gehör in einem Alter verloren haben, in dem sie noch nicht sprechen konnten. Dies wird auch an anderen Stellen des Buches deutlich:

Wenn es denn schon mein Schicksal sein sollte, zu ertauben, so verlor ich mein Hörvermögen doch zu einem überaus günstigen Zeitpunkt. Mit sieben Jahren hat ein Kind die Grundlagen der Sprache erfaßt, und so war es auch bei mir. Daß ich auf natürliche Weise sprechen gelernt hatte, war ein weiterer Vorteil: Aussprache, Syntax, Formen und Redewendungen hatte ich mittels des Hörens gelernt. Ich verfügte über ein Basisvokabular, das sich durch Lesen leicht erweitern ließ. *All dies wäre mir verwehrt geblieben, wenn ich von Geburt an taub gewesen oder mein Gehör zu einem frühen Zeitpunkt verloren hätte* [S. 25; Hervorhebung vom Verfasser].

Wright berichtet von «geisterhaften Stimmen», die er hört, wenn jemand mit ihm spricht, vorausgesetzt er kann die Lippen- und Gesichtsbewegungen des anderen *sehen*, und schildert, wie er das Rauschen des Windes «hören» konnte, wenn er sah, wie der Wind Bäume oder Zweige schüttelte. In einer bewegenden Beschreibung der ersten Situation dieser Art, zu der es *unmittelbar* nach dem Einsetzen der Gehörlosigkeit kam, heißt es (S. 22):

[Meine Taubheit] war dadurch schwieriger zu bemerken, daß meine Augen von Anfang an unbewußt begonnen hatten, Bewegung in Geräusche zu übersetzen. Meine Mutter war fast den ganzen Tag bei mir, und ich verstand alles, was sie sagte. Warum auch nicht? Ich hatte ihr, ohne es zu wissen, mein Leben lang alles von den Lippen abgelesen. Wenn sie sprach, schien ich ihre Worte hören zu können. Das war eine Täuschung, die auch dann noch bestehenblieb, als ich wußte, daß es sich um eine Täuschung handelte. Mein Vater, mein Vetter, alle, die ich kannte, behielten ihre geisterhaften Stimmen. Daß sie eingebildet, die Projektionen von Gewohnheit und Gedächtnis waren, wurde mir erst bewußt, als ich aus dem Krankenhaus entlassen worden war. Eines Tages unterhielt ich mich mit meinem Vetter, und einer plötzlichen Eingebung folgend hielt er sich beim Sprechen die Hand vor den Mund. Stille! Ich begriff ein für allemal: Konnte ich nichts sehen, konnte ich auch nichts hören.*

---

* Es gibt natürlich einen «Konsens» der Sinne – man hört, sieht, fühlt, riecht Objekte, und zwar gleichzeitig, im selben Augenblick; Hören, Sehen, Riechen, Fühlen gehören zusammen. Zu dieser Korrespondenz kommt es durch Erfahrung und Assoziation. Normalerweise ist dies etwas, dessen wir uns gar nicht bewußt sind; sehr überrascht wären wir hingegen, wenn sich etwas nicht so anhören würde, wie es aussieht, wenn unsere Sinne uns unvereinbare Eindrücke übermittelten. Es kann jedoch geschehen, daß uns die Korrespondenz unserer Sinne sehr unvermittelt und überraschend bewußt *gemacht* wird, wenn wir plötzlich einen Sinn verlieren oder einen hinzugewinnen. So «hörte» David Wright Sprache, als er das Gehör verlor; ein an Anosmie leidender Patient von mir «roch» Blumen, wenn er welche sah; ein von Richard Gregory beschriebener Patient (in «Recovery from Early Blindness: A Case Study»; Nachdruck in Gregory 1974) konnte nach einer Operation, die ihm das Augenlicht zurückgab, sofort die Uhr lesen: Vorher hatte er die Uhrzeit an den Zeigern einer

Obwohl Wright weiß, daß die Geräusche, die er «hört», reine «Illusionen» sind – «Projektionen von Gewohnheit und Gedächtnis» –, sind sie während der Jahrzehnte seiner Gehörlosigkeit überaus eindringlich geblieben. Für ihn und alle anderen, die ihr Gehör verloren, nachdem es schon weit ausgebildet war, ist die Welt möglicherweise nach wie vor voller Geräusche, auch wenn diese «Phantasmen» sind.★

Ganz anders verhält es sich – und diese Situation ist für einen Menschen mit normal entwickeltem Gehör (und selbst für postverbal, nach dem Spracherwerb Ertaubte wie David Wright) im Grunde unvorstellbar –, wenn die Hörfähigkeit von Geburt an fehlt oder im Säuglingsalter, vor dem Erwerb der Sprache, abhanden gekommen ist. Diese «präverbal Ge-

---

Uhr ohne Glas abgetastet, aber nun, da er sehen konnte, war er in der Lage, eine sofortige «transmodale» Übertragung vom taktilen zum visuellen Eindruck vorzunehmen.

★ Das Hören (das heißt Imaginieren) «geisterhafter» Stimmen beim Lippenlesen ist recht charakteristisch für die *nach dem Spracherwerb* Ertaubten, für die Sprache (und «innere Sprache») einst eine auditive Erfahrung gewesen ist. Daher handelt es sich hierbei nicht um eine Einbildung im gewöhnlichen Sinn des Wortes, sondern vielmehr um eine (auf Erfahrung und Assoziation basierende) sofortige und automatische «Umsetzung» des visuellen Eindrucks in sein auditives Pendant – eine Umsetzung, die vermutlich in den visuell-auditiven Schaltungen, die entstanden sind, als das Gehör noch funktionierte, ihre neurologische Grundlage hat. Bei den Taubgeborenen oder *vor dem Spracherwerb* Ertaubten, die auf keine auditiven Erfahrungen oder Vorstellungen zurückgreifen können, ist dies natürlich nicht der Fall. Für sie ist Lippenlesen – und auch normales Lesen – eine gänzlich visuelle Erfahrung; sie sehen die Stimme, hören sie aber nicht. So schwer es für uns als Sprechende und Hörende ist, uns auch nur eine Vorstellung von einer solchen visuellen Stimme zu machen, so ist es für die, welche nie etwas gehört haben, fast unmöglich, sich eine vernehmbare Stimme vorzustellen.

Ich möchte hinzufügen, daß Taubgeborene ein hochentwickeltes Gefühl für die geschriebene Sprache haben können, obwohl sie nicht über das Gehör zu ihnen «spricht». Sie spricht zu ihnen, so muß man annehmen, auf eine ganz und gar visuelle Art: Die «Stimme» der Worte wird von ihnen nicht gehört, sondern *gesehen*.

hörlosen», die Gehörlosen im eigentlichen Sinne, gehören zu einer qualitativ grundlegend anderen Kategorie. Für sie, die nie gehört haben, die über keinerlei auditive Erinnerungen, Vorstellungen oder Assoziationen verfügen, kann es nie auch nur die Einbildung, die Imagination eines Geräusches geben. Sie leben in einer Welt vollständiger, von nichts durchbrochener Geräuschlosigkeit und Stille.* Man schätzt die Zahl der Taubgeborenen in den USA auf eine Viertelmillion. Etwa ein Tausendstel der Kinder auf der Welt ist von Geburt an gehörlos.

---

* Dies ist die allgemein verbreitete Ansicht, die nicht ganz stimmt. Taubgeborene erleben weder eine völlige «Stille» noch klagen sie darüber (ebensowenig wie Blinde «Dunkelheit» erleben und beklagen). Das sind nur unsere Projektionen, unsere Metaphern für ihren Zustand. Darüber hinaus können absolut Gehörlose eine Wahrnehmung für die verschiedensten Geräusche ausbilden, ein überaus feines Gespür für Schwingungen aller Art besitzen. Diese Sensitivität für Schwingungen kann sich zu einer Art von zusätzlichem Sinn entwickeln: So ist Lucy K., obwohl sie völlig taub ist, in der Lage, einen Akkord sofort als «Quint» zu identifizieren, wenn sie die Hand auf das Klavier legt, und sie kann sehr verstärkte Telefonstimmen deuten. In beiden Fällen scheint sie nicht Geräusche, sondern Schwingungen wahrzunehmen. Die Entwicklung des sensitiven Wahrnehmens von Schwingungen zu einem zusätzlichen Sinn weist einige Analogien zur Entwicklung einer «Gesichtswahrnehmung» bei Blinden auf (wobei das Gesicht zum Empfang einer Art von sonaren Informationen dient).

Hörende nehmen im allgemeinen Schwingungen *oder* Schall wahr: So kann ein sehr tiefes C (unterhalb der Klaviatur) als ein tiefes C *oder* als ein tonloses Vibrieren von sechzehn Schwingungen pro Sekunde wahrgenommen werden. Noch eine Oktave tiefer würden wir nur ein Vibrieren, eine Oktave höher (32 Schwingungen pro Sekunde) einen sehr tiefen Ton ohne Vibration wahrnehmen. Die Wahrnehmung von «Tönen» innerhalb des Hörbereichs ist eine Art synthetischen Urteils, eine Art Konstrukt der normal entwickelten Hörbahn (vgl. Helmholtz, «Die Lehre von den Tonempfindungen», 1862). Wenn dieses Konstrukt, wie bei absolut Gehörlosen, nicht geschaffen werden kann, scheint es zu einer deutlichen Erweiterung der Vibrationsempfindung in Bereiche zu kommen, in denen Schwingungen von Hörenden als Töne wahrgenommen werden, und zwar selbst im mittleren Frequenzbereich, in dem wir Musik und Sprache hören.

Ausschließlich mit diesen Menschen werden wir uns hier befassen, denn ihre Situation, ihre Notlage ist einzigartig. Warum ist das so? Wenn man sich überhaupt Gedanken über Gehörlosigkeit macht, neigt man dazu, sie als weniger schlimm als Blindheit einzustufen und sie zwar als Nachteil, als etwas Lästiges, als Einschränkung, aber kaum als vernichtenden Schicksalsschlag in einem grundsätzlichen Sinn zu betrachten.

Man kann darüber streiten, ob Gehörlosigkeit, wenn sie später im Leben eingesetzt hat, der Blindheit «vorzuziehen» ist; gehörlos zur Welt zu kommen ist jedoch unendlich viel schlimmer, als blind geboren zu werden – jedenfalls was die Entwicklungsmöglichkeiten betrifft. Gehörlose, die ihre Eltern nie hören können, laufen nämlich Gefahr, in ihrer Sprachbeherrschung schwer retardiert, wenn nicht dauerhaft geschädigt zu bleiben, sofern nicht frühe und effektive Gegenmaßnahmen getroffen werden. Und mangelnde Sprachbeherrschung ist für ein menschliches Wesen eine der furchtbarsten Katastrophen, denn nur mittels der Sprache können wir uns das Menschsein und die menschliche Kultur wirklich aneignen, frei mit unseren Mitmenschen kommunizieren und Informationen aufnehmen und weitergeben. Sind wir dazu nicht in der Lage, so sind wir – ungeachtet unserer Wünsche, Ziele und angeborenen Fähigkeiten – auf bizarre Weise verkrüppelt und abgeschnitten; ja wir können unsere intellektuellen Fähigkeiten möglicherweise in so geringem Maße umsetzen, daß wir den Eindruck geistig Behinderter machen.*

---

* Isabelle Rapin betrachtet Gehörlosigkeit als behandelbare oder vielmehr vermeidbare Form geistiger Zurückgebliebenheit (siehe Rapin 1979).
Zwischen Gehörlosen und Blinden (und zu normaler Wahrnehmung fähigen Menschen) lassen sich faszinierende Unterschiede im Wesen und in ihrem Verhältnis zur Welt feststellen. Vor allem blinde Kinder neigen dazu, «hyperverbal» zu werden, das heißt statt visueller Vorstellungen ausführliche verbale Beschreibungen zu verwenden und so die Visualität zu verleugnen und durch Verbalität zu ersetzen. Dadurch kommt es, so die Analytikerin Dorothy Burlingham, zum Aufbau eines pseudovisuellen «falschen Selbst», zu dem Anschein,

Dies ist der Grund, warum Taubgeborene oder «Taub-stumme» jahrtausendelang für dumm, für tumb, gehalten, von rückständigen Gesetzen für nicht rechts- und bildungsfä-hig erklärt wurden (sie hatten keinen Anspruch auf Erbschaft und Erziehung, durften keine Ehe schließen, keine ihrer Bega-bung angemessene, befriedigende Arbeit ausüben); elemen-tare Menschenrechte waren ihnen verwehrt. Diese Situation besserte sich erst gegen Mitte des 18. Jahrhunderts, als sich (vielleicht im Zuge der sich ausbreitenden Aufklärung, viel-leicht als spezifischer Ausdruck allgemeiner Empathie, des Zeitgeistes jener Jahrzehnte) die öffentliche Wahrnehmung und der Status der Gehörlosen grundlegend änderte.

Die *philosophes* jener Zeit waren offenbar fasziniert von den außergewöhnlichen Fragen und Problemen, die sich ange-sichts scheinbar sprachloser menschlicher Wesen ergaben. So fand das Wilde Kind von Aveyron★, das 1800 nach Paris

---

das Kind könne sehen, auch wenn dies keineswegs der Fall ist (Bur-lingham 1972). Es sei, schreibt sie, von entscheidender Bedeutung zu sehen, daß blinde Kinder ein völlig anderes Profil und «Wesen» haben – eines, das eine völlig andere Erziehung und Sprache erfordert –, und sie nicht als behindert, sondern einfach als andere Menschen mit einer ganz eigenen Art zu betrachten. In den dreißiger Jahren, als ihre ersten Untersuchungen publiziert wurden, war das eine revolutionäre Ein-stellung. Es wäre gut, wenn es vergleichbare psychoanalytische Stu-dien über gehörlos geborene Kinder gäbe – eine Aufgabe für jeman-den, der, wenn er nicht selbst gehörlos ist, so doch die Gebärdenspra-che wenigstens fließend, am besten von Kindheit an, beherrscht.
★ Victor, das Wilde Kind, wurde 1799 in den Wäldern um Aveyron entdeckt. Er ging auf allen vieren, ernährte sich von Eicheln und lebte wie ein Tier. Als man ihn 1800 nach Paris brachte, erregte er unter Philosophen und Pädagogen enormes Interesse: Wie dachte er? Konnte man ihn erziehen? Der Arzt Jean Marc Gaspard Itard, bekannt auch – ob zu Recht, sei dahingestellt – als Sachverständiger in Fragen der Gehörlosigkeit, nahm den Jungen bei sich auf und versuchte, ihm Sprechen beizubringen und ihn zu erziehen. Itards erster Bericht über die Entwicklung Victors erschien 1801, der zweite 1807 (vgl. Itard 1972). Harlan Lane hat ihm ein Buch gewidmet, in dem er sich unter anderem Gedanken über den Unterschied zwischen «wilden» Kin-dern und Taubgeborenen macht (Lane 1985).

gebracht wurde, Aufnahme in der Nationalen Taub-
stummenanstalt, die damals Abbé Roch-Ambroise Sicard lei-
tete, ein Gründungsmitglied der *Société des observateurs de
l'homme* und eine anerkannte Autorität auf dem Gebiet der
Taubstummenerziehung. Jonathan Miller (1976) schreibt:

> In den Augen der Mitglieder dieser Gesellschaft war das
> Wilde Kind ein ideales Studienobjekt zur Erforschung der
> Grundlagen der menschlichen Natur... Das Studium eines
> so gearteten Wesens, so hofften die Intellektuellen des
> 18. Jahrhunderts, die zuvor schon Wilde und Primaten, In-
> dianer und Orang-Utans erforscht hatten, würde sie in die
> Lage versetzen, herauszufinden, was den Menschen ausma-
> che. Vielleicht würde es jetzt möglich sein, die angeborenen
> Fähigkeiten der menschlichen Rasse zu bemessen und ein
> für allemal festzustellen, welche Rolle der Gesellschaft bei
> der Entwicklung von Sprache, Intellekt und Moral zukam.

Das romantisierende Denken des 18. Jahrhunderts, für das Rous-
seaus Schriften ein so berühmtes Beispiel sind, lastete alle Ungleichheit, alles Unglück, alle Schuld, alle Beengungen der Zivilisation an
und fand Unschuld und Freiheit nur in der Natur, im Naturzustand:
«Der Mensch ist frei geboren und liegt doch überall in Ketten.» Das
erschreckende Bild, das Victor bot, wirkte hier als eine Art Korrektiv
und vermittelte die Erkenntnis, daß es, so Clifford Geertz, «eine von
der Kultur losgelöste menschliche Natur nicht gibt. Menschen ohne
Kultur wären nicht... der aus der Natur erwachsende Adel, der den
Primitivisten der Aufklärung vorschwebte... Sie wären unbewegli-
che Monstrositäten, die über sehr wenige nützliche Instinkte, noch
weniger erkennbare Gefühle und keinen Intellekt verfügten – hoff-
nungslos geistig Zurückgebliebene... Da unser zentrales Nervensystem – und ganz besonders sein krönender Fluch und Segen, der
Neokortex – zum größten Teil in der Interaktion mit Kultur gewachsen ist, ist es nicht fähig, unser Verhalten zu steuern oder unsere
Erfahrung zu organisieren, ohne auf die Führung durch Systeme be-
deutungstragender Symbole zurückzugreifen... Kurz: Wir sind un-
vollkommene oder unvollendete Tiere, die sich durch Kultur vervoll-
kommnen oder vollenden» (Geertz 1973, S. 49).

Hier nun nahmen die beiden Unternehmen gänzlich andere Entwicklungen – das eine endete mit einem Triumph, das andere mit einem totalen Fehlschlag. Das Wilde Kind lernte, aus welchem Grund, aus welchen Gründen auch immer, nie eine Sprache. Eine nicht ausreichend in Erwägung gezogene Erklärung für das Scheitern könnte sich auf die Tatsache gründen, daß er seltsamerweise nie mit der Gebärdensprache konfrontiert, sondern ständig (und vergeblich) zum Sprechen gezwungen wurde. Als man sich jedoch den Taubstummen richtig, das heißt mittels der Gebärdensprache, zuwandte, erwiesen diese sich als außerordentlich lernfähig und führten der erstaunten Gesellschaft vor, welch uneingeschränkten Zugang sie zu ihrer Kultur und ihrem Leben hatten. Dieses wunderbare Ereignis – wie eine verachtete und vernachlässigte Minderheit, der bis zu jenem Zeitpunkt praktisch das Menschsein abgesprochen worden war, plötzlich und zur allgemeinen Überraschung auf der Weltbühne erschien (sowie die spätere tragische Untergrabung all dieser Errungenschaften) – bildet das erste Kapitel in der Geschichte der Gehörlosen.

———

Bevor wir diese seltsame Geschichte erkunden, will ich jedoch zu David Wrights persönlichen und «unbefangenen» Beobachtungen zurückkehren («unbefangen» deshalb, weil er es, wie er selbst betont, bewußt vermied, etwas über dieses Thema zu lesen, bevor er sein eigenes Buch geschrieben hatte). Mit acht Jahren, als deutlich wurde, daß seine Gehörlosigkeit unheilbar war und sich seine Sprachbeherrschung ohne entsprechende Maßnahmen zurückentwickeln würde, schickten die Eltern ihn auf eine besondere Schule in England, eine jener rigorosen «Sprechschulen», die mit kompromißlosem, aber fehlgeleitetem Engagement gehörlose Kinder in erster Linie dazu bringen wollen, wie andere Kinder zu sprechen, und die seit ihrer Einführung den Gehörlosen so viel Schaden zugefügt haben. Bei seiner ersten Begegnung mit Taubgeborenen war der junge David Wright verblüfft (S. 32 f):

Manchmal hatte ich zusammen mit Vanessa Unterricht. Sie war das erste taube Kind, mit dem ich zusammenkam ... Aber selbst einem Achtjährigen wie mir erschien ihr Allgemeinwissen seltsam begrenzt. Ich erinnere mich noch an eine Erdkundestunde, die wir zusammen hatten. Miss Neville fragte:

«Wer ist der König von England?»

Vanessa wußte es nicht; in ihrer Not versuchte sie, in dem Erdkundebuch zu lesen, das bei dem von uns vorbereiteten Kapitel über Großbritannien aufgeschlagen war und seitlich auf dem Tisch lag.

«König ... König ...», fing Vanessa an.

«Weiter», befahl Miss Neville.

«Ich weiß es», sagte ich.

«Du bist still.»

«Vereinigtes Königreich», sagte Vanessa.

Ich lachte.

«Das ist sehr dumm», sagte Miss Neville. «Wie kann ein König ‹Vereinigtes Königreich› heißen?»

«König Vereinigtes Königreich», probierte es die arme, hochrote Vanessa.

«Sag du es ihr, wenn du es weißt, David.»

«König George V.», sagte ich stolz.

«Das ist gemein. Das stand nicht im Buch.»

Vanessa hatte natürlich ganz recht; in dem Kapitel über die Geographie Großbritanniens stand nichts über das politische System des Landes. Sie war keineswegs dumm; aber ihr noch immer zu kleiner Wortschatz, den sie sich als Taubgeborene langsam und mühsam erworben hatte, erlaubte es ihr nicht, zum Zeitvertreib und zum Vergnügen zu lesen. Darum gab es für sie fast keine Möglichkeit, sich den Grundstock an mannigfaltigen, oft zunächst nutzlosen Informationen anzueignen, den andere Kinder unwillkürlich aus Gesprächen und irgendwelchen Büchern beziehen. Fast alles, was sie wußte, hatte man ihr beigebracht oder sie lernen lassen. Und das ist der grundlegende Unterschied zwischen hörenden und gehörlosen Kindern – oder jedenfalls war er es in jener vorelektronischen Zeit.

Wie man sieht, war Vanessa, trotz ihrer angeborenen raschen Auffassung, in einer sehr schwierigen Lage, und die Art von Unterricht und Kommunikation, die ihr aufgezwungen wurde, machte es schwer, wenn nicht gar unmöglich, an diesem Zustand etwas zu ändern. In dieser fortschrittlichen Schule – denn als solche galt sie – herrschte nämlich ein geradezu idiotisch strenges, anmaßendes Verbot der Gebärdensprache, und das betraf nicht nur die britische Gebärdensprache, sondern auch den «Gebärden-Slang», die einfache Zeichensprache, die die gehörlosen Kinder in dieser Schule selbst entwickelt hatten. Und doch – auch dies hat Wright ausführlich beschrieben – wurde die Gebärdensprache an der Schule ausgiebig verwendet und ließ sich trotz Verboten und Strafen nicht unterdrücken. David Wright schildert seine erste Begegnung mit den Jungen in der folgenden Passage (S. 50–52):

Allgemeines Durcheinander verwirrt das Auge, Arme wirbeln wie Windmühlenflügel in einem Sturm... Das akzentuierte stumme Vokabular des Körpers – Aussehen, Gesichtsausdruck, Haltung, Blick; die Hände führen ihre Pantomime vor. Ein absolut fesselndes Tohuwabohu... Ich beginne zu begreifen, was hier eigentlich vor sich geht. Das scheinbar wirre Gefuchtel mit Händen und Armen folgt bestimmten Regeln, einem Code, der sich mir noch nicht erschließt. Es ist eigentlich eine Art Jargon. Die Schule hat ihre eigene, eigentümliche Sprache entwickelt, einen, wenn auch lautlosen, Slang... Alle Kommunikation hatte mündlich zu erfolgen. Unser eigener Gebärden-Jargon war natürlich verboten... Aber diese Regeln wurden nur in Anwesenheit der Lehrer eingehalten. Was ich beschrieben habe, war nicht die Art von Sprache, die wir sprechen sollten, sondern die Art von Sprache, deren wir uns bedienten, wenn kein Hörender anwesend war. Dann waren unser Verhalten und unsere Gespräche völlig anders als sonst. Wir legten unsere Hemmungen und Masken ab.

So ging es an der Northampton School in den englischen Midlands zu, als David Wright 1927 dort Schüler war. Für ihn, das postverbal ertaubte Kind, das sich die Sprache bereits angeeignet hatte, war die Schule offenbar genau richtig. Für Vanessa und andere taubgeborene oder vor dem Spracherwerb ertaubte Kinder bedeutete ein solcher Unterricht mit seinem kompromißlosen Beharren auf Sprechschulung eine regelrechte Katastrophe. Nur hundert Jahre früher, etwa im American Asylum in Hartford, das 1817 gegründet worden war und in dem sich Schüler und Lehrer mittels der Gebärdensprache verständigen durften, wäre Vanessa nicht so bemitleidenswert behindert gewesen; vielleicht wäre dann eine gebildete Dame aus ihr geworden, möglicherweise sogar eine Schriftstellerin wie die jungen Frauen, die in den dreißiger Jahren des 19. Jahrhunderts mit ihren Büchern an die Öffentlichkeit traten.

———

Vor 1750 war die Situation der Taubgeborenen tatsächlich desolat: Sie waren nicht in der Lage, sich die Sprache anzueignen, und galten daher als «stumm» und «tumb»; sie konnten sich nicht einmal mit ihren Eltern, ihren nächsten Verwandten unterhalten, ihre Ausdrucksmittel waren auf ein paar rudimentäre Zeichen und Gesten beschränkt; sie waren, mit Ausnahme derjenigen, die in großen Städten wohnten, selbst von der Gemeinschaft mit ihresgleichen abgeschnitten; sie genossen keine Bildung und Erziehung und wußten nichts von der Welt; sie wurden gezwungen, die niedrigsten Arbeiten zu verrichten; sie lebten allein, am Rande des Elends; sie wurden von der Gesellschaft und den Gesetzen kaum besser behandelt als Schwachsinnige. Gehörlos zu sein war offensichtlich ein trostloses Schicksal.*

———

* Schon im 16. Jahrhundert hatte man einigen gehörlosen Kindern adliger Familien in jahrelangem Privatunterricht Sprechen und Lesen beigebracht, damit sie vor dem Gesetz als Personen anerkannt wurden (Stumme galten nicht als Personen im juristischen Sinne) und Vermögen und Titel erben konnten. Pedro Ponce de León im Spanien des 16. Jahrhunderts, die Braidwoods in Großbritannien, Amman in

Aber das sichtbare Elend stand in keinem Vergleich zu der inneren Not, zu der bittersten Armut an Wissen und Gedanken, die, wenn jede Kommunikation und Linderung des Zustandes unmöglich war, mit der Gehörlosigkeit einherging. Die beklagenswerte Situation der Gehörlosen erregte sowohl die Neugier als auch das Mitgefühl der *philosophes*. So fragte der Abbé Sicard (Lane 1984, S. 84 f):

Warum ist ein ungebildeter Taubstummer von Natur aus isoliert und unfähig, mit anderen Menschen zu kommunizieren? *Warum* ist er auf das geistige Niveau eines Schwachsinnigen beschränkt? Unterscheidet sich seine biologische Konstitution von der unseren? Ist er nicht mit allem ausgerüstet, was er braucht, um Empfindungen zu haben, Gedanken zu entwickeln und beides miteinander zu verknüpfen, und somit imstande, all das zu tun, was auch wir tun? Hat er, im Gegensatz zu uns, beim Betasten von Gegenständen keine sensorischen Empfindungen? Sind diese nicht für ihn, wie auch für uns, Anstöße zu Empfindungen des Geistes, von denen Gedanken ausgehen? *Warum* dann also bleibt ein Taubstummer dumm, während wir Intelligenz entwickeln?

Diese Frage, die noch nie zuvor ernsthaft und klar gestellt worden war, legte eine Antwort nahe – und die betraf den Gebrauch von Symbolen. Der Gehörlose, fährt Sicard fort, verfüge über «keine Symbole, die das Festhalten und Kombinieren von Gedanken erlauben», und dies sei der Grund für «den

---

Holland und Pereire und Deschamps in Frankreich – sie alle waren hörende Lehrer, die einigen Gehörlosen mit mehr oder weniger Erfolg Sprechen beibrachten. Lane betont, daß viele dieser Lehrer dabei auf Zeichen und ein Fingeralphabet zurückgriffen. In der Tat kannten und benutzten selbst die berühmtesten ihrer sprechenden gehörlosen Schüler eine Gebärdensprache. Ihre gesprochene Sprache war gewöhnlich nur schwer verständlich und verkümmerte meist, sobald die Schüler keinen intensiven Unterricht mehr erhielten. – Vor 1750 aber bestand für die große Mehrheit von 99,9 Prozent der Gehörlosen überhaupt keine Hoffnung auf Unterricht und Förderung.

tiefen Graben, der eine Verständigung zwischen ihm und anderen Menschen» verhindere. Von grundlegender Bedeutung aber war eine falsche Auffassung, die sich seit den Ausführungen des Aristoteles zu diesem Thema behauptet und immer wieder für tiefe Verwirrung gesorgt hatte: daß es sich nämlich bei diesen Symbolen um die der Lautsprache handeln müsse. Vielleicht geht diese falsche Auffassung, dieses mit Leidenschaft verfochtene Vorurteil, auf biblische Zeiten zurück: Der Paria-Status der Taubstummen war in den mosaischen Gesetzen festgelegt und wurde noch betont durch die biblische Erhöhung der Stimme und des Ohrs als den einzigen Mitteln der Zwiesprache zwischen Mensch und Gott. («Im Anfang war das Wort»). Und doch – übertönt vom mosaischen und aristotelischen Donner äußerten einige ernstzunehmende Stimmen die Ansicht, dies müsse nicht notwendig so sein. So die Bemerkung des Sokrates im «Kratylos» des Plato, die den jungen Abbé de l'Epée stark beeindruckte:

Wenn wir weder Stimme noch Zunge hätten und doch einander die Gegenstände kundmachen wollten, würden wir nicht, wie auch jetzt die Stummen tun, versuchen, sie vermittels der Hände, des Kopfes und der übrigen Teile des Leibes anzudeuten?

Oder die tiefen und doch auf der Hand liegenden Einsichten des Arztes und Philosophen Jérôme Cardan im 16. Jahrhundert:

Es ist möglich, einen Taubstummen in Stand zu setzen, durch Lesen zu hören und durch Schreiben zu sprechen... denn wie verschiedene Töne nach Übereinkunft dazu benutzt werden, verschiedene Dinge zu bezeichnen, so können auch Zeichen verschiedene Objekte und Worte symbolisieren... Niedergeschriebene Zeichen können mit Gedanken verknüpft werden, ohne daß es der Vermittlung durch Töne bedarf.

35

Die Vorstellung, das Verstehen von Gedanken sei unabhängig vom Hören der Worte, war im 16. Jahrhundert revolutionär.*

Es sind jedoch (im allgemeinen) nicht die Ideen der Philosophen und umgekehrt auch nicht die Handlungen gewöhnlicher Menschen allein, die die Wirklichkeit verändern. Was in den Gang der Geschichte eingreift, was Revolutionen entfacht, sind die Begegnungen dieser beiden Arten von Menschen. Um einen tiefgreifenden Wandel einzuleiten, mußte ein herausragender Geist – der des Abbés de l'Epée – erst die bescheidene, selbstentwickelte Gebärdensprache der bettelarmen Gehörlosen kennenlernen, die Paris durchstreiften. Die Antwort auf die Frage, warum es nicht schon früher zu dieser Begegnung gekommen war, hat zum Teil etwas mit der inneren Berufung des Abbés zu tun, der den Gedanken, daß die Taubstummen ohne Beichte und Absolution, ohne Katechismus, die Heilige Schrift und das Wort Gottes leben und sterben mußten, nicht ertragen konnte; einerseits spielte seine Demut eine Rolle – er *hörte* den Taubstummen *zu* –, andererseits aber auch eine philosophische und linguistische Idee, die die Geister damals stark beschäftigte: die Idee einer universalen Sprache wie des *specieum*, das Leibniz vorschwebte.** Daher näherte sich de l'Epée der Gebärdensprache nicht mit Verachtung, sondern mit Ehrfurcht:

---

* Es hat allerdings auch ausschließlich Schriftsprachen gegeben, zum Beispiel die Gelehrtensprache, deren sich die chinesische Oberschicht mehr als tausend Jahre lang bediente und die nie gesprochen wurde und auch gar nicht gesprochen werden sollte.

** Der Einfluß seines Zeitgenossen Rousseau ist bei de l'Epée, wie auch bei allen anderen im 18. Jahrhundert verfaßten Beschreibungen der Gebärdensprache, deutlich zu spüren. In seiner «Abhandlung über den Ursprung und die Gründe der Ungleichheit unter den Menschen» und seinem «Essay über den Ursprung der Sprache» formuliert Rousseau seine Vorstellung von einer ursprünglichen menschlichen Sprache, in der alles seinen wahren und natürlichen Namen hat, einer Sprache, die so konkret, so eigentümlich ist, daß sie die Essenz, die «Ist-heit» aller Dinge erfassen kann, die so spontan ist, daß sie alle Gefühle direkt auszudrücken vermag, und so transparent,

Die Universalsprache, die eure Gelehrten vergeblich ge-
sucht haben und an der sie verzweifelt sind, ist hier; sie ist
direkt vor euren Augen, sie ist in den Gebärden der verarm-
ten Taubstummen. Weil ihr sie nicht kennt, verachtet ihr sie,
und doch wird sie allein euch den Schlüssel zu allen Sprachen geben [Lane 1984, S. 181].

Daß dies ein Irrtum war – denn die Gebärdensprache ist keine
Universalsprache in diesem erhabenen Sinne, und Leibniz'
hehrer Traum war wahrscheinlich eine Chimäre –, spielte
keine Rolle, ja es erwies sich sogar als Vorteil.* Worauf es an-
kam, war, daß der Abbé seinen Schülern die größte Aufmerksamkeit widmete und ihre Sprache lernte (was bis dahin kaum
ein Hörender getan hatte). Und indem er Gebärden mit Bil-

---

daß man mit ihr unter keinen Umständen täuschen oder ausweichen
kann. Eine solche Sprache würde weder Logik noch Grammatik, weder Metaphern noch Abstraktionen besitzen (und auch gar nicht brauchen) – sie würde keine mittelbare Sprache, kein symbolischer Ausdruck von Gedanken und Gefühlen, sondern, wie durch Zauberkraft,
ein *un*mittelbares Medium sein. Vielleicht ist die Vorstellung einer
solchen Sprache – einer Sprache des Herzens, einer Sprache von voll-
kommener Transparenz und Klarheit, einer Sprache, die alles ausdrücken kann, ohne uns zu täuschen oder zu verwirren (Wittgenstein
sprach oft von Verzauberung durch Sprache), einer Sprache, die so
rein und tief wie Musik ist – ein universaler Traum.
* Die Annahme, die Gebärdensprache sei überall gleich und uni-
versal und ermögliche es Gehörlosen aus aller Welt, problemlos
miteinander zu kommunizieren, ist so weitverbreitet wie falsch. Es
gibt Hunderte verschiedener Gebärdensprachen, die sich überall
dort entwickelt haben, wo eine ausreichende Zahl von Gehörlosen
miteinander in Kontakt stand. So gibt es eine Amerikanische Gebärdensprache, eine Britische Gebärdensprache, eine Französische Gebärdensprache, eine Deutsche Gebärdensprache, eine Chinesische
Gebärdensprache, eine Maya-Gebärdensprache, wobei zwischen
diesen und gesprochenem Englisch, Französisch, Chinesisch usw.
keinerlei Verbindung besteht. (Mehr als fünfzig eigenständige Gebärdensprachen, von der Zeichensprache der australischen Eingebo-
renen bis zur Jugoslawischen Gebärdensprache, sind in Van Cleve
1987 beschrieben.)

dern und geschriebenen Worten verband, lehrte er sie lesen; dadurch machte er ihnen mit einem Schlag das Wissen und die Kultur der Welt zugänglich. De l'Epées System der «methodischen» Gebärden – eine Mischform aus den Gebärden, die er von den Gehörlosen gelernt hatte, und durch Gebärden dargestellter französischer Grammatik – ermöglichte es den Schülern aufzuschreiben, was ihnen durch Übersetzer mitgeteilt wurde, und diese Methode war so erfolgreich, daß gewöhnliche gehörlose Schüler zum erstenmal Französisch lesen und schreiben und in den Genuß einer Erziehung kommen konnten. Seine 1755 gegründete Schule war die erste, die staatlich unterstützt wurde. Er bildete zahlreiche Taubstummenlehrer aus, die ihrerseits, als er 1789 starb, 21 Gehörlosenschulen in Frankreich und anderen europäischen Ländern gegründet hatten. In den Wirren der Französischen Revolution schien die Zukunft der von de l'Epée aufgebauten Schule ungesichert, aber 1791 war aus ihr unter der Leitung des brillanten Grammatikers Sicard die Nationale Anstalt für Taubstumme in Paris geworden. De l'Epées Buch, auf seine Art ebenso revolutionär wie das des Kopernikus, erschien 1776.

Es ist ein Klassiker, in viele Sprachen übersetzt und leicht erhältlich. Nicht so leicht erhältlich, ja praktisch unbekannt waren dagegen bis vor kurzem die ebenso wichtigen (und in gewisser Hinsicht noch faszinierenderen) Schriften von Gehörlosen – den ersten Taubstummen, die je schreiben gelernt haben. Harlan Lane und Franklin Philip kommt das große Verdienst zu, daß sie uns diese Schriften, gesammelt in dem Buch «The Deaf Experience», zugänglich gemacht haben. Besonders bedeutsam und bewegend sind die 1779 erschienenen und jetzt erstmals in englischer Sprache vorliegenden «Observations» von Pierre Desloges – das erste Buch eines Taubstummen, das je verlegt wurde. Desloges, der in früher Kindheit ertaubte und überhaupt nicht sprechen konnte, zeichnet zunächst ein erschreckendes Bild von der Welt – oder vielmehr Umwelt – der Sprachlosen [Lane 1984, S. 32]:

Zu Beginn meines Gebrechens und solange ich getrennt von anderen Taubstummen lebte... wußte ich nichts von der Gebärdensprache. Ich benutzte nur hier und da einzelne Zeichen, die in keiner Beziehung zueinander standen. Ich war noch nicht mit der Kunst vertraut, wie man sie zu scharf umrissenen Bildern kombiniert, mit denen man Gedanken darstellen, sie seinen Leidensgefährten übermitteln und an logischen Erörterungen teilnehmen kann.

Also konnte Desloges, obwohl er offenbar außerordentlich begabt war, kaum «Gedanken» zu Ausdruck formen oder sich an «logischen Erörterungen» beteiligen, *bevor* er die Gebärdensprache erlernt hatte (die ihm, wie meist bei Gehörlosen, ein anderer Taubstummer beibrachte, in diesem Fall ein Analphabet). Trotz seiner hochentwickelten Intelligenz war Desloges intellektuell behindert, bis er die Gebärdensprache lernte; vor allem war er – ein Wort, das der britische Neurologe John Hughlings-Jackson hundert Jahre später im Zusammenhang mit den Behinderungen gebrauchte, die mit der Aphasie einhergehen – unfähig zu «propositionalem» Denken. Es lohnt sich, diesen Ausdruck durch ein Zitat von Hughlings-Jackson zu erklären:

Wir sprechen oder denken nicht entweder in Worten oder in Zeichen allein, sondern in Worten und Zeichen, die in einer eigentümlichen Beziehung zueinander stehen... Ohne die richtige Wechselbeziehung ihrer Teile wäre jede verbale Äußerung nichts weiter als eine Folge von Namen, ein Worthaufen, der keine Propositionen, keine Aussagen enthielte... Die Grundeinheit der Sprache ist die Proposition. Der Verlust der Sprache (die Aphasie) ist daher der Verlust der Fähigkeit zu propositionalem Denken... und zwar nicht nur der Fähigkeit, Propositionen für andere hörbar zu äußern (also zu sprechen), sondern auch der Fähigkeit zu innerlichem propositionalem Denken mitsamt der Entscheidung, ob man es ... der Außenwelt mitteilt... Der sprachlose Patient hat seine Sprache verloren, und das nicht nur in dem landläufigen Sinne, daß er nicht mehr laut sprechen kann, sondern in jeder Hinsicht. Wir sprechen nicht nur, um anderen, sondern auch um uns selbst zu sagen, was wir denken. Sprache ist ein Teil des Denkens.*

Darum habe ich weiter oben geschrieben, die angeborene oder vor dem Spracherwerb einsetzende Gehörlosigkeit sei potentiell weit schlimmer als Blindheit. Sie kann nämlich, wenn dem nicht vorgebeugt wird, zu einem Zustand führen, in dem der Betroffene buchstäblich sprachlos – und unfähig zu «propositionalem Denken» – ist. Hier drängt sich der Vergleich mit der Aphasie auf, bei der das Denken selbst die Kohärenz verlieren und verkümmern kann. Es ist, *als ob* der sprachlose Taubstumme schwachsinnig wäre, und zwar auf eine besonders grausame Weise insofern, als die Intelligenz, die vielleicht im Überfluß vorhanden ist, eingesperrt bleibt, solange die Sprachlosigkeit währt. Darum trifft Abbé Sicard den Nagel auf den Kopf, wenn er die Einführung der Gebärdensprache in poetischer Wendung als «das erste Aufstoßen der Türen... zur Intelligenz» bezeichnet.

Nichts ist wunderbarer und würdigenswerter als etwas, das die Fähigkeiten eines Menschen freisetzt und es ihm erlaubt, zu wachsen und zu denken, und niemand vermag diesen Vorgang leidenschaftlicher und eloquenter zu beschreiben und zu preisen als ein plötzlich von seinen Fesseln befreiter Taubstummer wie Pierre Desloges [Lane 1984, S. 37]:

Die [Gebärden]sprache, mit der wir uns untereinander verständigen, eignet sich, da sie ein getreues Abbild des bezeichneten Objektes ist, außergewöhnlich gut, unseren Gedanken Genauigkeit zu verleihen und unser Verständnis zu erweitern, denn durch sie sind wir gezwungen, uns ständige

---

* Hughlings-Jacksons Schriften über Sprache und Aphasie sind in einem kurz nach seinem Tod erschienenen Band der Fachzeitschrift *Brain* übersichtlich zusammengefaßt (Hughlings-Jackson 1915). Die angemessenste Würdigung des Jacksonschen Begriffs «propositionales Denken» findet sich im dritten Kapitel von «Aphasia and Kindred Disorders of Speech» von Henry Head.

Beobachtung und Analyse zur Gewohnheit zu machen.
Diese Sprache ist lebendig; sie gibt Gefühle wieder und för-
dert das Vorstellungsvermögen. Keine andere Sprache ist
besser geeignet, starke und große Emotionen zu vermitteln.

Aber selbst de l'Epée wußte nicht oder konnte nicht glauben,
daß die Gebärdensprache eine vollständige Sprache war, mit
der man nicht nur jedes Gefühl darstellen, sondern auch jede
Aussage machen konnte und die es ihren Benutzern erlaubte,
über jedes Thema, sei es konkret oder abstrakt, zu diskutieren,
und zwar so ökonomisch und effektiv und grammatisch strukturiert wie in der Lautsprache.*

Dies aber war für alle, die mit der Gebärdensprache aufgewachsen sind, schon immer eine, wenn auch unausgesprochene, Selbstverständlichkeit. Nur die Hörenden und Sprechenden betrachten, wie gut auch immer sie es meinen, die
Gebärdensprache als etwas Rudimentäres, Primitives, Panto-
mimisches – als einen Behelf. Auch de l'Epée erlag diesem Irrtum, und nicht anders ergeht es bis heute fast allen Hörenden.
Dagegen muß sich ein neues Verständnis durchsetzen: Die Gebärdensprache ist der Lautsprache ebenbürtig; sie erlaubt es,
gleichermaßen Exaktes wie Poetisches wiederzugeben, philosophische Analysen ebenso vollkommen auszudrücken wie

------

* Tatsächlich verleiteten ihn sein Unwissen oder seine Skepsis in diesem Punkt dazu, sein gänzlich überflüssiges, ja absurdes System der
«methodischen Gebärden» zu entwickeln und einzuführen, das die
Bildung und Kommunikation der Gehörlosen in gewisser Weise
hemmte. De l'Epées Einstellung zur Gebärdensprache war gleichermaßen von Begeisterung und Geringschätzung geprägt. Einerseits
betrachtete er sie als «universale» Sprache, andererseits glaubte er, sie
sei grammatikalisch unstrukturiert (weswegen eine Übertragung beispielsweise der französischen Grammatik erforderlich sei). Dieser Irrtum währte sechzig Jahre, bis Sicards Schüler Roch-Ambroise
Bébian, der klar erkannte, daß die eingeführte Gebärdensprache vollständig und autonom war, die «methodischen Gebärden», die aufgesetzte Grammatik abschaffte.

Liebeserklärungen – und dies manchmal mit größerer Leichtigkeit als die Lautsprache. (Es kommt vor, daß Hörende die Gebärdensprache, wenn sie sie als erste Sprache gelernt haben, als ständige und zuweilen bevorzugte Alternative zur Lautsprache einsetzen und beibehalten.)

Der Philosoph Condillac, der Taubstumme zunächst als «mit Empfindung versehene Statuen» oder «wandelnde Maschinen» ohne die Fähigkeit zu denken oder die damit verbundenen geistigen Aktivitäten betrachtet hatte, änderte, nachdem er inkognito bei de l'Epées Unterricht zugesehen hatte, seine Meinung und schrieb als erster eine philosophische Abhandlung, in der er die Gebärdensprache und die Methode des Abbés pries:

> Aus der handelnden Sprache hatte de l'Epée eine methodische, einfache und leichte Kunst entwickelt, durch die er seinen Schülern Gedanken aller Art eingibt, Gedanken – ich wage diese Behauptung –, welche genauer sind als jene, die man sich gewöhnlich mit Hilfe des Gehörs aneignet. Als Kinder sind wir gezwungen, die Bedeutung von Wörtern je nach den Umständen zu beurteilen, unter denen wir sie hören, und so geschieht es häufig, daß wir ihre Bedeutung nur annähernd erfassen und uns dann unser Leben lang mit diesem annähernden Begriff zufriedengeben. Mit den von de l'Epée unterrichteten Taubstummen verhält es sich anders. Er hat nur eine Möglichkeit, ihnen Sinnesbegriffe zu vermitteln: analysieren und seine Schüler dazu anhalten, die Analyse mit ihm gemeinsam zu vollziehen. So führt er sie von sinnlichen zu abstrakten Vorstellungen; wir können urteilen, wie vorteilhaft sich de l'Epées handelnde Sprache gegenüber der gesprochenen Sprache unserer Erzieherinnen und Lehrer ausnimmt [Lane 1984, S. 37].

Bei Condillac wie in der Öffentlichkeit – in Scharen fand sich das Publikum zu de l'Epées und Sicards Demonstrationen ein – vollzog sich ein tiefgreifender Sinneswandel: Man hieß die bislang Ausgestoßenen in der menschlichen Gemeinschaft willkommen. In dieser Zeit, die sich in der Geschichte der Gehörlosen wie ein Goldenes Zeitalter ausnimmt, wurden überall in

der zivilisierten Welt in rascher Folge Gehörlosenschulen
gegründet, an denen gewöhnlich gehörlose Lehrer unterrichteten, und Taubstumme traten aus dem Dunkel der Vernach-
lässigung ins Licht des öffentlichen Lebens, nahmen ihre
politischen und Bürgerrechte wahr und stiegen schnell in ge-
hobene, verantwortungsvolle Positionen auf; was bis dahin
unvorstellbar gewesen war – daß Taubstumme Schriftsteller,
Ingenieure, Philosophen, Intellektuelle werden konnten –,
war mit einemmal möglich geworden.

Als Laurent Clerc (ein Schüler von Massieu, der seinerseits ein
Schüler Sicards gewesen war) 1816 in die Vereinigten Staaten
kam, ging sofort eine außergewöhnliche Wirkung von ihm
aus, denn amerikanische Lehrer waren bis zu diesem Zeitpunkt noch nie einem Taubstummen begegnet, der über eine
beeindruckende Intelligenz und Bildung verfügte, ja sie hatten
sich einen solchen Menschen und die Möglichkeiten, die in
Gehörlosen schlummern, nicht einmal vorstellen können. Zusammen mit Thomas Gallaudet gründete Clerc 1817 in Hartford das American Asylum for the Deaf.* So wie Paris – Lehrer, *philosophes*, die ganze Öffentlichkeit – in den siebziger

---

* In seinem Buch «Mit der Seele hören», das Harlan Lane als Roman-
cier, Biograph und Historiker geschrieben hat, schlüpfte der Autor in
die Person von Clerc und erzählt die frühe Geschichte der Gehörlosen
aus dessen Perspektive. Da die entscheidenden Entwicklungen, in denen Clerc eine bedeutende Rolle spielte, während seines langen und
erfüllten Lebens stattfanden, ist seine «Autobiographie» eine wunderbare persönliche Geschichte der Gehörlosen. Laurent Clercs Ver-
pflichtung als Gehörlosenlehrer und seine Übersiedlung nach Amerika ist ein beliebter Bestandteil der Geschichte und Folklore der
Gehörlosen. Es heißt, der Geistliche Thomas Gallaudet habe ein paar
Kinder in seinem Garten spielen sehen, und dabei sei ihm aufgefallen,
daß ein Mädchen sich nicht an den Spielen beteiligte. Gallaudet fand
heraus, daß sie Alice Cogswell hieß – und taub war. Er versuchte
selbst, sie zu unterrichten, und sprach mit ihrem Vater Mason Cogswell, einem Arzt aus Hartford, über die Gründung einer Schule für
Taubstumme (es gab bis dahin keine Gehörlosenschulen in den Vereinigten Staaten).

Jahren des 18. Jahrhunderts von de l'Epée berührt, verblüfft, «bekehrt» worden war, so sollte auch Amerika fünfzig Jahre später bekehrt werden.

Die Atmosphäre in der Hartforder Lehranstalt und in den anderen Schulen, die bald darauf gegründet wurden, war erfüllt von Erregung und Begeisterung, wie man sie nur am Anfang großer intellektueller und humanitärer Abenteuer erlebt.* Der rasche und spektakuläre Erfolg des Unterrichts in Hartford führte bald dazu, daß in allen Regionen mit einer gewissen Bevölkerungsdichte und damit einer entsprechend großen Zahl gehörloser Kinder andere Schulen gegründet wurden. Praktisch alle Gehörlosenlehrer (fast jeder von ihnen beherrschte die Gebärdensprache fließend, und viele waren selbst taub) gingen nach Hartford. Das von Clerc eingeführte französische Gebärdensystem verschmolz rasch mit den hier

_____

Gallaudet fuhr nach Europa, um einen Lehrer zu suchen, jemanden, der eine Taubstummenschule in Hartford aufbauen oder dabei behilflich sein konnte. Zunächst begab er sich nach England und besuchte eine der Braidwood-Schulen, eine jener im 18. Jahrhundert gegründeten «Sprechschulen», wurde dort jedoch recht kühl empfangen: Man gab ihm zu verstehen, daß die «oralistische» Methode «geheim» sei. Nach diesen Erfahrungen in England reiste er nach Paris und lernte Laurent Clerc kennen, der am Institut für Taubstumme lehrte. Vor die Frage gestellt, ob er, der selbst taubstumm war und sein Geburtsland Frankreich nie verlassen, ja sich bis dahin kaum einmal aus dem Umkreis des Instituts entfernt hatte, bereit sei, mitzukommen und das Wort (die Gebärde) nach Amerika zu bringen, willigte Clerc ein, und gemeinsam brachen sie auf; während der 52 Tage dauernden Überfahrt nach Amerika lehrte er Gallaudet die Gebärdensprache, und Gallaudet brachte ihm Englisch bei. Bald nach ihrer Ankunft begannen sie damit, Spenden zu sammeln – sowohl die Öffentlichkeit als auch die Regierung zeigten sich begeistert und großzügig –, und im folgenden Jahr eröffneten sie mit Mason Cogswell die Lehranstalt in Hartford. Auf dem Gelände der Gallaudet University steht heute ein Denkmal, das Thomas Gallaudet und Alice beim Unterricht darstellt.
* Diese Atmosphäre ist auf jeder Seite des anrührenden Buches «The Deaf and the Dumb» (Hitchcock 1836) zu spüren, dessen Verfasser, Edwin John Mann, ehemals Schüler in Hartford war.

entstandenen Gebärdensprachen – wo immer es Gemeinschaften von Gehörlosen gibt, entwickelt sich eine Gebärdensprache, für sie die leichteste und natürlichste Art der Kommunikation – zu einer ungewöhnlich ausdrucksvollen und vielseitigen Mischform, der Amerikanischen Gebärdensprache (American Sign Language = ASL).* Eine besondere Verstärkung landestypischer Elemente der Gebärdensprache ergab sich, wie Nora Ellen Groce in ihrem Buch «Everyone Here Spoke Sign Language» überzeugend dargestellt hat, durch den Beitrag, den die Gehörlosen von der Insel Martha's Vineyard zur Entwicklung der ASL beisteuerten. Dort litt ein erheblicher Teil der Bevölkerung an erblicher Gehörlosigkeit, und die meisten Bewohner der Insel beherrschten eine einfache und ausdrucksstarke Gebärdensprache. Praktisch alle Gehörlosen von Martha's Vineyard wurden in den Aufbaujahren der Lehranstalt nach Hartford geschickt und trugen dort mit der einzigartigen Kraft ihrer eigenen Sprache zur Entstehung einer landesweiten Gehörlosensprache bei.

Man hat wirklich das Gefühl, daß hier eine intensive gegenseitige Befruchtung stattgefunden hat: Menschen kamen und gingen, brachten ihre regionalen Sprachen mit all ihren Eigenarten und Stärken nach Hartford und nahmen eine zunehmend verfeinerte und allgemeingültige Sprache mit nach Hause.**

------

* Wir haben zuwenig direkte Kenntnis von der Entstehung der ASL, besonders was die ersten fünfzig Jahre betrifft, als eine weitreichende Vermischung stattfand und die Französische Gebärdensprache amerikanisiert wurde (vgl. Fischer 1978 und Woodward 1978). 1867 bestand bereits eine breite Kluft zwischen der Französischen Gebärdensprache und der neuen Mischform ASL – Clerc hat selbst darauf hingewiesen –, und diese Kluft hat sich in den darauffolgenden hundertzwanzig Jahren noch vergrößert. Dennoch gibt es noch immer starke Ähnlichkeiten zwischen diesen beiden Sprachen – immerhin so viele, daß sich amerikanische Gehörlose in Paris einigermaßen zurechtfinden. Hingegen haben sie große Schwierigkeiten, die Britische Gebärdensprache, die sich aus völlig anderen, englischen Ursprüngen entwickelt hat, zu verstehen.
** Gewachsene regionale Gebärdensprachen können sich extrem voneinander unterscheiden; ein gehörloser Amerikaner, der vor 1817

Die Erfolge in der Erziehung und Ausbildung der Gehörlosen waren in den Vereinigten Staaten ebenso spektakulär wie ein paar Jahrzehnte zuvor in Frankreich, und sie führten dazu, daß sich der Unterricht für Taubstumme auch in anderen Ländern rasch ausbreitete.

Lane schätzt, daß es 1869 weltweit 550 Gehörlosenlehrer gab und daß 41 Prozent der Gehörlosenlehrer in den Vereinigten Staaten selbst gehörlos waren. 1864 verabschiedete der Kongreß ein Gesetz, das es der Columbia Institution for the Deaf and the Blind in Washington erlaubte, in den Rang eines Nationalen College für Taubstumme aufzusteigen – die erste auf die Ausbildung von Gehörlosen spezialisierte Hochschule des Landes war geschaffen. Ihr erster Rektor war Edward Gallaudet, der Sohn von Thomas Gallaudet, der Clerc 1816 nach Amerika geholt hatte. Das Gallaudet College, wie es später getauft wurde (heute heißt es Gallaudet University), ist immer noch weltweit die einzige geisteswissenschaftlich ausgerichtete Universität für gehörlose Studenten, während an Technischen Hochschulen inzwischen verschiedene Studiengänge und Institute für Gehörlose eingerichtet worden sind. (Das berühmteste ist das Rochester Institute of Technology, wo die mehr als 1500 gehörlosen Studenten im National Technical Institute for the Deaf zusammengefaßt sind.)

So setzte der große Impetus der Gehörlosenbildung und -emanzipation, der zwischen 1770 und 1820 durch Frankreich gegangen war, seinen Triumphzug in den Vereinigten Staaten fort und entfaltete dort seine Wirkung bis 1870 (Clerc, eine charismatische Persönlichkeit, unvermindert aktiv bis zu seinem Tod, starb 1869). Dann aber – und dies ist der Wendepunkt der Geschichte – kehrte sich alles um, kehrte sich alles gegen die Gebärdensprache, gegen ihre Verwendung durch

---

durch die Vereinigten Staaten reiste, war mit Gebärdendialekten konfrontiert, die er nicht verstehen konnte. Und in England ging die Standardisierung so langsam vonstatten, daß bis vor recht kurzer Zeit vielfach selbst Gehörlose aus benachbarten Dörfern Verständigungsschwierigkeiten hatten.

und für Gehörlose, und innerhalb von zwanzig Jahren wurde das Werk eines ganzen Jahrhunderts zunichte gemacht. Was mit den Gehörlosen und ihrer Gebärdensprache geschah, war eigentlich Teil einer allgemeinen (und, wenn man so will, politischen) Bewegung jener Zeit: des viktorianischen Trends zur Unterdrückung und zum Konformismus, zur Intoleranz gegenüber Minderheiten und ihren Gebräuchen, seien sie religiöser, sprachlicher oder ethnischer Natur. Es war eine Zeit, in der sich die «kleinen Nationen» und die «kleinen Sprachen» der Welt (beispielsweise Wales und Walisisch) einem gewaltigen Assimilationsdruck ausgesetzt sahen.

Schon seit zwei Jahrhunderten hatte sich unter Eltern und Lehrern von Taubstummen eine Gegenströmung etabliert; ihr Ziel: Gehörlose sollten sprechen lernen. Hundert Jahre zuvor war de l'Epée bereits in stillschweigende, wenn nicht offene Opposition zu Jacob Rodrigues Pereire geraten, dem größten «Oralisten» seiner Zeit, der sein Leben der Aufgabe gewidmet hatte, den Taubstummen Sprechen beizubringen, eine Aufgabe, für die einige Hingabe nötig war, denn sie erforderte, wenn sie Aussicht auf Erfolg haben sollte, jahrelange intensive und aufreibende Anleitung, bei der ein Lehrer mit einem einzigen Schüler arbeitete, während de l'Epée Hunderte von Schülern gleichzeitig unterrichten konnte. In den vergangenen Dekaden hatte diese Strömung, paradoxerweise genährt von den ungeheuren Erfolgen der Lehranstalten und den spektakulären Demonstrationen der Bildungsmöglichkeiten von Gehörlosen, stetig zugenommen. Jetzt, in den siebziger Jahren des 19. Jahrhunderts, brach sie mit Macht hervor und riß das eigentliche Instrument dieses Erfolges mit sich fort.

Einige echte Probleme waren in der Tat nicht zu leugnen; es hatte sie immer schon gegeben, und sie bestehen auch heute noch. Wozu, so fragte man, sollte der Gebrauch der Gebärdensprache ohne die Lautsprache gut sein? Würde das die Gehörlosen im täglichen Leben nicht auf den Umgang mit anderen Gehörlosen beschränken? Sollte man nicht statt dessen Sprechen (und Lippenlesen) unterrichten und damit die Voraussetzungen für eine vollständige Integration der Gehörlosen in die

Bevölkerung schaffen? Sollte der Gebrauch der Gebärdensprache nicht lieber verboten werden, damit sie das Erlernen der Lautsprache nicht behindere?★

Unter der Oberfläche des im Verlauf von hundert Jahren Erreichten – das von vielen als etwas Pervertiertes, der Isolation und Ausgrenzung von Menschen Dienliches gesehen werden konnte und auch gesehen wurde – scheinen diese Probleme, diese Debatten in den siebziger Jahren des vorigen Jahrhunderts Sprengkraft entwickelt zu haben.

Edward Gallaudet war ein aufgeschlossener Mann, der Ende der sechziger Jahre ausgedehnte Reisen durch Europa unternahm und Gehörlosenschulen in vierzehn Ländern besuchte. Er stellte fest, daß die meisten von ihnen sowohl die Gebärdensprache als auch die Lautsprache unterrichteten und daß die Schulen, die den Schwerpunkt auf die Gebärdenspra-

---

★ Der alte Ausdruck «taubstumm» bezog sich auf die angebliche Unfähigkeit zu sprechen, die man den gehörlos Geborenen unterstellte. Dabei sind sie natürlich durchaus in der Lage zu sprechen – sie haben den gleichen Sprachapparat wie alle anderen; was ihnen fehlt, ist die Fähigkeit, sich selbst sprechen zu hören und so den Klang ihrer Sprache vermittels des Gehörs zu steuern. Ihre Aussprache mag daher in Lautstärke und Modulation von der Norm abweichen, und die Auslassung vieler Konsonanten und anderer Sprechlaute kann ein solches Ausmaß annehmen, daß ihre Äußerungen manchmal nicht zu verstehen sind. Da Gehörlose ihre Sprache nicht durch Hören steuern können, müssen sie lernen, sich dazu anderer Sinne zu bedienen – des Sehens, Fühlens, der Schwingungssensibilität und der Kinästhesie. Hinzu kommt, daß die Taubgeborenen oder vor dem Spracherwerb Ertaubten kein Hörbild besitzen, keine *Vorstellung*, wie sich Sprache wirklich anhört, keine Vorstellung von einer Verbindung zwischen Klang und Bedeutung. Ein seinem Wesen nach auditives Phänomen muß mit nichtauditiven Mitteln erfaßt und gesteuert werden. Das wirft enorme Probleme auf, und es kann Tausende Stunden individuellen Unterrichts erfordern, dieses Ziel zu erreichen.

Darin liegt der Grund, warum die Stimmen von präverbal und postverbal Gehörlosen gewöhnlich sehr unterschiedlich klingen und auf Anhieb voneinander zu unterscheiden sind; die Ertaubten *erinnern* sich, wie man spricht, während die Taubgeborenen es *lernen* müssen, ohne eine solche Erinnerung und einen Sinn dafür, wie Sprache klingt.

che legten, hinsichtlich der sprachlichen Artikulation ebensoviel Erfolg hatten wie die oralistisch orientierten Schulen, während sie hingegen auf dem Gebiet der Allgemeinbildung bessere Ergebnisse erzielten. Er fand, daß Sprechfertigkeit zwar höchst erstrebenswert sei, jedoch nicht die Basis des Grundunterrichts sein könne, und daß diese Grundlagen des Wissens zu einem frühen Zeitpunkt mit Hilfe der Gebärdensprache vermittelt werden müßten.

Gallaudets Meinung war ausgewogen – andere bezogen extreme Positionen. Es gab zahlreiche «Reformer» – Samuel Gridley Howe und Horace Mann waren herausragende Beispiele –, die lautstark die Abschaffung der «altmodischen» Anstalten, die Gebärdensprache lehrten, und die Einführung «progressiver» oralistischer Schulen forderten. Die erste dieser Schulen war die 1867 gegründete Clarke School for the Deaf in Northampton, Massachusetts. (Dem Geistlichen Thomas Arnold diente sie als Modell für die im Jahr darauf von ihm gegründete Northampton School in England.) Der bedeutendste und einflußreichste jener «Oralisten» war jedoch Alexander Graham Bell, der einerseits eine Familientradition fortführte (sowohl sein Vater als auch sein Großvater hatten sich als Lehrer in der Sprecherziehung und der Beseitigung von Sprachfehlern einen Namen gemacht), andererseits in ein seltsames familiales Syndrom eingebunden war, das zu einer Verleugnung der Gehörlosigkeit verpflichtete (seine Mutter und seine Frau waren taub, gaben dies jedoch nie zu) – und natürlich war er selbst ein technisches Genie. Als Bell das ganze Gewicht seiner immensen Autorität und seines Ansehens für die Sache der Oralisten einsetzte, neigte sich schließlich die Waagschale. Auf dem zu trauriger Berühmtheit erlangten Kongreß der Gehörlosenlehrer, der 1880 in Mailand stattfand und bei dem gehörlose Lehrer kein Stimmrecht hatten, siegte der Oralismus: Der Gebrauch der Gebärdensprache in den Schulen wurde «offiziell» verboten.* Gehörlosen Schü-

---

* Obwohl Bell von den Gehörlosen als eine Art Menschenfresser betrachtet wurde (George Veditz, ehemaliger Präsident der National

lern war es nicht mehr gestattet, ihre eigene «natürliche» Sprache zu verwenden. Sie mußten von nun an lernen, sich, so gut sie konnten, der (für sie) «unnatürlichen» Lautsprache zu bedienen. Und dies stand, so scheint es, im Einklang mit dem Geist jenes Zeitalters und seinem anmaßenden Anspruch, die Wissenschaft sei eine Macht, die über die Natur gebiete und sich ihr nie unterwerfen dürfe.

Eine der Folgen dieses Beschlusses war, daß gehörlose Schüler nun nicht mehr von gehörlosen, sondern von hörenden Lehrern unterrichtet wurden. Der Anteil gehörloser Lehrer, der in den Vereinigten Staaten 1850 bei 50 Prozent gelegen hatte, fiel um die Jahrhundertwende auf 25 Prozent und lag 1960 bei 12 Prozent. In zunehmendem Maße wurde Englisch die Sprache, in der hörende Lehrer Unterricht erteilten, und immer weniger Lehrer beherrschten die Gebärdensprache – dies war die Situation, die David Wright 1920 an seiner Schule erlebt und beschrieben hat.

Das alles wäre ohne Belang gewesen, wenn die oralistische Methode funktioniert hätte. Das Ergebnis war jedoch das Gegenteil von dem, was man hatte erreichen wollen: Die Aneignung der Lautsprache forderte einen unerträglich hohen Preis.

Association of the Deaf und Leitfigur der Gehörlosen, bezeichnete ihn als «den Feind, den die amerikanischen Gehörlosen am meisten zu fürchten haben»), sollte auch darauf hingewiesen werden, daß er einmal gesagt hat: «Ich glaube, wenn wir, ohne Rücksicht auf die Sprache, ausschließlich die geistige Verfassung des Kindes in Betracht ziehen, so werden wir zu dem Schluß kommen, daß keine Sprache so geeignet ist, diesen Geist anzusprechen, wie die Gebärdensprache; sie ist die Methode, mit der es gelingen kann, den Geist eines tauben Kindes zu erreichen.»

Auch war er, was die Gebärdensprache betrifft, keineswegs unwissend; im Gegenteil: «er beherrschte die Gebärdensprache fließend und so gut wie jeder Taubstumme... [er] bewegte seine Finger mit zauberischer Eleganz und Leichtigkeit», schrieb sein gehörloser Freund Albert Ballin. Ballin bezeichnete Bells Interesse an den Gehörlosen auch als «Hobby» – es hat jedoch eher den Anschein, als habe es sich dabei um eine starke und konfliktreiche Fixierung gehandelt (vgl. Gannon 1981, S. 78 f).

In den fünfziger Jahren des 19. Jahrhunderts waren Gehörlose, die die Schule in Hartford oder eine andere dieser Einrichtungen besucht hatten, außerordentlich belesen und gebildet – sie standen ihren hörenden Mitbürgern in nichts nach. Heute verhält es sich umgekehrt. Die oralistische Methode und die Unterdrückung der Gebärdensprache haben zu einer dramatischen Reduzierung der Lernleistungen gehörloser Kinder und der Bildung Gehörloser im allgemeinen geführt.*

Diese bedrückenden Fakten sind allen Gehörlosenlehrern bekannt, bedürfen jedoch der Interpretation. Hans G. Furth, ein Psychologe, der sich mit den kognitiven Fähigkeiten der Gehörlosen beschäftigt, hat festgestellt, daß diese bei Intelligenztests, für die keine durch Lernen erworbenen Kenntnisse erforderlich sind, ebensogut abschneiden wie Hörende (Furth 1972).

Er weist nach, daß die von Geburt an Gehörlosen an einem «Informationsdefizit» leiden. Hierfür gibt es eine Reihe von Gründen. Erstens sind sie dem «zufälligen» Lernen, das außerhalb der Schule stattfindet, weniger ausgesetzt – beispielsweise dem Stimmengewirr, das den Hintergrund des normalen alltäglichen Lebens bildet, oder Fernsehsendungen, die sie nur verfolgen können, wenn sie mit Untertiteln gesendet werden usw. Zweitens sind die Lerninhalte im Vergleich zu denen hörender Kinder recht spärlich: Es wird so viel Zeit darauf verwendet, den gehörlosen Kindern Sprechen beizubringen – man muß mit fünf bis acht Jahren intensiven Einzelunterrichts rechnen –, daß wenig Zeit für die Vermittlung von Informationen, Kultur, komplexen Fertigkeiten oder irgend etwas anderem bleibt.

---

* Heute sind viele Gehörlose praktisch Analphabeten. Eine 1972 vorgenommene Studie des Gallaudet College ergab, daß die durchschnittliche Lesefertigkeit eines achtzehnjährigen gehörlosen Schulabgängers in den Vereinigten Staaten der eines Viertkläßlers entsprach, und eine Untersuchung des britischen Psychologen R. Conrad deutet daraufhin, daß die Situation in England ähnlich ist: Beim Schulabgang weisen gehörlose Schüler im Lesen den Entwicklungsstand eines Neunjährigen auf (Conrad 1979).

Doch das Verlangen, die Gehörlosen zum Sprechen zu bringen, das Beharren auf der Forderung, sie mögen sprechen lernen, und vor allem die sonderbaren abergläubischen Vorstellungen, die sich immer um die Gebärdensprache gerankt haben, ganz zu schweigen von den enormen Investitionen, die in die oralistisch ausgerichteten Schulen gesteckt worden sind, haben diese beklagenswerte Situation entstehen lassen, praktisch ohne daß die Öffentlichkeit davon Notiz genommen hätte. Sie ist lediglich von den Gehörlosen selbst bemerkt worden, die aber, da sie ihrerseits nicht zur Kenntnis genommen werden, in dieser Angelegenheit kaum etwas zu sagen hatten. Erst in den sechziger Jahren begannen sowohl Historiker und Psychologen als auch Eltern und Lehrer von gehörlosen Kindern sich zu fragen: «Was ist geschehen? Was geschieht *jetzt*?» Erst in den sechziger und frühen siebziger Jahren wurde die Öffentlichkeit auf diese Situation aufmerksam gemacht, und zwar durch Romane wie Hannah Greens «Mit diesem Zeichen» (1970) und in jüngster Zeit durch den nach einem Bühnenstück von Mark Medoff entstandenen eindrucksvollen Film «Gottes vergessene Kinder».★

Man hat gemerkt, daß etwas geschehen muß – aber was? Wie so oft lockt auch hier der Kompromiß: Ein «kombiniertes» System aus Laut- und Gebärdensprache wird es den Gehörlosen ermöglichen, auf beiden Gebieten voranzukommen. Ein weiterer Kompromiß, dem eine tief verankerte Verwirrung zugrunde liegt, wird vorgeschlagen: eine Sprache einzuführen, die zwischen Englisch und der Gebärdensprache ver-

---

★ Schicksale von Gehörlosen sind natürlich noch in anderen Romanen gestaltet worden, zum Beispiel in Carson McCullers «Das Herz ist ein einsamer Jäger» (1940). Die Figur des Mr. Singer, eines einsamen tauben Mannes in einer Welt der Hörenden, unterscheidet sich jedoch deutlich von den Protagonisten in Hannah Greens Roman, die sich ihrer Identität als Gehörlose sehr bewußt sind. In den dreißig Jahren, die zwischen dem Erscheinen dieser beiden Bücher liegen, ist es zu gewaltigen gesellschaftlichen Veränderungen gekommen, zu Veränderungen der sozialen Lebensauffassung und, damit einhergehend, zur Entstehung eines neuen Selbstbewußtseins.

mittelt (das heißt ein in Gebärden umgesetztes Englisch). Diese Art von Verwirrung hat eine lange Geschichte – sie geht auf de l'Epées «methodische Gebärden» zurück, die einen Versuch darstellten, zwischen Französisch und Gebärdensprache zu vermitteln. Echte Gebärdensprachen sind jedoch in sich vollständig: Ihre Syntax, Grammatik und Semantik bedürfen keiner Ergänzung, aber sie unterscheiden sich in ihrem Wesen von denen aller anderen artikulierten oder geschriebenen Lautsprachen. Es ist daher nicht möglich, eine gesprochene Sprache Wort für Wort, Satz für Satz in die Gebärdensprache zu übersetzen – ihre Strukturen sind grundsätzlich verschieden.

Man trifft oft auf die vage Vorstellung, die Gebärdensprache *sei* Englisch oder Französisch, aber das ist ganz und gar nicht der Fall; sie ist sie selbst, sie ist Gebärdensprache. Folglich ist das «manuelle Englisch», das man so gern als Kompromiß einführen möchte, überflüssig, denn eine vermittelnde Pseudosprache wird gar nicht benötigt. Und doch sind Gehörlose gezwungen, diese Zeichen zu erlernen – nicht um Gedanken oder Handlungen auszudrücken, sondern zwecks Repräsentation phonetischer Laute, die sie nicht hören können. So werden sie, ein Jahrhundert nach dem Mailänder Kongreß, noch immer in großem Umfang ihrer eigenen, angestammten Sprache beraubt.

Aber was wichtiger ist: Wie verhält es sich mit dem kombinierten System, bei dem die Schüler sowohl Gebärdensprache als auch Lippenlesen und Lautsprache lernen? Vielleicht funktioniert das, wenn man dabei in Betracht zieht, welche Fähigkeiten jeweils in den verschiedenen Phasen des Heranwachsens am besten entfaltet werden können. Der springende Punkt ist: Völlig gehörlose Menschen zeigen keinerlei natürliche Neigung zu sprechen. Sprechen ist eine Kunst, die sie erst lernen müssen, und das bedeutet jahrelange harte Arbeit. Andererseits zeigen sie eine direkte, starke Neigung, sich der Gebärdensprache zu bedienen, die ihnen, als visuelle Sprache, in ihrem ganzen Umfang zur Verfügung steht. Das wird am deutlichsten bei gehörlosen Kindern von gehörlosen Eltern, die die Gebärdensprache benutzen: Sie machen im Alter von sechs

Monaten die ersten Gebärden und bedienen sich dieser Sprache bereits neun Monate später mit beachtlicher Gewandtheit.*

Sprache muß so früh wie möglich angeboten und erlernt werden, sonst kann es geschehen, daß ihre Entwicklung für immer retardiert und verkümmert bleibt, woraus sich all die damit einhergehenden Beeinträchtigungen des «propositionalen Denkens» ergeben, die Hughlings-Jackson angesprochen hat. Bei absolut gehörlosen Menschen kann diese Sprache nur die Gebärdensprache sein. Es ist daher nötig, die Gehörlosigkeit möglichst früh zu diagnostizieren.** Gehörlose Kinder müssen als erstes Kontakt zu Menschen – den Eltern, Lehrern oder anderen Personen – haben, die die Gebärdensprache beherrschen. Sobald sie sie einmal erlernt haben – und es ist möglich, daß sich ein dreijähriges Kind flüssig in Gebärdensprache ausdrücken kann –, mag alles weitere folgen: freier Gedankenaustausch, freier Informationsfluß, Lesen und Schreiben und das Erlernen der Lautsprache. Es deutet nichts darauf hin, daß der Gebrauch der Gebärdensprache die Entwicklung der Sprechfertigkeit behindert. Wahrscheinlich verhält es sich eher umgekehrt.

Sind Taube immer und überall als «behindert» oder «minderwertig» betrachtet worden? War es immer ihr Schicksal

---

* Es muß betont werden, daß sich diesen Kindern, auch wenn sie früh ein Gebärdenvokabular entwickeln, die Grammatik der Gebärdensprache im selben Alter und auf dieselbe Weise erschließt wie hörenden Kindern die Grammatik der Lautsprache.
** Man mag durch Beobachtungen zu der Vermutung kommen, daß eine Gehörlosigkeit vorliegt; sie eindeutig nachzuweisen ist jedoch während des ersten Lebensjahres schwer. Wenn daher bei einem Kind Verdacht auf Taubheit besteht – etwa weil in der Familie bereits Fälle von Gehörlosigkeit aufgetreten sind oder weil es nicht auf unvermittelte Geräusche reagiert –, sollte man es bestimmten physiologischen Hörtests unterziehen (dabei werden die sogenannten akustisch evozierten Potentiale im Hirnstamm gemessen). Dieser relativ einfache Test kann bereits in der ersten Lebenswoche einen Verdacht auf Gehörlosigkeit ausschließen oder bestätigen.

und wird es ihr Schicksal bleiben, ausgegrenzt und isoliert leben zu müssen? Kann man sich ihre Situation überhaupt anders vorstellen? Wenn es doch eine Welt gäbe, in der es keine Rolle spielte, ob einer taub ist oder nicht, und in der alle Gehörlosen ein erfülltes Leben inmitten der Gemeinschaft der Menschen führen könnten! Eine Welt, in der niemand überhaupt auf den Gedanken käme, sie als «behindert» oder «taub» anzusehen.*

Es gab und gibt solche Welten, und eine von ihnen schildert Nora Ellen Groce in ihrem schönen und faszinierenden Buch «Everyone Here Spoke Sign Language: Hereditary Deafness on Martha's Vineyard». Aufgrund einer Mutation, eines re-

---

* Sicard hat sich ein solches Gemeinwesen vorgestellt: «Könnte es nicht in einem Winkel der Welt eine ganze Gesellschaft gehörloser Menschen geben? Wohlan! Würden wir diese Menschen für minderwertig halten, würden wir glauben, es mangele ihnen an Intelligenz und Verständigung? Gewiß hätten sie eine Gebärdensprache, vielleicht gar eine Sprache, die an Ausdrucksmitteln reicher wäre als unsere. Diese Sprache wäre wenigstens eindeutig und gäbe immer ein genaues Bild der Gemütsregungen. Warum also sollte dieses Volk als unzivilisiert gelten? Warum sollte es nicht über Gesetze, eine Verwaltung, eine Polizei verfügen, die sich weniger argwöhnisch zu den Menschen verhielten als die unseren? [Lane 1984, S. 89f]»
Eine ähnliche Vision hatte auch der ebenso zu Übertreibungen neigende Alexander Graham Bell, doch verkehrte sich in seiner Version die von Sicard gezeichnete Idylle zu einem Schreckensbild. Zu seiner 1883 verfaßten, von Furcht diktierten Denkschrift «Memoir upon the Formation of a Deaf Variety of the Human Race», die Vorschläge für drakonische Maßnahmen enthielt, wie man mit den Gehörlosen «fertig werden» könne, war er durch seine Erfahrungen auf Martha's Vineyard angeregt worden (siehe weiter unten). Beides – die Idylle wie der Schrecken – finden sich in H. G. Wells' grandioser Erzählung «Das Land der Blinden».
Die Gehörlosen selbst haben hin und wieder die Neigung zu einem Separatismus, einem «Gehörlosen-Zionismus» gezeigt. 1831 hat Edmund Booth die Gründung einer Stadt oder Gemeinschaft von Gehörlosen vorgeschlagen, und 1856 propagierte John James Flournoy einen Gehörlosen-Staat «im Wilden Westen». Solche Ideen beschäftigen noch immer die Phantasien. So träumt Lyson C. Sulla, der taube

zessiven Gens, aktiviert durch Inzucht, breitete sich auf der Insel Martha's Vineyard vor Massachusetts' Küste nach der Ankunft der ersten gehörlosen Siedler in den neunziger Jahren des 17. Jahrhunderts eine Form erblicher Gehörlosigkeit aus, die zweihundertfünfzig Jahre lang von Generation zu Generation weitergetragen wurde. Gegen Mitte des 19. Jahrhunderts war dort fast jede Familie davon betroffen, in einigen Gemeinden (Chilmark, West Tisbury) bis zu einem Viertel der Einwohner. Das führte dazu, daß die ganze Bevölkerung Gebärdensprache lernte und daher ein freier und vollständiger Austausch zwischen Hörenden und Gehörlosen möglich war. Kaum je wurden die Gehörlosen als «taub» und gewiß nicht als «behindert» wahrgenommen.★

Held des Romans «Islay», davon, Gouverneur des Staates Islay zu werden und ihn zu einem Gemeinwesen von Gehörlosen für Gehörlose zu machen (Bullard 1986).
★ Es liegen auch Berichte über andere isolierte Gemeinwesen mit einem hohen Anteil von Gehörlosen und einer überaus positiven sozialen Haltung ihnen und ihrer Sprache gegenüber vor. Dies ist etwa auf Providence Island in der Karibik der Fall – James Woodward hat die Verhältnisse dort eingehend untersucht (Woodward 1982), und auch William Washabaugh hat diese Gemeinschaft beschrieben (Washabaugh 1986).
Vielleicht ist das Beispiel von Martha's Vineyard gar nicht so selten; vielleicht kann man sogar bei jeder Gemeinschaft mit einer signifikanten Zahl von Gehörlosen mit einer solchen Entwicklung rechnen. In einem abgelegenen Dorf in Yucatan (das von dem Ethnographen und Filmemacher Hubert Smith entdeckt und im Film festgehalten wurde und jetzt von Robert Johnson und Jane Norman von der Gallaudet University unter linguistischen und anthropologischen Gesichtspunkten untersucht wird) gibt es, bei einer Einwohnerzahl von etwa vierhundert, dreizehn Erwachsene und ein Kleinkind, die von Geburt an gehörlos sind. Auch hier benutzt das ganze Dorf die Gebärdensprache. In den umliegenden Dörfern leben weitere gehörlose Verwandte – Vettern und Cousinen ersten und zweiten Grades usw.
Die Gebärdensprache, deren sie sich bedienen, ist keine «hausgemachte», sondern eine Maya-Gestensprache, die offenbar eine lange Tradition hat, denn obwohl diese Gehörlosen über Hunderte von Quadratkilometern verstreut leben und praktisch keinen Kontakt miteinander haben, ist sie ihnen allen verständlich. Ganz anders ver-

In den erstaunlichen Interviews, die Groce aufgenommen hat, erzählten die älteren Inselbewohner ausführlich, lebendig und liebevoll von ihren verstorbenen Verwandten, Nachbarn und Freunden, und zwar meist ohne deren Gehörlosigkeit auch nur zu erwähnen. Und nur wenn ihnen eine gezielte Frage gestellt wurde, dachten sie kurz nach und sagten dann: «Jetzt, wo Sie mich danach fragen... ja, es stimmt – Ebenezer war tatsächlich taubstumm.» Aber Ebenezers Taubstummheit hatte ihn nie ausgeschlossen und war als solche kaum je bemerkt worden: Er war einfach Ebenezer gewesen – Freund, Nachbar, tüchtiger Fischer –, und das war das Bild, das man sich von ihm bewahrte. Er war nicht etwas Besonderes gewesen, kein Behinderter, von der Gemeinschaft Ausgeschlossener, kein Taubstummer. Die Gehörlosen auf Martha's Vineyard liebten, heirateten, verdienten ihren Lebensunterhalt, arbeiteten, dachten, schrieben wie alle anderen auch – sie unterschieden sich allenfalls dadurch von den anderen Einwohnern, daß sie insgesamt über eine höhere Bildung verfügten als ihre Nachbarn, denn praktisch alle Gehörlosen von Martha's Vineyard wurden auf die Schule in Hartford geschickt und galten oft als die Klügsten der Gemeinde.*

---

hält es sich mit der Zentralmexikanischen Gebärdensprache, die in Merida und anderen Städten benutzt wird – es ist erwiesen, daß keine Beziehung zwischen diesen beiden Sprachen besteht. Das erfüllte Leben der voll integrierten ländlichen Gehörlosen, die in Gemeinwesen leben, welche sie ganz und gar akzeptieren und sich durch das Erlernen der Gebärdensprache auf sie eingestellt haben, steht in krassem Gegensatz zu dem niedrigen sozialen und sprachlichen Niveau und dem dürftigen Bildungs- und Informationsstand der «Stadt»-Gehörlosen in Merida, die sich nach jahrelangem unangemessenem Unterricht nur als Straßenhändler und vielleicht als Fahrradtaxifahrer über Wasser halten können. Man sieht hier, wie gut ein Gemeinwesen oft funktioniert, während das «System» keine Hilfestellung bietet.
* Neben einer vorbildlichen Gehörlosenschule bietet die Stadt Fremont in Kalifornien sowohl beispiellose Arbeitsmöglichkeiten für Gehörlose als auch ein seltenes Maß an Aufmerksamkeit und Rücksichtnahme von seiten der Öffentlichkeit und der Stadtverwaltung. Die Tatsache, daß in einem Teil von Fremont Tausende von Gehörlo-

Interessanterweise behielten die Inselbewohner, selbst als der letzte Gehörlose der Insel 1952 starb, den Gebrauch der Gebärdensprache weitgehend bei, und zwar nicht nur für besondere Gelegenheiten (wenn sie sich schmutzige Witze erzählen, sich im Gottesdienst unterhalten, von Boot zu Boot miteinander reden wollten), sondern für den alltäglichen Gebrauch. Sie verfielen unwillkürlich und manchmal mitten in einem Satz in die Gebärdensprache, weil diese für alle, die sie (als erste Sprache) gelernt haben, «natürlich» ist und außerdem eine innere Schönheit und Klarheit besitzt, die die der gesprochenen Sprache manchmal übersteigt.*

---

sen leben, hat eine faszinierende bikulturelle Situation der Zweisprachigkeit geschaffen, in der die Laut- und die Gebärdensprache gleichberechtigt nebeneinander stehen. In bestimmten Stadtvierteln kann man Cafés sehen, in denen die eine Hälfte der Gäste spricht und die andere sich der Gebärdensprache bedient, Fitness-Center, in denen Hörende und Gehörlose gemeinsam trainieren, Sportplätze, auf denen Hörende und Gehörlose in derselben Mannschaft spielen. Es findet hier nicht nur eine – von Freundlichkeit geprägte – Berührung statt, sondern vielmehr eine beträchtliche Vermischung und Verschmelzung der beiden Kulturen, so daß viele Hörende (besonders Kinder) begonnen haben, sich die Gebärdensprache anzueignen, und zwar meist ganz unbewußt, nicht durch mechanisches Lernen, sondern durch Nachahmung. Wie man sieht, kann also selbst in einer geschäftigen Industriestadt im Silicon Valley (und in Rochester, New York, wo mehrere Tausend gehörlose Studenten die Technische Hochschule für Gehörlose besuchen und zum Teil mit ihren gehörlosen Familienangehörigen leben, ist die Situation ähnlich) auch in den achtziger Jahren unseres Jahrhunderts das günstige soziale Klima von Martha's Vineyard aufs neue entstehen.

* Ich habe kürzlich eine junge Frau, Deborah H., kennengelernt, die als hörendes Kind gehörloser Eltern mit der Gebärdensprache aufgewachsen ist. Sie sagte mir, daß sie oft in die Gebärdensprache zurückfällt und «in Gebärden denkt», wenn sie ein komplexes Problem lösen muß. Sprache hat ebenso wie eine soziale eine intellektuelle Funktion, und für Deborah, die inzwischen als Hörende in der Welt der Hörenden lebt, ist die soziale Funktion völlig selbstverständlich mit der artikulierten und geschriebenen Lautsprache verknüpft, während die intellektuelle Funktion für sie offenbar noch immer von der Gebärdensprache besetzt ist.

Ich war von Groces Buch so angerührt, daß ich mich, sobald ich es ausgelesen hatte, mit nichts weiter als meiner Zahnbürste, einem Cassettenrecorder und einer Kamera in meinen Wagen setzte – ich mußte diese verzauberte Insel mit eigenen Augen sehen. Und ich sah, wie ältere Bewohner sich untereinander noch immer mit großem Vergnügen in der Gebärdensprache verständigten. Das erste Mal, als ich das beobachtete, wird mir unvergeßlich bleiben. Ich fuhr an einem Sonntagmorgen zu dem verwitterten Gemischtwarenladen in West Tilbury. Dort saß, vertieft in Plauderei und Klatsch, ein halbes Dutzend alter Leute auf der Veranda. Es könnten irgendwelche Alten gewesen sein, alte Nachbarn, die sich unterhielten – bis sie alle plötzlich und ganz überraschend in die Gebärdensprache verfielen. Sie machten eine Minute lang Gebärden, lachten und sprachen dann normal weiter. In diesem Augenblick wußte ich, daß ich an den richtigen Ort gekommen war. Und als ich mich an eine der Ältesten wendete, stellte ich noch etwas anderes fest, das höchst interessant war. Diese alte Dame – sie war über neunzig – gab sich manchmal friedlichen, stillen Träumereien hin. Dabei schien es dann, als stricke sie in Gedanken, denn ihre Hände führten unablässig komplexe Bewegungen aus. Ihre Tochter, die ebenfalls die Gebärdensprache konnte, sagte mir jedoch, ihre Mutter stricke nicht, sondern denke – sie denke in der Gebärdensprache. Und selbst im Schlaf, erfuhr ich, malte die alte Dame manchmal bruchstückhafte Zeichen auf die Bettdecke: Sie träumte in der Gebärdensprache. Man würde der Bedeutung solcher Phänomene nicht gerecht, wenn man sie nur als soziale Erscheinungen betrachtete. Offensichtlich behält das Gehirn, der Geist eines Menschen, der die Gebärdensprache als erste Sprache gelernt hat, diese bei und bedient sich ihrer sein Leben lang, selbst wenn Gehör und Lautsprache nicht beeinträchtigt sind und in vollem Umfang zur Verfügung stehen. Ich war nun davon überzeugt, daß die Gebärdensprache eine elementare Sprache des Gehirns ist.

KAPITEL ZWEI

Mein Interesse für die Gehörlosen – ihre Geschichte, ihre desolate Lage, ihre Sprache, ihre Kultur – wurde geweckt, als man mich bat, Harlan Lanes Buch zu rezensieren. Besonders bedrückend fand ich die Beschreibungen völlig isolierter Taubstummer, denen es nicht gelungen war, sich irgendeine Sprache anzueignen; ihre geistigen Fähigkeiten waren offenbar stark eingeschränkt, und nicht weniger schlimm war die Hemmung ihrer emotionalen und sozialen Entwicklung, zu der es infolge des Fehlens einer authentischen Sprache und Kommunikation kommen kann. Was ist erforderlich, fragte ich mich, damit wir uns zu vollständigen menschlichen Wesen entwickeln? Ist unser sogenanntes Menschsein zum Teil abhängig von der Sprache? Was geschieht mit uns, wenn wir nicht imstande sind, uns Sprache anzueignen? Entwickelt sich Sprache spontan und natürlich, oder bedarf es dazu des Kontaktes mit anderen Menschen?

Ein Weg – ein erschütternder Weg –, nach Antworten auf diese Fragen zu suchen, besteht darin, Menschen zu betrachten, die der Sprache beraubt sind. Die Deprivation, der Verlust der Sprache – in der Form der Aphasie – ist seit den sechziger Jahren des 19. Jahrhunderts ein zentrales Forschungsgebiet der Neurologie gewesen: Hughlings-Jackson, Head, Goldstein, Lurija haben ausführliche Arbeiten darüber veröffentlicht, und auch Freud hat diesem Thema in den neunziger Jahren eine Monographie gewidmet. Bei der Aphasie wird die Sprache jedoch (durch einen Schlaganfall oder eine andere Hirnschädigung) einem bereits ausgeformten Geist, einer vollständig entwickelten Persönlichkeit entzogen. Man könnte sagen, daß die Sprache ihre Aufgabe (sofern ihr bei der Ausbildung des Geistes und des Charakters eine Aufgabe zukommt) in diesem Fall schon erfüllt hat. Will man jedoch die fundamentale Bedeutung der Sprache erforschen, so muß man sein Augenmerk nicht auf ihren Verlust, nachdem sie sich bereits entwickelt hat, sondern auf ihr Fehlen von Anfang an richten, darauf, was es bedeutet, wenn ihre Entwicklung gar nicht erst hat eintreten können.

Ich fand es schwierig, mir diesen Zustand auch nur auszumalen: Ich hatte Patienten, die ihre Sprache verloren hatten, die an Aphasie litten, aber ich konnte mir nicht vorstellen, wie es wohl sein mag, von vornherein keine Sprache zu besitzen.

———

Vor zwei Jahren lernte ich an der Braefield School for the Deaf Joseph kennen, einen elfjährigen Jungen, der gerade auf diese Schule gekommen war und über keinerlei Sprache verfügte. Er war taub geboren, aber seine Gehörlosigkeit war erst festgestellt worden, als er bereits vier Jahre alt war.* Die Tatsache, daß er in diesem Alter noch nicht in der Lage war, Lautsprache zu artikulieren und zu verstehen, wurde erst als «Retardierung», dann als «Autismus» abgetan, und diese Diagnosen hafteten ihm lange Zeit an. Als seine Gehörlosigkeit schließlich festgestellt wurde, galt er als «taubstumm» – «stumm» im wörtlichen Sinne. Es war nie ein ernsthafter Versuch unternommen worden, ihm Sprache zu vermitteln.

———

* Es kommt nur allzu oft vor, daß selbst intelligente und in anderen Bereichen aufmerksame Eltern die Gehörlosigkeit ihres Kleinkindes nicht bemerken und sie erst dann diagnostiziert wird, wenn das Kind keine Anstalten macht zu sprechen. Die zusätzliche Diagnose «stumm» oder «retardiert» wird ebenfalls nur allzu oft gestellt und kann diesen Menschen sein Leben lang begleiten. In vielen großen Krankenhäusern und Anstalten für «geistig Behinderte» gibt es im allgemeinen eine ganze Reihe von Patienten, die von Geburt an gehörlos sind. Man bezeichnet sie als «Retardierte» oder «Autisten», obwohl sie vielleicht weder das eine noch das andere sind. Sie sind lediglich als solche behandelt worden, und eine normale Entwicklung ist ihnen von frühester Kindheit an verwehrt gewesen.

Joseph sehnte sich danach, mit anderen zu kommunizieren, aber er konnte es nicht. Ihm standen weder das gesprochene oder geschriebene Wort noch die Gebärdensprache zur Verfügung, sondern lediglich Gesten, Pantomime und ein bemerkenswertes Zeichentalent. Immer wieder fragte ich mich: Was ist mit ihm geschehen? Was geht in ihm vor, wie ist er in diese schlimme Lage geraten? Er wirkte lebendig und aufgeweckt, aber völlig verwirrt: Sein Blick hing an sprechenden Mündern und an Händen, die Gebärden machten – forschend, verständnislos und, wie mir schien, voller Sehnsucht verfolgte er die Bewegungen unserer Lippen, Mienen und Hände. Er sah, daß zwischen uns «etwas passierte», aber er konnte nicht verstehen, was es war – er hatte vorerst noch kaum einen Begriff von Kommunikation, wußte nicht, was es heißt, in einem Austausch von Symbolen, von Bedeutungen und Meinungen zu stehen.

Bisher hatte er, da ihm die Gebärdensprache nie angeboten worden war, keine Gelegenheit gehabt, diese einzusetzen, und seine Fähigkeit, Motive und Affekte zu entwickeln, war gestört (vor allem infolge des Mangels an Freude, die Spiel und Sprache vermitteln sollten). Nun aber begann Joseph, sich ein paar Brocken der Gebärdensprache anzueignen und mit anderen zu kommunizieren. Man merkte, wieviel Freude ihm das machte; er wollte den ganzen Tag, die ganze Nacht, das ganze Wochenende, die ganze Zeit in der Schule bleiben. Es war schmerzlich zu sehen, wie traurig er wurde, wenn er nach Hause gehen mußte, denn das bedeutete für ihn die Rückkehr in die Stille, in das hoffnungslose Kommunikationsvakuum, wo es keinen Austausch, kein Gespräch mit Eltern, Nachbarn und Freunden gab. Die Rückkehr nach Hause bedeutete, daß er wieder übersehen, wieder zur Nicht-Person wurde.

Dies zu beobachten, war sehr ergreifend, ohne Parallele in meiner Erfahrung. Teilweise erinnerte Joseph mich an ein zweijähriges Kind, das an der Schwelle zur Sprache steht, nur war er elf Jahre alt und in den meisten Bereichen seinem Alter entsprechend entwickelt. Teilweise erinnerte er mich auch irgendwie an ein sprachloses Tier, doch kein Tier zeigt je diese Sehnsucht nach Sprache, unter der Joseph litt. Hughlings-

Jackson, fiel mir ein, hat Aphasiker einmal mit Hunden verglichen – aber Hunden scheint in ihrer Sprachlosigkeit nichts zu fehlen, sie scheinen zufrieden, während Aphasiker von einem Gefühl des Verlustes gequält werden. So erging es auch Joseph: Er spürte offenbar mit schmerzhafter Eindringlichkeit, daß ihm etwas fehlte, daß er von einer Verkrüppelung, einem Mangel, betroffen war. Er erinnerte mich an jene wilden Kinder, obwohl er offensichtlich nicht «wild», sondern eine Kreatur unserer Zivilisation und unserer Umgangsformen, zugleich aber radikal davon ausgeschlossen war.

Joseph war beispielsweise nicht in der Lage mitzuteilen, wie er das Wochenende verbracht hatte – man konnte keine wirkliche Frage an ihn richten, nicht einmal in der Gebärdensprache: Es war ihm unmöglich, das *Konzept* «Frage» zu erfassen, geschweige denn eine Antwort zu geben. Ihm fehlte nicht nur die Sprache, sondern offenbar auch eine klare Vorstellung von Vergangenheit, von dem Unterschied zwischen «gestern» und «vor einem Jahr». Es zeigte sich ein einzigartiger Mangel an historischem Sinn, ein Lebensgefühl, dem die autobiographische und geschichtliche Dimension fehlte, das sich nur auf den Augenblick, auf die Gegenwart bezog.

Seine visuelle Intelligenz – die Fähigkeit, visuelle Rätsel und Probleme zu lösen – war gut entwickelt, stand aber in scharfem Kontrast zu den großen Schwierigkeiten, die ihm Probleme auf sprachlicher Basis bereiteten. Er konnte zeichnen und hatte Spaß daran: Es gelangen ihm gute Raumskizzen, und er malte gern Menschen; er verstand Cartoons und visuelle Konzepte. Vor allem dies vermittelte mir den Eindruck von Intelligenz, wenn auch einer Intelligenz, die weitgehend auf das Visuelle beschränkt war. Das Spiel «Drei in eine Reihe» begriff er schnell, und schon bald zeigte er sich darin versierter als viele andere; ich hatte das Gefühl, daß es ihm leichtfallen würde, Dame oder Schach zu lernen.

Joseph sah, unterschied, kategorisierte, benutzte; er hatte keine Schwierigkeiten mit *perzeptueller* Kategorisierung und Generalisierung, konnte aber, wie es schien, nicht sehr weit darüber hinausgehen und reflektieren, spielen, planen oder abstrakte Gedanken behalten. Er machte den Eindruck, als nehme er alles wörtlich, als sei er nicht in der Lage, mit Bildern, mit Hypothesen, mit Möglichkeiten zu spielen oder das Reich der Phantasie oder der Metaphern zu betreten. Und doch hatte man immer das Gefühl, daß er, trotz dieser offensichtlichen Einschränkungen der intellektuellen Leistung, eine normal entwickelte Intelligenz besaß. Es mangelte ihm nicht an Geistesvermögen, nur schöpfte er es nicht voll aus.

Es liegt auf der Hand, daß Denken und Sprache verschiedenen (biologischen) Ursprungs sind. Das Kleinkind erkundet die Welt, erfaßt sie in ihrer Räumlichkeit, reagiert auf sie, lange bevor es zu sprechen lernt. Vor Beginn des Spracherwerbs entfaltet sich bereits ein gewaltiges gedankliches Spektrum. (Niemand hat das liebevoller erforscht als Piaget, aber Eltern wissen es ohnehin.) Ein Mensch ohne Sprache ist nicht dumm oder geistig behindert, aber das Spektrum seiner Gedanken ist stark eingeschränkt und praktisch auf eine unmittelbar erfahrbare, kleine Welt begrenzt.*

---

* Aber stimmt das? William James, der sich immer für den Zusammenhang zwischen Denken und Sprache interessierte, stand in Korrespondenz mit Theophilus d'Estrella, einem begabten gehörlosen Künstler und Fotografen, und veröffentlichte 1893, zusammen mit eigenen Überlegungen, einen autobiographischen Brief, den d'Estrella an ihn geschrieben hatte (James 1893). D'Estrella war von Geburt an taub und begann erst mit neun Jahren, eine formale Gebärdensprache zu erlernen (allerdings hatte er von frühester Kindheit an eine eigene, «hausgemachte» Gebärdensprache entwickelt, die er fließend beherrschte).

Zuerst schreibt er: «Bevor ich in die Schule kam, dachte ich in Bildern und Gebärden. Die Bilder waren nicht in allen Einzelheiten genau, sondern allgemein gehalten. Sie waren flüchtig und entzogen sich dem Blick meines geistigen Auges. Die [hausgemachten] Gebärden waren nicht umfassend, sondern eher konventionell [bildlich] im mexikanischen Stil... und hatten keinerlei Ähnlichkeit mit den Symbolen der Taubstummensprache.»

Trotz seiner Sprachlosigkeit war d'Estrella offenbar ein neugieriges, phantasiebegabtes, nachdenkliches, ja sogar zu Spekulationen neigendes Kind: Er dachte, das salzige Seewasser sei der Urin eines großen Meeresgottes und der Mond eine Göttin im Himmel. All das konnte er mitteilen, als er in seinem zehnten Lebensjahr auf die Cali-

Joseph machte nun die ersten tastenden Schritte in die Welt der Kommunikation und Sprache, und er vibrierte vor Aufregung. Die Pädagogen der Schule waren der Ansicht, daß er nicht nur formalen Unterricht brauchte, sondern auch mit Sprache spielen, zu Sprachspielen angeregt werden sollte, so wie ein kleines Kind, das sich die Sprache gerade erst anzueignen beginnt. Dadurch, so hoffte man, würde er Sprache und begriffliches Denken lernen, und zwar in einem *Akt* intellektuellen Spielens. Ich fühlte mich an die Zwillinge erinnert, die Lurija beschrieben hat; sie waren in gewissem Sinne so «retardiert», weil sie sich so schlecht ausdrücken konnten, und ihre geistigen Fähigkeiten entwickelten sich in ungeheurem Ausmaß, als sie den Umgang mit Sprache lernten.★ War dies auch bei Joseph möglich?

----

fornia School for the Deaf kam und die Gebärdensprache sowie Schreiben lernte. D'Estrella betont, selbstverständlich habe er auch vor dem Erlernen der formalen Sprache gedacht, seine Gedanken seien weitläufig, wenn auch in Bilder gekleidet gewesen, und Sprache diene ihm dazu, seine Gedanken «auszuarbeiten», ohne jedoch für das Denken wirklich erforderlich zu sein.

Auch James kommt zu diesem Schluß: «Seine kosmologischen und ethischen Reflexionen waren das Produkt seiner einsamen Gedanken... Gewiß verfügte er über keine konventionellen Gebärden für die kausalen und logischen Zusammenhänge, die beispielsweise zu seinem Induktionsschluß über den Mond führten. So weit also *scheint seine Schilderung die Ansicht zu widerlegen, abstrakes Denken sei ohne Worte unmöglich.* Hier haben zweifellos subtile, wissenschaftliche wie auch moralische Fragen berührende, abstrakte Denkvorgänge stattgefunden, bevor die Mittel zur Verfügung standen, sie anderen mitzuteilen» [Hervorhebung vom Verfasser].

James war der Meinung, das Studium solcher Gehörloser könnte wichtige Beiträge zur Erhellung des Zusammenhangs zwischen Denken und Sprache liefern. (Es sei angemerkt, daß Zweifel an der Verläßlichkeit von d'Estrellas autobiographischem Bericht geäußert wurden.)

★ A. R. Lurija und F. J. Judowitsch beschreiben in ihrem Buch «Die Funktion der Sprache in der geistigen Entwicklung des Kindes» die eineiigen Zwillinge Jura und Ljoscha, die an einer (nicht auf Taubheit, sondern einer zerebralen Störung basierenden) angeborenen

«Infant», das englische Wort für Kleinkind, leitet sich aus dem Lateinischen ab: «infans» bedeutet «nicht sprechend»; und es weist vieles darauf hin, daß der Erwerb der Sprache ein absoluter, qualitativer Einschnitt in der Entwicklung der menschlichen Natur ist. In diesem Sinne war Joseph, sonst ein gut entwickelter, aktiver und gescheiter Elfjähriger, noch immer «infantil», ein Kleinkind – die Macht, die Welt, zu welcher die Sprache den Zugang eröffnet, blieb ihm versagt. Joseph Church (1971, S. 96 f) schreibt:

Sprache eröffnet dem Lernen und Handeln neue Orientierungen und neue Möglichkeiten und dominiert so ihrerseits die präverbale Erfahrung und formt sie um... Sprache ist nicht eine Funktion unter vielen Funktionen... sondern so

---

Sprachretardierung litten. Obwohl sie über eine normale, in mancher Hinsicht sogar überdurchschnittliche Intelligenz verfügten, verharrten diese Zwillinge in ihren Aktivitäten auf einer sehr primitiven Stufe – ihre Spiele wiederholten sich ständig und waren unkreativ. Sie hatten extreme Schwierigkeiten, Probleme zu lösen, komplexe Handlungen oder Pläne zu entwerfen. Sie besaßen, so Lurija, «eine besondere, ungenügend differenzierte Bewußtseinsstruktur [und] vermochten das Wort nicht von der Handlung abzulösen, um orientierende, planende Leistungen zu vollbringen und die Ziele des Handelns mit Hilfe der Sprache zu formulieren».

Als die Zwillinge getrennt wurden und jeder für sich ein normales Sprachsystem erlernte, «änderte sich bei beiden Zwillingen gleichzeitig die ganze geistige Struktur deutlich... und bereits nach drei Monaten beobachteten wir die Anfänge sinnvollen Spiels... Es entstand die Möglichkeit zu produktiver und konstruktiver Aktivität im Licht formulierter Ziele, und eine Reihe intellektueller Leistungen wurde bis zu einem bedeutenden Grad verselbständigt, die sich noch kurz vorher in einem embryonalen Zustand befunden hatten...»

All diese (um Lurijas Worte zu gebrauchen) «bedeutsamen Veränderungen», die nicht nur das intellektuelle Funktionieren, sondern das ganze Sein der Kinder betrafen, «konnten wir nur auf den Einfluß des einen geänderten Faktors zurückführen: auf die Aneignung der Sprache».

Lurija und Judowitsch gehen auch auf die Behinderungen ein, enen Gehörlose, die über keine Sprache verfügen, ausgesetzt sind:

sehr ein alles durchdringendes Wesensmerkmal des Individuums, daß dieses durch sie zu einem *verbalen Organismus* wird (dessen Erfahrungen, Handlungen und Konzepte sich nun ausnahmslos in Übereinstimmung mit der verbalisierten oder symbolischen Erfahrung verändern).

Sprache gestaltet Erfahrung um... Durch Sprache... kann man das Kind einführen in die rein symbolische Sphäre von Vergangenheit und Zukunft, von fernen Gegenden, ideellen Relationen, hypothetischen Ereignissen, von utopischer Literatur, Wesen, imaginären Entitäten – vom Werwolf bis zu π-Mesonen...

Gleichzeitig bewirkt das Spracherlernen eine Umformung, die das Individuum befähigt, von sich aus neue Dinge zu tun oder alte Dinge auf eine neue Weise zu tun. Die Sprache erlaubt, mit den Dingen aus der Distanz umzugehen, auf sie ohne physische Aktion einzuwirken. Diese Aktion auf Distanz läßt zwei Möglichkeiten zu: Man wirkt entweder auf andere Menschen ein oder durch andere Menschen auf die Objekte... Überdies vermag man mit Sprachsymbolen in einer Art zu operieren, wie es mit den Dingen selbst, für die sie stehen, unmöglich wäre, und so zu neuartigen oder gar schöpferischen Gestaltungen der Wirklichkeit zu kommen... Wir können auf verbalem Weg Situationen neu ord-

---

«Der Taubstumme, dem das Sprechen nicht beigebracht wurde, [besitzt] alle jene erst durch den Sprachgebrauch ermöglichten Formen, die Wirklichkeit zu reflektieren, nicht... [Er] deutet Objekte oder Handlungen durch Gesten an. Er ist außerstande, die Eigenschaft oder Handlungen vom aktuellen Gegenstand zu abstrahieren, also abstrakte Begriffe zu bilden und die Phänomene der Außenwelt mit Hilfe der durch die Sprache gelieferten abstrakten Signale zu systematisieren; denn diese Signale sind der visuell oder praktisch erworbenen Erfahrung nicht von Natur aus eigen.» (Siehe Lurija und Judowitsch 1982, insbesondere S. 150–153.)

Es ist bedauerlich, daß Lurija offenbar keine Erfahrungen mit Gehörlosen gesammelt hat, die eine Sprache fließend beherrschen, denn dann hätte er uns unvergleichliche Beschreibungen vom Erwerb der Fähigkeit zur Konzeptualisierung und Systematisierung mittels der Sprache liefern können.

nen, die an sich einer Neuordnung widerstehen würden...
wir vermögen einzelne Daten zu isolieren, die faktisch nicht
isolierbar sind... wir können Objekte und Ereignisse, die
der Zeit und dem Raum nach weit auseinanderliegen, nebeneinander stellen... wir können, wenn wir wollen, auf
symbolische Weise das Universum auf den Kopf stellen.

Wir können das alles, aber Joseph konnte es nicht. Joseph war
der Zugang zu jener symbolischen Ebene, auf die jeder
Mensch von frühester Kindheit an ein Recht hat, verwehrt.
Wie ein Tier oder ein Kleinkind schien er in der Gegenwart
verhaftet und auf die konkrete und unmittelbare Erfahrung beschränkt, nur wurde ihm dies durch ein Bewußtsein, das ein
Kleinkind nicht haben kann, ständig vor Augen geführt.

————

Ich begann mich zu fragen, wie es wohl anderen Gehörlosen
ergehen mochte, die das Jugendlichen-, vielleicht sogar das Er-
wachsenenalter erreicht hatten, ohne über irgendeine Art von
Sprache zu verfügen. Im 18. Jahrhundert hatte es solche Menschen in großer Zahl gegeben: Jean Massieu war einer der berühmtesten gewesen. Bis weit ins dreizehnte Lebensjahr hinein war er ohne Sprache aufgewachsen; dann wurde er Schüler
von Abbé Sicard und feierte, nachdem er gelernt hatte, sich
sowohl in der Gebärdensprache als auch in geschriebenem
Französisch fließend auszudrücken, große Erfolge. Massieu
selbst schrieb eine kurze Autobiographie, während Sicard
ihm ein ganzes Buch widmete, in dem er darlegte, wie es möglich war, einen sprachlosen Menschen zu «befreien», so
daß er in eine neue Seinsform eintreten konnte.* Massieu beschreibt, wie er mit acht Geschwistern, von denen fünf wie er
selbst von Geburt an gehörlos waren, auf einem Bauernhof
aufwuchs:

————

* Massieus autobiographische Skizze ist in Lane 1984, S. 76–80,
nachgedruckt. Ein Auszug aus Sicards Buch findet sich ebendort auf
den Seiten 83–126.

Bis zum Alter von dreizehn Jahren und neun Monaten blieb ich zu Hause, ohne je irgendwelche Schulbildung zu erhalten. Ich war ein völliger Analphabet. Meine Gedanken drückte ich mit Handzeichen oder Gesten aus... Die Gebärden, deren ich mich bediente, um meine Gedanken meiner Familie mitzuteilen, waren ganz anders als jene, die von gebildeten Taubstummen verwendet werden. Fremde verstanden uns nicht, wenn wir unsere Gedanken mittels Gebärden zum Ausdruck brachten, wohl aber die Nachbarn... Kinder meines Alters wollten nicht mit mir spielen; sie sahen auf mich herab; ich war wie ein Hund. Ich verbrachte die Zeit allein, spielte mit einem Kreisel oder mit Schläger und Ball oder ging auf Stelzen.

Da ihm eine echte Sprache fehlte, ist es nicht ganz klar, wie Massieus Gedankenwelt beschaffen war (auch wenn deutlich wird, daß er über eine primitive Form der Kommunikation verfügte, und zwar mittels «hausgemachter Gebärden», die er und seine Geschwister entwickelt hatten und die ein komplexes, aber kaum grammatikalisiertes System von Gesten ergaben).* Er fährt fort:

---

* 1977 begannen S. Goldin-Meadow und H. Feldman, Videoaufzeichnungen von einer Gruppe taubgeborener Kinder im Vorschulalter zu machen; sie wuchsen isoliert von Kindern auf, die die Gebärdensprache beherrschten, weil ihre Eltern wünschten, daß sie die Lautsprache und Lippenlesen erlernten (Goldin-Meadow und Feldman 1977). Trotz dieser Abschirmung und der ständigen Ermutigung durch ihre Eltern, sich der gesprochenen Sprache zu bedienen, fingen die Kinder an, zunächst einzelne und dann ganze Sequenzen von Gebärden zu entwickeln, die Personen, Objekte und Handlungen ausdrückten. Genau dies war im 18. Jahrhundert bei Massieu und anderen der Fall gewesen. Die «hausgemachten Gebärden», die Massieu wie auch diese von anderen Gehörlosen isolierten Vorschulkinder entwickelten, stellen einfache Gestensysteme dar, die eine rudimentäre Syntax und eine sehr begrenzte Morphologie haben mögen, die jedoch nicht den Übergang, den Sprung in die voll entwickelte Grammatik und Syntax vollziehen, wie er bei einem Kind stattfindet, das Zugang zur Gebärdensprache hat.

Ich sah Rinder, Pferde, Esel, Schweine, Hunde, Katzen, Ge-
müse, Häuser, Felder und Weinstöcke, und nachdem ich all
diese Dinge gesehen hatte, behielt ich sie gut im Gedächtnis.

Er hatte auch eine Vorstellung von Zahlen, obwohl ihm Bezeichnungen für sie fehlten:

Vor meiner Ausbildung wußte ich nicht, wie man zählt;
meine Finger hatten es mich gelehrt: Ich kannte keine Zahlen, sondern zählte an meinen Fingern, und wenn die Zäh-
lung über zehn hinausging, machte ich Kerben an einem
Stock.

———

Ähnliche Beobachtungen sind bei isoliert lebenden gehörlosen Erwachsenen gemacht worden. (Auf den Salomoninseln gab es einen
solchen Mann – den ersten Gehörlosen seit 24 Generationen; vgl. Kuschel 1973.) Auch diese erfinden ein Gestensystem mit einer sehr einfachen Syntax und Morphologie, mit dessen Hilfe sie anderen ihre
grundlegenden Bedürfnisse und Gefühle mitteilen können. Sie können jedoch nicht *von selbst* den qualitativen Sprung aus einem solchen
System von Gesten in ein komplettes, grammatikalisch vollständig
entwickeltes Sprachsystem machen.
 Hier wird, wie Carol Padden und Tom Humphries ausführen, der
verzweifelte Versuch unternommen, innerhalb einer Lebensspanne
eine Sprache zu finden – ein von vornherein zum Scheitern verurteil-
tes Unterfangen, denn um eine natürliche Sprache zu erschaffen, zu
übermitteln und weiterzuentwickeln, bedarf es eines Kindes, eines
Kinderhirns, das mit einer natürlichen Sprache konfrontiert ist. Gebärdensprachen sind somit *historische* Schöpfungen, die zu ihrer Entstehung mindestens zwei Generationen brauchen. Eine Gebärdensprache wird im Verlauf mehrerer Generationen sicher an Reichtum
gewinnen und sich weiterentwickeln, wie es ja etwa auf Martha's
Vineyard der Fall war, aber zwei Generationen *reichen aus*.
 Das gleiche gilt für die Lautsprache. Wenn also verschiedene
Sprachgemeinschaften aufeinandertreffen und miteinander kommunizieren müssen, entwickeln sie ein improvisiertes Sprachgemisch
ohne Grammatik. Die Grammatik taucht erst in der nächsten Generation auf, wenn die Kinder sie in das Sprachgemisch ihrer Eltern einführen und so eine reiche und voll grammatikalisierte Mischsprache
erschaffen. Das jedenfalls ist die These des Linguisten Derek Bicker-
ton (vgl. Restak 1988, S. 216f).

Und er schildert in ergreifenden Worten, wie er die anderen
Kinder beneidete, die in die Schule gehen durften; wie er Bücher aufschlug, aber nichts mit ihnen anfangen konnte; wie er
sich bemühte, die Buchstaben des Alphabets, von denen er
wußte, daß sie eine seltsame Macht besitzen mußten, mit einer
Feder nachzuzeichnen, aber unfähig war, ihnen irgendeine Bedeutung einzuhauchen.

Sicards Beschreibung des Unterrichts ist faszinierend. Er
stellte fest (genau wie ich bei Joseph), daß Massieu ein scharfes
Auge besaß, und er begann, indem er Gegenstände zeichnete
und den Jungen ermunterte, dasselbe zu tun. Um ihn in die
Sprache einzuführen, schrieb Sicard die Namen der Gegenstände auf die Bilder. Zuerst war sein Schüler «gänzlich verwirrt. Er verstand nicht, wie Linien, die nichts abzubilden
schienen, als Bild eines Gegenstandes dienen und ihn mit solcher Genauigkeit und Schnelligkeit wiedergeben konnten.»
Dann, ganz plötzlich, *begriff* Massieu es, begriff das Konzept
einer abstrakten und symbolischen Darstellung: «In diesem
Augenblick erkannte [er] den ganzen Vorteil, die ganze Schwierigkeit des Schreibens... [und] von jenem Moment an gaben
wir das Zeichnen auf und ersetzten es durch Schreiben.»

Nun, da Massieu verstanden hatte, daß ein Gegenstand oder
ein Bild durch einen *Namen* repräsentiert werden kann, entwickelte er ein gewaltiges, übermächtiges Verlangen nach Na-

---

Es scheint klar, daß das grammatikalische Potential im Gehirn eines
jeden Kindes vorhanden ist und geradezu darauf wartet, beim gering-
sten Anreiz in Aktion zu treten und sich auszuformen. Das wird
besonders deutlich bei gehörlosen Kindern, die isoliert aufgewachsen
sind, schließlich aber durch eine glückliche Fügung die Gebärdensprache erlernen können. Selbst wenn sie nur ganz kurz Gelegenheit haben,
eine voll grammatikalisierte Gebärdensprache kennenzulernen, kann
dies eine gewaltige und rasch um sich greifende Veränderung bewirken. Ein kurzer Einblick in den Gebrauch von Subjekt und Objekt oder
in die Gesetzmäßigkeiten des Satzbaus kann das latente grammatikalische Potential im Gehirn aktivieren, einen Gedankenblitz erzeugen
und zu einem sehr schnellen Übergang von einem gestischen System
zu einer echten Sprache führen. Nur ein sehr außergewöhnliches Maß
an Isolation könnte diese Entwicklung verhindern.

men. Wunderbar anschaulich beschreibt Sicard, wie sie gemeinsame Spaziergänge unternahmen, bei denen Massieu die Namen von allem, was er sah, wissen wollte und aufschrieb:

> Wir suchten einen Obstgarten auf, um die Früchte zu benennen. Wir gingen in den Wald, und ich wies ihn auf den Unterschied zwischen einer Eiche und einer Ulme... zwischen einer Weide und einer Pappel hin und zeigte ihm schließlich die anderen Bewohner des Waldes... Er hatte nicht genug Karten und Bleistifte für all die Namen, mit denen ich sein Wörterverzeichnis füllte, und seine Seele schien angesichts dieser unzähligen Bezeichnungen zu wachsen und sich zu weiten... Massieus Besuche gleichen denen eines Landbesitzers, der zum erstenmal seine reichen Liegenschaften in Augenschein nimmt.

Sicard hatte den Eindruck, daß mit dem Erlernen von Namen, von Worten für alles, ein radikaler Wandel in Massieus Verhältnis zur Welt eintrat – er war wie Adam: «Dieser Neuling auf der Erde war ein Fremder auf seinen eigenen Gütern, und diese wurden ihm jetzt, da er ihre Namen lernte, zurückgegeben.»

Wenn wir fragen: Warum wollte Massieu all diese Namen wissen? Oder warum wollte Adam sie wissen, obwohl er doch allein war? Warum erfüllte das Benennen Massieu mit einer solchen Freude, warum beflügelte es seine Seele, sich auszuweiten und zu wachsen? Wie veränderten diese Namen sein Verhältnis zu den Dingen, die bis dahin namenlos gewesen waren, so daß er plötzlich das Gefühl hatte, als gehörten sie ihm, als seien sie sein «Besitz» geworden? *Wozu* dient das Benennen? – Es hat gewiß mit der Urkraft der Worte zu tun, mit der Kraft, die definiert, die spezifiziert, die Herrschaft und Lenkung ermöglicht, die es erlaubt, vom Reich der Gegenstände und Bilder in die Welt der Namen, der Begriffe und Konzepte hinüberzuwechseln. Die Zeichnung einer Eiche stellt eine bestimmte Eiche dar, aber der Name «Eiche» bezeichnet die ganze Klasse der Eichen, eine generelle Identität – «Eichenheit» –, die für alle Eichen gilt. Während Massieu durch den Wald ging, war das Benennen also sein erster Griff nach der

Macht der Generalisierung, die die ganze Welt umzuformen vermag; so trat er, im Alter von vierzehn Jahren, sein Erbe als Mensch an und konnte, in einer Weise, wie es für ihn nie zuvor denkbar gewesen wäre, die Welt als sein Zuhause, als seine «Domäne» erkennen.*

Lew S. Wygotski (1969, S. 11) schreibt:

> Ein Wort bezieht sich niemals auf irgendeinen einzelnen Gegenstand, sondern auf eine *ganze Gruppe oder eine ganze Klasse von Gegenständen*. Infolgedessen bildet jedes Wort eine indirekte *Verallgemeinerung*... Doch die Verallgemeinerung ist in überaus starkem Maße ein *wortgebundener Akt des Gedankens*, der die Wirklichkeit völlig anders widerspiegelt, als sie in den unmittelbaren Empfindungen und Wahrnehmungen wiedergegeben wird.

Er fährt damit fort, die «Auffassung eines dialektischen Sprungs von der Empfindung zum Gedanken» zu erläutern, die zum Ausdruck bringen will, «daß das [sprachliche] Denken die Wirklichkeit qualitativ anders widerspiegelt als die unmittelbare Empfindung», daß es «im Wesen die *verallgemei-*

------

* Massieus verzücktes Benennen von Bäumen und anderen Pflanzen half, sie in einzigartige *perzeptuelle* Kategorien einzuordnen («Dies ist eine Eiche, dies ist ‹Eichenheit›!»), nicht aber, sie *konzeptuell* zu definieren («Ah, ein Nacktsamer!» oder «Hier, noch ein Kreuzblütler!»). Und es versteht sich, daß ihm viele dieser «natürlichen» Kategorien schon geläufig waren. Größere Schwierigkeiten taten sich bei unbekannten Gegenständen auf, die bislang nicht zu seiner Wahrnehmungswelt gehört hatten. Das deutet sich bei Massieu an und tritt beim Wilden Kind Victor klar zutage. Als Itard, Victors Lehrer, ihm das Wort «Buch» beibrachte, faßte er es zunächst als Namen für ein *bestimmtes* Buch auf, und derselbe Fehler tauchte auch bei anderen Wörtern auf, die er alle als Bezeichnung für ein bestimmtes Ding und nicht für eine Kategorie angesehen hatte. Sicard führte Massieu zuerst an Bilder und dann an das heran, was Lévy-Bruhl in seinem Buch über das Denken der Naturvölker «Begriffsbilder» nennt. Solche Begriffsbilder sind notwendigerweise auf einzelne Phänomene bezogen, denn es ist unmöglich, sich ein «Gattungsbild» zu machen.

nerte Widerspiegelung der Wirklichkeit ist. Folglich stellt die Wortbedeutung in ihrer Verallgemeinerung einen Denkakt im eigentlichen Sinne des Wortes dar.»★

Für Massieu kamen also die Substantive, Namen, Nomina an erster Stelle. Er benötigte charakterisierende Adjektive, aber die warfen Probleme auf.

★ Wygotski wurde 1896 in Weißrußland geboren und publizierte als sehr junger Mann ein bemerkenswertes Buch über die Psychologie der Kunst. Dann wandte er sich der systematischen Psychologie zu und schuf in den zehn Jahren bis zu seinem Tod (er starb mit 38 Jahren an Tuberkulose) ein Gesamtwerk, das ihm bereits unter den zeitgenössischen Wissenschaftlern den Ruf eines hochoriginellen, ja genialen Denkers sicherte; auch Piaget gehörte zu seinen Bewunderern. Nach Wygotskis Auffassung wird die Entwicklung von Sprache und Geisteskraft weder durch Erlernen im landläufigen Sinne noch epigenetisch hervorgebracht, sondern ist ein seinem Wesen nach sozialer und vermittelter, aus der Interaktion zwischen Erwachsenem und Kind entstehender Prozeß, in dessen Verlauf das kulturelle Instrument Sprache verinnerlicht wird, um Denken zu ermöglichen.

Sein Werk erregte den Argwohn marxistischer Ideologen, und sein 1934 postum veröffentlichtes Buch «Denken und Sprechen» wurde einige Jahre später als «antimarxistisch», «antipawlowianisch» und «antisowjetisch» verboten und verfemt. Sein Werk und seine Theorien durften nicht mehr öffentlich diskutiert werden, wurden aber von seinen Schülern und Kollegen bewahrt – vor allem von A. R. Lurija und A. N. Leontjew. Später schrieb Lurija, die Begegnung mit einem Genie wie Wygotski und der nähere Kontakt zu ihm seien das wichtigste Ereignis in seinem Leben gewesen – er bezeichnete sein eigenes Werk oft als «bloße Fortsetzung» dessen, was Wygotski begonnen hatte. Hauptsächlich Lurijas mutigem Einsatz (denn auch er war zeitweilig geächtet und gezwungen, ins «innere Exil» zu gehen) ist es zu verdanken, daß «Denken und Sprechen» in den späten fünfziger Jahren in russischer und Mitte der sechziger Jahre in deutscher Sprache neu aufgelegt wurde. Wygotski war seiner Zeit in den dreißiger Jahren so weit voraus, daß ein Zeitgenosse ihn als «einen Besucher aus der Zukunft» bezeichnete. In den letzten zwanzig Jahren aber ist sein Werk in zunehmendem Maße als theoretische Basis für eine Reihe wichtiger Untersuchungen über die Sprache und die geistigen Prozesse (und damit auch die Erziehung) von Kindern genutzt worden. Zu diesen Untersuchungen gehören auch die von Schlesinger und den Woods, die sich mit gehörlosen Kindern befaßt haben.

Massieu wartete nicht auf die Adjektive, sondern benutzte die Namen von Objekten mit einer hervorstechenden Eigenschaft, auf deren Vorhandensein in einem anderen Objekt er hinweisen wollte... Um die Schnelligkeit eines Kameraden bei einem Wettrennen auszudrücken, sagte er: «Albert ist *Vogel*»; um Kraft auszudrücken, sagte er: «Paul ist *Löwe*»; um Sanftheit auszudrücken, sagte er: «Deslyons ist *Lamm*.»

Sicard erlaubte ihm das zunächst, ermunterte ihn sogar dazu. Dann aber begann er – «zögernd», wie er schreibt –, diese Wendungen durch Adjektive zu ersetzen («Lamm» durch «sanft», «Löwe» durch «stark»), und er fügt hinzu: «Ich tröstete ihn über den Verlust hinweg... indem ich [ihm erklärte], daß die neuen Worte, die ich ihm gab, denen, die aufzugeben ich ihn aufforderte, [gleichwertig] seien.»*

Auch Pronomina machten Massieu zu schaffen. «Er» hielt er zunächst für einen Namen, und er verwechselte «ich» und

---

* Als Kaspar Hauser aus der (später in diesem Kapitel beschriebenen) Gefangenschaft in einem Kellerloch, wo er von aller Sprache abgeschnitten war, freigelassen wurde, zeigte er zunächst dieselbe Neigung, solche Metaphern zu gebrauchen – eine Neigung zu einer Art natürlicher, naiver, kindlicher Poesie. Am Anfang der Geschichte und Entwicklung vieler Völker und Kulturen stößt man auf eine solche «primitive» bildhafte Sprache, die im Laufe der Zeit von einer analytischeren, abstrakteren Begrifflichkeit abgelöst wird. Manchmal frage ich mich, ob dabei nicht der Verlust dem Gewinn die Waage hält.

Lévy-Bruhl schildert ähnliche Beobachtungen bei den Tasmaniern, die «kein Wort zur Darstellung abstrakter Ideen besaßen... [Sie] konnten auch nicht Eigenschaften abstrakt ausdrücken: hart, süß, warm, kalt, lang, kurz, rund etc. Für ‹hart› sagten sie: ‹wie ein Stein›, für ‹hoch›: ‹große Beine›, für ‹rund›: ‹wie ein Ball, wie der Mond›, und so fort, indem sie gewöhnlich die Gebärde mit der Rede verbanden und durch ein augenfälliges Zeichen das, was sie verstehen lassen wollten, bekräftigten» (Lévy-Bruhl 1926). Man fühlt sich unwillkürlich daran erinnert, wie Massieu Sprache lernte – wie er sagte: «Albert ist Vogel», «Paul ist Löwe», bevor er sich den Gebrauch generischer Adjektive aneignete beziehungsweise sich ihnen zuwandte.

«du» (wie es ja auch bei Kleinkindern geschieht); schließlich aber hatte er die Funktion auch dieser Wortart begriffen. Propositionen stellten ihn vor besondere Schwierigkeiten, aber nachdem er sie einmal erfaßt hatte, machte er sie sich so begierig zu eigen, daß er sich plötzlich in der Lage sah, «propositionale Gedanken» (Hughlings-Jacksons Terminus) auszudrücken. Geometrische Abstraktionen – unsichtbare Konstrukte – erwiesen sich jedoch als das größte Problem. Es fiel Massieu nicht schwer, viereckige Objekte zusammenzufügen, aber es erforderte eine ganz andere Art von Leistung, Viereckigkeit als geometrisches Konstrukt, die *Idee* der Viereckigkeit zu erfassen.* Besonders dieser Entwicklungssprung weckte Sicards Begeisterung. «Die Abstraktion ist erreicht! Ein weiterer Schritt! Massieu versteht Abstraktionen!» jubelt er. «Nun ist er ein Mensch.»

––––––

* Wenn man Sicards Schilderungen liest, fühlt man sich an Platos Theorie der Ideen und der Erziehung erinnert, wie er sie vor allem im «Kratylos» und im «Menon» dargelegt hat: Zuerst müsse man reale Stühle, wirkliche Vierecke betrachten – viereckige (oder eine andere Eigenschaft zeigende) Gegenstände aller Art –, dann erst könne die Idee der Viereckigkeit erscheinen, das archetypische oder ideale Viereck, dessen bloße Kopien alle anderen Vierecke sind. Im «Menon» wird ein unwissender, des Lesens und Schreibens unkundiger junger Sklave, der keine Vorstellung von Geometrie besitzt, nach und nach an geometrische Gesetzmäßigkeiten herangeführt, nach und nach auf immer höhere Ebenen der Abstraktion geleitet, und zwar durch die Fragen eines Lehrers (in diesem Fall Sokrates), der dem Schüler immer eine Stufe voraus ist und es ihm durch die Art seines Fragens ermöglicht, zu seiner Stufe aufzusteigen. Für Platon ist also Sprache, Wissen, Erkenntnisvermögen angeboren: «Denn das Suchen und Lernen ist... ganz und gar Erinnerung.» Es kann aber nur mit Hilfe eines anderen, eines Vermittlers, im Verlauf eines Dialogs geschehen. Sicard, ein geborener Lehrer, gab Massieu eigentlich keine *Ein*weisung, sondern wies ihm, mit Hilfe eines solchen Dialogs, den Weg aus sich *heraus* (im Sinne des lateinischen Wortes *educare*, das «erziehen», aber auch – ursprünglicher – «herausziehen», «herausführen» bedeutet).

Einige Monate nachdem ich Joseph kennengelernt hatte, las ich zufällig noch einmal Feuerbachs Buch über Kaspar Hauser, jenes Menschen – wie es im Untertitel der englischen Ausgabe heißt –, «der von frühester Kindheit an bis ohngefähr zum siebenzehnten Lebensjahr in einem Verlies gehalten wurde, ohne allen Verkehr mit der Welt».* Wenn Kaspars Situation auch weit extremer und bizarrer war, so erinnerte er mich doch irgendwie an Joseph. Kaspar, ein etwa sechzehnjähriger Junge, wurde am 26. Mai 1828 entdeckt, als er eine Straße in Nürnberg entlangstolperte. Er trug einen Brief bei sich, in dem ein Teil seiner seltsamen Geschichte stand: Er sei im Alter von sechs Monaten von seiner Mutter, einer bettelarmen Witwe, an einen Tagelöhner mit zehn Kindern fortgegeben worden. Aus Gründen, die nie geklärt worden sind, hatte sein Pflegevater Kaspar in einen Keller gesperrt – er war im Sitzen angekettet, so daß er nicht aufstehen konnte – und ihn so mehr als ein Dutzend Jahre lang ohne Verbindung zur Außenwelt und Kontakt zu anderen Menschen gehalten. Wenn er gewaschen oder umgezogen werden mußte, mischte ihm sein Kerkermeister, der Mann, «bei dem ich immer gewesen», Opium ins Trinkwasser und tat, was nötig war, während Kaspar in tiefem Schlaf lag.

Als er «auf die Welt gekommen» war (diesen Ausdruck gebrauchte Kaspar selbst oft, um «seine Aussetzung zu Nürnberg und sein Erwachen zum geistigen Leben zu bezeichnen»), lernte er rasch, daß es außer ihm und dem Pflegevater «noch andere Menschen und Geschöpfe gebe», und einigermaßen rasch – es dauerte mehrere Monate – begann er auch, sich die Sprache anzueignen. «Vorzüglich aber wurde… seine allmählig zu hellerem Bewußtsein erwachende Seele mannichfaltig

---

* Anselm von Feuerbachs Bericht über dieses «Verbrechen am Seelenleben des Menschen» erschien 1832 und wurde 1834 ins Englische übersetzt. Er ist Gegenstand zahlloser Aufsätze, Artikel und Bücher gewesen. Werner Herzog hat einen Film über Kaspar Hauser gedreht und Leonard Shengold einen tiefgründigen psychoanalytischen Essay, «Halo in the Sky», zu diesem Thema veröffentlicht (Shengold 1988).

zum Aufmerken, Reflectiren und Denken angeregt, und...
der bekannte, in dem menschlichen Geist instinktmäßig arbei-
tende, erfinderische Sprachmeister in immer reger Beschäfti-
gung erhalten.» Dieses Erwachen zur Begegnung mit Menschen, dieses Erwachen zur Sprache, in eine Welt hinein, in der
eine Übereinkunft hinsichtlich der Bedeutungen herrscht,
führte zu einem Erwachen seiner ganzen geistigen und seeli-
schen Natur. Es war ein gewaltiges Ausdehnen und Aufblühen
geistiger Kräfte – alles erregte seine Verwunderung und
Freude, er zeigte eine grenzenlose Neugier, einen brennenden
Wissensdurst. (Eine solche zweite Geburt, eine seelische Geburt, ist, wie Leonard Shengold betont, nichts weiter als ein
besonderer, übersteigerter, eruptiver Ablauf dessen, was normalerweise im dritten Lebensjahr durch die Entdeckung und
Entstehung der Sprache geschieht.) Kaspar zeigte zunächst
eine «fast übernatürliche... Schärfe und Erhöhung aller seiner
Sinne», verbunden mit einem «erstaunenswürdigen, eben so
schnellen als zähen, Gedächtniß», doch seine Wahrnehmung
und Erinnerung bezogen sich ausschließlich auf Einzelheiten –
es schien, als sei er hochintelligent und gleichzeitig unfähig zu
abstraktem Denken. Aber mit der Sprache erwarb er auch die
Fähigkeit zu verallgemeinern, und damit begab er sich aus
einer Welt, die aus unzähligen diskreten Details bestand, in
eine zusammenhängende, verständliche und sinnvolle Welt.

Diese unvermittelte, eruptive Entwicklung von Sprache
und Intelligenz ähnelt im Grunde dem, was bei Massieu zu
beobachten war – es ist das, was geschieht, wenn Geist und
Seele von Anfang an eingesperrt gewesen sind (ohne ganz zerstört zu werden) und die Türen des Gefängnisses plötzlich auf-
gestoßen werden.*

----

* Andererseits kann es manchmal auch geschehen, daß diese Entwicklung nicht eintritt. Genie, ein Wildes Kind unserer Zeit, wurde
1970 in Kalifornien entdeckt; sie war (von ihrem psychotischen Vater) zu Hause eingesperrt worden, und seit frühester Kindheit hatte
niemand mit ihr gesprochen (vgl. Curtiss 1977). Trotz äußerst inten-

Im 18. Jahrhundert, als es noch keine Schulpflicht gab, müssen Fälle wie der Massieus weit häufiger gewesen sein als heute, aber selbst in unserer Zeit treten sie noch gelegentlich auf, vor allem wohl in abgeschiedenen ländlichen Gegenden oder wenn bei dem Kind eine falsche Diagnose gestellt wurde und es von früh an in einer Anstalt gelebt hat.*

Im November 1987 erhielt ich einen außergewöhnlichen Brief von Susan Schaller, einer Wissenschaftlerin und Gebärdensprachendolmetscherin aus San Francisco. (Mit ihrer Erlaubnis zitiere ich im folgenden aus diesem Brief und anderen sowie aus einem Buchmanuskript, das sie gerade fertigstellt.)

> Im Augenblick [schrieb sie] arbeite ich an einem Bericht darüber, wie es einem siebenundzwanzigjährigen Taubgeborenen gelungen ist, zum erstenmal eine Sprache zu erlernen. Er war nie mit irgendeiner Sprache, auch nicht mit der Gebärdensprache, in Berührung gekommen. Mein Schüler,

---

siven Unterrichts lernte Genie nur sehr wenige Worte – sie kannte ein paar Bezeichnungen für vertraute Gegenstände, konnte jedoch keine Fragen stellen und verfügte über eine nur rudimentäre Grammatik. Warum lernte Kaspar so gut und Genie so schlecht? Es mag einfach daran liegen, daß Kaspar bereits ein wenig sprechen gelernt hatte, die Sprachkompetenz eines Dreijährigen besaß, als man ihn in das Kellerloch sperrte, während Genie im Alter von zwanzig Monaten völlig isoliert wurde. Dieses eine Jahr kann tatsächlich einen solchen Unterschied bewirken; das läßt sich beobachten, wenn man Kinder vergleicht, die zum Beispiel im Alter von 36 beziehungsweise 24 Monaten ertaubt sind.

* Im Januar 1982 sprach ein Gericht im Bundesstaat New York einem gehörlosen Siebzehnjährigen 2,5 Millionen Dollar Entschädigung zu, weil «im Alter von zwei Jahren die Diagnose ‹schwachsinnig› gestellt worden war und er sein Leben bis zum Alter von fast elf Jahren in einer Anstalt für geistig Behinderte hatte verbringen müssen. Zu diesem Zeitpunkt wurde er in eine andere Anstalt überwiesen, wo eine psychologische Routineuntersuchung ergab, daß er über eine ‹mindestens normale Intelligenz› verfügte.» Dies berichtet Jerome D. Schein (Schein 1984). Solche Fälle scheinen alles andere als selten zu sein – ein fast identischer wurde in der *New York Times* vom 1. Dezember 1988 gemeldet.

der (abgesehen von konkreten und funktionalen Äußerungen, die er durch Pantomime mitteilte) siebenundzwanzig Jahre lang nie mit einem anderen Menschen kommunizierte, hat zu meiner Verwunderung die «Einzelhaft» ohne jede Desintegration der Persönlichkeit überstanden.

Ildefonso wurde auf einer Farm in Süd-Mexiko geboren; er und sein ebenfalls taubgeborener Bruder waren die einzigen Gehörlosen in der Familie und in der Gemeinde, und beide sind nie auf eine Schule geschickt worden oder mit der Gebärdensprache in Berührung gekommen. Als Saisonarbeiter kam er in Begleitung verschiedener Verwandter immer wieder über die Grenze in die USA. Er hatte zwar ein freundliches Gemüt, war aber im Grunde isoliert, denn seine Kommunikation mit anderen Menschen beschränkte sich auf ein paar einfache Gesten. Als Susan Schaller ihn zum erstenmal sah, machte er einen aufgeweckten, lebhaften, aber gleichzeitig verängstigten und verwirrten Eindruck und schien etwas zu suchen, sich nach etwas zu sehnen – ähnlich hatte ich Joseph erlebt. Wie Joseph war er ein sehr aufmerksamer Beobachter («er tastet alles und jeden mit seinen Blicken ab»), nur beobachtete er sozusagen von außen, fasziniert, aber abgetrennt von der inneren Welt der Sprache. Als Schaller die Gebärde für «Dein Name?» machte, imitierte er sie einfach; das war zunächst alles, was er tat, ohne das geringste Verständnis dafür, daß Gebärden sprachliche Zeichen sind.

Bei dieser Wiederholung von Bewegungen und Geräuschen blieb es in der ersten Zeit, in der Schaller versuchte, Ildefonso die Gebärdensprache beizubringen; er verstand nicht, daß sie ein «Inneres», eine Bedeutung zum Ausdruck brachten, und es schien möglich, daß er nie über diese «mimetische Echolalie» hinausgelangen, nie in die Welt des Denkens und der Sprache eintreten würde. Doch dann geschah es, ganz plötzlich und unerwartet. Der erste Durchbruch gelang Ildefonso mit Zahlen. Mit einemmal begriff er ihren *Sinn*, verstand, was sie sind und wie man mit ihnen umgeht; und das bewirkte eine Art intellektueller Explosion: Innerhalb weniger Tage hatte er die Hauptprinzipien der Arithmetik erfaßt. Zwar besaß er noch immer kein Konzept von Sprache (die arithmetischen Symbole sind vielleicht keine Sprache, sind nicht im selben Sinne bedeutungstragend wie Worte), aber das Verfügen über Zahlen, die mentalen Operationen der Arithmetik gaben seinem Geist einen Anstoß, schufen inmitten des Chaos einen Bezirk der Ordnung und zeigten ihm zum erstenmal den Weg zu einer Art von Verständnis und Hoffnung.*

Der eigentliche Durchbruch kam am sechsten Tag, nachdem Worte hundert- und tausendmal wiederholt worden waren, besonders das Zeichen für «Katze». Plötzlich war das nicht mehr eine Bewegung, die zur Imitation aufforderte, sondern eine Gebärde, die eine Bedeutung in sich barg und zur Symbolisierung eines Begriffes eingesetzt werden konnte. Dieser

---

* Als ich mich daranmachte, über die Rechenkünstler John und Michael, ein Zwillingspaar, zu schreiben («Die Zwillinge», in Sacks 1987), und ihre außerordentlichen rechnerischen Fähigkeiten, ihr «Zahlengefühl» schildern wollte, mußte ich mir Gedanken darüber machen, ob es in ihren Gehirnen nicht vielleicht «eine tiefe Arithmetik von der Art [gab], wie Gauß sie beschrieben hat, die der Arbeitsweise des Gehirns ebenso entspricht wie Chomskys Tiefenstruktur und seine generative Transformationsgrammatik». Der Hinweis, Ildefonso habe plötzlich Zahlen erfaßt, habe auf einmal arithmetische Regeln «gesehen», ließ mich unwillkürlich an die Zwillinge denken, und die Frage drängte sich auf, ob nicht auch er im Besitz einer angeborenen, organisch verankerten Arithmetik war, die ein numerischer Stimulus unvermittelt geweckt oder freigesetzt hatte.

Und wirklich schrieb Susan Schaller mir bald darauf von einem vierundfünfzigjährigen Taubgeborenen, der keinerlei Sprache beherrschte, jedoch gut rechnen konnte und stolzer Besitzer eines Rechenschulbuchs für die ersten Klassen war, das er, bis auf die arithmetischen Symbole und Beispiele, nicht lesen konnte. Diesem Mann, der doppelt so alt war wie Ildefonso, gelang es, in seinem sechsten Lebensjahrzehnt die Gebärdensprache zu erlernen – Schaller befaßt sich mit der Frage, ob seine Rechenfertigkeit ihm hierbei geholfen haben könnte.

Eine solche Rechenkompetenz könnte vielleicht das Modell, der Keim für die gleich darauf (oder viel später) erfolgende Entwicklung einer Sprachkompetenz sein – eine Chomskysche Fähigkeit, die den Erwerb einer zweiten Chomskyschen Fähigkeit möglich macht.

Augenblick des Verstehens war sehr erregend und führte zu einer zweiten intellektuellen Explosion, aber diesmal ging es nicht um etwas rein Abstraktes (wie die Prinzipien der Arithmetik), sondern um den Sinn und die Bedeutung der Welt:

> Sein Gesicht wird vor Erregung lang und offen... bedachtsam zunächst, dann gierig, nimmt er alles auf, als hätte er es noch nie zuvor gesehen: die Tür, das Schwarze Brett, Stühle, Tische, Schüler, die Uhr, die grüne Tafel, mich... Er ist eingetreten in das Universum der Menschen, er hat die Geistesgemeinschaft entdeckt. Er weiß jetzt, daß er und die Katze und der Tisch einen Namen haben.

Schaller vergleicht Ildefonsos «Katze» mit Helen Kellers «Wasser» – es ist das erste Wort, das erste Zeichen, das den Weg zu allen anderen weist und den eingesperrten Geist befreit.

Dieser Augenblick und die darauffolgenden Wochen waren für Ildefonso eine Zeit, in der er sich fasziniert und mit frischer Aufmerksamkeit der Welt zuwandte. Nachdem er jahrzehntelang eine lediglich wahrnehmende Existenz geführt hatte, war dies sein Erwachen, ein Hinaustreten in die Welt des Denkens und der Sprache. Die ersten zwei Monate waren bei ihm, wie bei Massieu, vor allem dem Benennen gewidmet – er war damit beschäftigt, die Welt zu definieren und eine ganz neue Beziehung zu ihr herzustellen. Aber wie bei Kaspar Hauser blieben gewichtige Probleme bestehen: Besonders, schreibt Schaller, «zeitliche Konzepte – Zeiteinheiten, grammatische Tempi, zeitliche Relationen – schienen ihm unbegreiflich, und allein die Vermittlung des Gedankens, daß Zeit in Ereignissen bemessen werden kann, brauchte Monate». Diese Probleme ließen sich nur Schritt für Schritt lösen.

Jetzt, mehrere Jahre später, beherrscht Ildefonso die Gebärdensprache recht gut. Er hat andere Gehörlose kennengelernt und ist ein Mitglied ihrer Sprachgemeinschaft geworden. Und damit ist er, wie Sicard über Massieu gesagt hat, «ein neues Wesen» geworden.

———

Joseph und Ildefonso in ihrer Sprachlosigkeit sind extreme (aber erhellende) Beispiele; praktisch alle Taubgeborenen erlernen in ihrer Kindheit eine *gewisse* Sprachfertigkeit, wenn diese auch oft spät erworben wird und eindeutig defizitär bleibt. Bei Gehörlosen findet man ein breites Spektrum an Sprachkompetenz; Joseph und Ildefonso stehen an dem einen Ende dieses Spektrums. Es war, wie ich rasch erkannte, unmöglich, Joseph eine Frage zu stellen – und dieses sprachliche Defizit scheint bei gehörlosen Kindern, selbst bei denen, die die Gebärdensprache einigermaßen beherrschen, weitverbreitet zu sein. Ich zitiere eine wichtige Beobachtung Isabelle Rapins (Rapin 1979, S. 210):

> Als ich [gehörlose] Kinder fragte, was sie gerade gelesen hätten, wurde mir bewußt, daß viele von ihnen an einem grundlegenden Defizit leiden. Ihnen fehlt das sprachliche Instrument der Frageform. Nicht daß sie die Antwort auf die Frage nicht wissen – vielmehr verstehen sie die Frage als solche nicht... Einmal fragte ich einen Jungen: «Wer lebt in deinem Haus?» (Die Frage wurde vom Lehrer in die Gebärdensprache übersetzt.) Das Gesicht des Jungen blieb ausdruckslos. Ich bemerkte, daß der Lehrer die Frage zu einer Reihe von Aussagen umformte: «In deinem Haus du, Mutter...» Nun leuchtete im Gesicht des Jungen Verständnis auf, und er malte ein Bild seines Hauses mit allen Familienmitgliedern, einschließlich des Hundes... Ich beobachtete immer wieder, wie Lehrer zögerten, ihren Schülern Fragen zu stellen, und Fragen oft in unvollständige Sätze kleideten, in denen die Kinder die leeren Stellen ausfüllen konnten.

Es ist nicht nur die Frageform, die den Gehörlosen fehlt – obwohl sich dieser Mangel nach Rapins Meinung besonders schlimm auswirkt, da er zu einem Informationsdefizit führt –, sondern vor allem auch der Mangel an Sprachfertigkeit, ja eigentlich an Sprachkompetenz, der bei Kindern mit angeborener oder vor dem Spracherlernen erworbener Taubheit so auffällt, und hierbei handelt es sich sowohl um einen lexikalischen als auch um einen grammatikalischen Mangel. Ich war erstaunt über den beschränkten Wortschatz vieler Kinder in Josephs Schule, über ihre Naivität, die Konkretheit ihres Denkens, ihre Schwierigkeiten beim Lesen und Schreiben und über ihre Unwissenheit in bezug auf die Welt, eine Unwissenheit, die bei einem hörenden Kind mit normal entwickelter Intelligenz unvorstellbar gewesen wäre. Und so kam mir unwillkürlich als erster Gedanke, daß ihre Intelligenz *nicht* normal entwickelt war, daß sie an einer eigenartigen geistigen Behinderung litten, die mit ihrer Gehörlosigkeit zusammenhing. Doch es waren – das wurde mir versichert, und meine eigenen Beobachtungen bestätigten es – keine geistig behinderten Kinder im landläufigen Sinne; sie verfügten über die gleiche Intelligenzskala wie normale Kinder, nur war ihre Intelligenz, jedenfalls in bestimmten Aspekten, irgendwie unterhöhlt. Und dies galt nicht nur für die Intelligenz: Viele der Kinder waren passiv oder schüchtern und zeigten einen Mangel an Spontaneität, Vertrauen, sozialer Gewandtheit – sie schienen weniger lebhaft, weniger verspielt, als sie hätten sein sollen.

Ich war bestürzt über den ersten Eindruck, den ich von Braefield, Josephs Schule, bekommen hatte. Wie Joseph stellte auch diese Schule ein in mancher Beziehung extremes Beispiel dar (auch wenn sie in anderer Hinsicht dem Durchschnitt bedrückend nahekam). Die meisten Kinder stammten aus sozial schwachen Familien, wo man außer mit ihrer Gehörlosigkeit auch noch mit Armut, Arbeitslosigkeit und dem Gefühl der Entwurzelung fertig werden mußte. Braefield – und dies ist bedeutsam – ist kein Internat mehr; die Schüler gehen am Ende des Tages nach Hause, sie kehren in ein Zuhause zurück, wo die Eltern nicht in der Lage sind, mit ihnen zu kommunizieren, wo sie Fernsehsendungen ohne Untertitel nicht verstehen, wo sie all die grundlegenden Informationen über die Welt nicht aufnehmen können.

Und wirklich hatte ich von anderen Schulen einen ganz anderen Eindruck. So verfügen an der hauptsächlich von Internatsschülern besuchten California School for the Deaf in Fremont die meisten über eine annehmbare Lese- und Schreibfertigkeit, die man fast mit der hörender Schüler gleichsetzen kann; die Schüler in Braefield sind insofern typischer, als ihre

Leistungen im Lesen beim Schulabgang denen eines Viertkläßlers entsprechen. Viele der Kinder in Fremont haben ein größeres Vokabular, beherrschen die Gebärdensprache gut, sind neugierig und voller Fragen, bedienen sich gewandt und freimütig der Lautsprache (oder, häufiger, der Gebärdensprache) und vermittelten ein Gefühl von Stärke und Selbstbewußtsein, wie es mir in Braefield nur selten begegnet war. Ich war nicht überrascht, als ich hörte, wie gut sie auf der Hochschule zurechtkamen – viel besser als die durchschnittlichen, aufgrund der Art ihrer schulischen Bildung zurückgebliebenen Gehörlosen.

Hier scheinen viele Faktoren zusammenzuwirken. Insgesamt stammen die Kinder in Fremont aus sozial gesicherteren Familien. Ein relativ hoher Prozentsatz der Lehrer ist selbst taub: Fremont ist eine der wenigen Schulen in den Vereinigten Staaten, die die Politik verfolgen, gehörlose Lehrer einzustellen. Diese Lehrer sind nicht nur mit der Gebärdensprache aufgewachsen, sondern können den Kindern auch ein positives Bild und eine Kultur der Gehörlosigkeit vermitteln. Es existiert dort – und das unterscheidet Fremont so kraß von dem, was ich in Braefield sah – über den normalen Schulbetrieb hinaus eine Gemeinschaft von Kindern, die zusammen leben und spielen, sich in der Gebärdensprache unterhalten und ihr Leben und ihre Ziele miteinander teilen. Schließlich hat ein ungewöhnlich hoher Anteil der Kinder in Fremont gehörlose Eltern – gewöhnlich machen solche Kinder weniger als zehn Prozent der Schülerzahl aus. Da sie die Gebärdensprache als erste Sprache von frühester Kindheit an gelernt haben, ist ihnen die Tragödie, nicht mit den Eltern kommunizieren zu können, die das Schicksal so vieler Taubgeborener ist, erspart geblieben. In einem Internat sind es hauptsächlich diese mit der Gebärdensprache aufgewachsenen Kinder, die die gehörlosen Kinder hörender Eltern in die Welt der Gehörlosen und ihre Sprache einführen. Dadurch ist die Isolation, die mir in Braefield so aufgefallen war, weit geringer ausgeprägt.

Wenn manche gehörlose Kinder so viel besser abschneiden als andere, kann es nicht die Gehörlosigkeit als solche sein, die Probleme aufwirft. Der Grund dafür muß wohl vielmehr in einigen ihrer *Auswirkungen* zu suchen sein, vor allem in den von Anfang an gegebenen Schwierigkeiten und Verzerrungen des kommunikativen Lebens. Man kann nicht so tun, als sei Fremont der Durchschnitt; Braefield vermittelt einem leider ein treffenderes Bild von der durchschnittlichen Situation gehörloser Kinder. In Fremont aber kann man sehen, wozu sie unter idealen Umständen fähig sind und daß der Fehler nicht in ihrem angeborenen sprachlichen oder intellektuellen Vermögen liegt, sondern vielmehr in Umständen, die die normale Entwicklung dieser Potentiale behindern.

Mein Eindruck bei einem Besuch der Lexington School for the Deaf war wieder ein anderer, denn hier fehlten den Schülern, auch wenn sie nicht so benachteiligt waren wie die von Braefield, die besonderen Vorteile, die ich in Fremont festgestellt hatte (nämlich ein hoher Anteil gehörloser Eltern und eine große Gehörlosengemeinschaft). Dennoch sah ich viele taubgeborene Jugendliche, die nach Auskunft ihrer Lehrer ihre Kindheit fast ohne Sprache oder in sprachlicher Inkompetenz verbracht hatten und die nun sehr gute Leistungen zeigten – sie belegten beispielsweise Physik oder Freies Schreiben und schnitten ebensogut ab wie hörende Schüler. Diese Kinder waren früher behindert und in großer Gefahr gewesen, sprachlich und intellektuell für immer behindert zu bleiben, und doch hatten sie es erstrebt und – dank intensiver Unterweisung – geschafft, sich eine große sprachliche und kommunikative Kompetenz anzueignen.

In diesen Geschichten von Joseph und Ildefonso und anderen schwingt ein Gefühl von Gefahr mit – jener besonderen Gefahr, die der Entwicklung des Menschen in intellektueller wie emotionaler Hinsicht droht, wenn der normale Spracherwerb nicht einsetzt. Im Extremfall findet er gar nicht statt – es entsteht dann nicht einmal eine Vorstellung, ein Begriff von Sprache. Und Sprache, daran erinnert uns Church, ist nicht lediglich eine Fähigkeit oder Fertigkeit unter vielen, sondern sie ist das, was das Denken ermöglicht, was Denken von Nicht-Denken, das Menschliche vom Nicht-Menschlichen unterscheidet.

———

Wir können uns nicht daran erinnern, wie wir die Sprache «erworben» haben; die Schilderung des Heiligen Augustinus ist ein schöner Mythos.★ Auch müssen wir als Eltern unsere Kinder die Sprache nicht «lehren»; sie eignen sie sich, so scheint es zumindest, ganz automatisch an, einfach dadurch, daß sie Kinder, unsere Kinder, sind und zwischen ihnen und uns ein kommunikativer Austausch stattfindet.

Es hat sich eingebürgert, zwischen Grammatik, Wortbedeutung und kommunikativer Intention zu unterscheiden – zwischen Syntax, Semantik und Pragmatik der Sprache –, aber Bruner und andere erinnern uns daran, daß diese Aspekte beim Erlernen und beim Gebrauch der Sprache immer eine Einheit bilden, und darum ist es nicht die Spache, sondern der aktuelle Sprach*gebrauch*, den wir untersuchen müssen. Der *erste* Gebrauch von Sprache, die erste Kommunikation, findet gewöhnlich zwischen Mutter und Kind statt, und Sprache wird *in der Beziehung zwischen* diesen beiden erworben.

★ In seinen «Bekenntnissen» (I.8) schreibt er: «Wenn jene andern [meine Eltern] ein Wort aussprachen und im Anschlusse daran ihren Körper zu etwas hinbewegten, so ersah ich und begriff ich, daß sie mit jenem Laute eine Sache benannten, die sie mir zeigen wollten. Daß sie dies aber wollten, offenbarten mir Bewegungen des Körpers, jene natürliche Sprache aller Völker, die in dem Mienenspiel, dem Winken mit den Augen, den Gebärden der übrigen Glieder besteht und dazu im Tone der Stimme, welcher die Empfindungen der Seele anzeigt, wenn sie etwas begehrt oder festhält oder zurückstößt oder flieht. Allmählich und durch die häufige Wiederholung lernte ich so, welche einzelnen Dinge durch die Worte bezeichnet wurden, die Verschiedenes bedeuteten, von denen aber ein jedes an seiner bestimmten Stelle gebraucht wurde; ich gewöhnte meinen Mund an diese Zeichen und konnte nunmehr meine Wünsche mit ihrer Hilfe zum Ausdruck bringen.»

Wittgenstein bemerkt dazu in Abschnitt 32 der «Philosophischen Untersuchungen»: «Und nun können wir... sagen: Augustinus beschreibe das Lernen der menschlichen Sprache so, als käme das Kind in ein fremdes Land und verstehe die Sprache des Landes nicht; das heißt: so als habe es bereits eine Sprache, nur nicht diese. Oder auch: als könne das Kind schon *denken*, nur noch nicht sprechen. Und ‹denken› hieße hier etwas, wie: zu sich selber reden.»

Die Sinne sind uns angeboren, sie sind «natürlich», ebenso wie die Motorik, die wir ohne die Hilfe anderer entwickeln können. Sprache aber kann man nicht allein erwerben: *Diese* Fähigkeit bildet eine eigene Kategorie. Ohne die angeborene Anlage ist der Spracherwerb unmöglich, aber diese Anlage wird erst durch eine andere Person aktiviert, die bereits über Sprachkompetenz verfügt. Der Spracherwerb geschieht nur durch Transaktion (oder, wie Wygotski sagen würde, durch «Aushandeln») mit einem anderen Menschen. (Wittgenstein schreibt allgemein von den «Sprachspielen», die wir alle lernen müssen, und Brown spricht von dem «ursprünglichen Wortspiel» von Mutter und Kind.)

Die Mutter – oder der Vater, der Lehrer oder jeder, der mit dem Kind spricht – führt das Kleinkind Stufe um Stufe auf höhere Sprachebenen; sie führt es in die Sprache und in das darin enthaltene Weltbild ein (in *ihr* Weltbild, denn es ist ihre Sprache; und darüber hinaus in das Weltbild der Kultur, der sie angehört). Die Mutter muß in dem, was Wygotski den «Bereich der unmittelbar anstehenden Entwicklung» nennt, immer einen Schritt voraus sein; das Kleinkind kann nicht zur nächsten Stufe aufsteigen, kann sie sich nicht einmal vorstellen, wenn nicht die Mutter diese Stufe einnimmt und ihren Inhalt dem Kind vermittelt.

Aber die Worte der Mutter und die Welt hinter diesen Worten würden für das Kleinkind keinen Sinn ergeben, wenn sie nicht mit etwas in seiner Erfahrung korrespondierten. Seine Sinne vermitteln ihm eine unabhängige Erfahrung der Welt, und diese verleiht der Sprache der Mutter Zusammenhang und Bestätigung und bekommt umgekehrt durch sie eine Bedeutung. Es ist die vom Kind verinnerlichte Sprache der Mutter, die es ihm erlaubt, von der Sinneswahrnehmung zum «Sinn» fortzuschreiten, von der perzeptuellen in eine konzeptuelle Welt aufzusteigen.

Der soziale, der emotionale und auch der intellektuelle Verkehr beginnt mit dem ersten Lebenstag.* Wygotski beschäf-

---

* Die kognitiven Aspekte dieses präverbalen Verkehrs sind von Jerome Bruner und seinen Kollegen einer besonderen Untersuchung

tigte sich eingehend mit diesen präverbalen, präintellektuellen Lebensphasen, sein besonderes Interesse aber galt der Sprache und dem Denken sowie der Frage, wie beides in der Entwicklung des Kindes zusammenfindet. Wygotski vergaß nie, daß Sprache immer eine soziale und gleichzeitig eine intellektuelle Funktion hat, und ebenso behielt er stets die Beziehung zwischen Intellekt und Affekt im Auge – die Tatsache, daß alle Kommunikation, alles Denken auch emotional bestimmt ist und die persönlichen Bedürfnisse und Interessen, die Neigungen und Impulse des Individuums reflektiert.

Aus alldem ergibt sich, daß Fehlentwicklungen in der Kommunikation die Ausformung des Intellekts, den sozialen Umgang, die Entfaltung der Sprache und die Emotionalität beeinträchtigen, wobei diese Schäden gleichzeitig entstehen und

---

unterzogen worden (vgl. Bruner 1987). Bruner sieht in präverbalen Interaktionen und «Konversationen» das allgemeine Muster, den Archetyp aller verbalen Interaktionen und Dialoge, die in der Zukunft stattfinden werden. Wenn diese präverbalen Dialoge entfallen oder einen falschen Verlauf nehmen, sind, so Bruners Eindruck, ernste Schwierigkeiten im späteren verbalen Verkehr vorprogrammiert. Das ist natürlich genau das, was bei gehörlosen Kleinkindern eintreten kann – und auch eintreten wird, wenn keine Vorbeugungsmaßnahmen getroffen werden –, denn sie können ihre Mütter und somit die Laute der ersten präverbalen Kommunikation nicht hören.

In ihrer Langzeitstudie über gehörlose Kinder haben David Wood, Heather Wood, Amanda Griffiths und Ian Howarth diesen Punkt sehr betont (Wood et al. 1986). Sie schreiben: «Stellen Sie sich ein gehörloses Baby vor, das keine oder nur wenige Geräusche wahrnimmt... Wenn es einen Gegenstand oder ein Ereignis betrachtet, hört es nichts von der ‹Stimmungsmusik›, die die soziale Erfahrung eines hörenden Babys begleitet. Nehmen wir einmal an, daß es seinen Blick von dem Gegenstand, der seine Aufmerksamkeit gefesselt hat, einem Erwachsenen zuwendet, der dieses Erlebnis mit ihm ‹teilt›, und daß der Erwachsene etwas zu dem sagt, was das Baby gerade gesehen hat. Ist dem Baby überhaupt bewußt, daß *Kommunikation* stattfindet? Um die Verbindungen zwischen einem Wort und seinem Bezug zu entdecken, muß das gehörlose Kind sich an etwas, das es gerade wahrgenommen hat, *erinnern* und diese Erinnerung auf eine andere Wahrnehmung *beziehen*... Das gehörlose Baby muß weit mehr tun: Es muß

nicht nach einzelnen Bereichen zu trennen sind. Und diese Gefahr ist natürlich besonders groß, wenn ein Kind taub zur Welt kommt. So lautet der erste Satz des Buches «Sound and Sign» von Hilde Schlesinger und Kathryn Meadow: «Bei einem Kind ist totale Gehörlosigkeit mehr als eine medizinische Diagnose; sie ist ein kulturelles Phänomen, in dem soziale, emotionale, sprachliche und intellektuelle Muster und Probleme unlösbar miteinander verknüpft sind.»*

Den Forschungen, die Schlesinger und ihre Kollegen in den vergangenen zwanzig Jahren durchgeführt haben, verdanken wir die umfassendsten und profundesten Erkenntnisse über die Probleme, die Gehörlosen von Kindheit an bis ins Erwachsenenleben hinein zusetzen, sowie über die Beziehung zwi-

---

die Verbindungen zwischen zwei sehr verschiedenen visuellen Erfahrungen, die zeitlich versetzt stattgefunden haben, ‹entdecken›.»

Diese und andere schwerwiegende Umstände sind, so die Verfasser, dafür verantwortlich, daß schon lange vor der Entwicklung der Sprache große Kommunikationsprobleme entstehen.

Die gehörlosen Kinder gehörloser Eltern haben die Chance, daß ihnen diese Interaktionsschwierigkeiten erspart bleiben, denn ihre Eltern wissen aus eigener Erfahrung nur zu gut, wie notwendig es ist, alle Kommunikation, alle Spiele visuell zu gestalten und vor allem die «Babysprache» in einen visuell-gebärdenhaften Modus zu kleiden. Carol Erting und ihre Mitarbeiter haben kürzlich die Unterschiede, die in dieser Hinsicht zwischen gehörlosen und hörenden Eltern erkennbar sind, anschaulich dargestellt (Erting, Prezioso und Hynes 1989). Unter diesen Umständen zeigen gehörlose Kinder im Alter von achtzehn Monaten eine auffallend visuelle oder hypervisuelle Einstellung und Orientierung. (Wenn hörende Eltern auf die Visualität ihres gehörlosen Kindes eingehen, anstatt sie zu bekämpfen, können sie eine fast ebenso große Geschicklichkeit in der visuellen Interaktion erlangen wie gehörlose Eltern.)

* Schlesinger und Meadow 1972. Sehr eingehende Untersuchungen sind auch von Wood et al. in England durchgeführt worden. Diese Autoren messen, wie Schlesinger, der Rolle von Eltern und Lehrern als Vermittler eine entscheidende Bedeutung bei und zeigen, wie oft und auf wie verschiedene und subtile Weise das Verhalten der Bezugspersonen im Umgang mit gehörlosen Kindern falsch sein kann.

schen diesen Problemen und den ersten Interaktionen zwischen Mutter und Kind (und später zwischen Lehrer und Schüler) – Interaktionen, die nur zu oft höchst unzulänglich und verzerrt sind. Für Schlesinger ist die zentrale Frage, wie Kinder – und besonders gehörlose Kinder – von der perzeptuellen in die konzeptuelle Welt «gelockt» werden können und welch entscheidender Einfluß dabei von einem solchen Dialog ausgeht. Sie hat gezeigt, daß der «dialektische Sprung», der Sprung vom Empfinden zum Denken, von dem Wygotski schreibt, nicht nur Sprechen, sondern auch eine richtige *Art* des Sprechens erfordert – einen Dialog, der reich an intentionalen Akten, Gegenseitigkeit und gezielten Fragen sein muß, wenn das Kind diesen großen Sprung mit Erfolg bewältigen soll.

Mit Hilfe von Aufzeichnungen der verbalen Transaktionen, die von den ersten Lebenstagen an zwischen Mutter und Kind stattfinden, hat Hilde Schlesinger nachgewiesen, wie oft und mit welch schlimmen Auswirkungen diese ins Leere gehen, wenn das Kind taub ist. Kinder, gesunde Kinder, sind erfüllt von einer unersättlichen Neugier: Sie suchen ständig nach dem Grund und der Bedeutung, fragen unentwegt: «Warum?», «Wie?» und «Was ist, wenn...?» Das Fehlen dieser Fragen, ja das Nichtbegreifen dieser Frageform hatte bei meinem Besuch in Braefield ein so beklommenes Gefühl in mir geweckt. In ihrem noch nicht abgeschlossenen Manuskript «Buds of Development: Antedecents of Academic Achievement» schreibt Schlesinger über die nur allzu verbreiteten Probleme der Gehörlosen:

Mit acht Jahren verstehen viele gehörlose Kinder Fragen nur mit einer Verzögerung, neigen noch immer zu plakativen Bezeichnungen und geben Antworten, denen die «zentralen Bedeutungen» fehlen. Ihr Sinn für Kausalzusammenhänge ist schlecht entwickelt, und nur selten formulieren sie Gedanken über die Zukunft.

Dies gilt für viele, aber nicht für alle. Es scheint einen recht deutlich ausgeprägten Unterschied zu geben zwischen Kindern, die diese Probleme haben, und solchen, die sie nicht haben, zwischen Kindern, die in ihrer geistigen, sprachlichen, sozialen und emotionalen Entwicklung «normal» sind, und solchen, die es nicht sind. Dieser Unterschied, der von der gewohnten glockenförmigen Verteilung von Fähigkeiten abweicht, beweist, daß die Dichotomie in der Zeit nach der Geburt entsteht, daß das Kind früh in seinem Leben Erfahrungen macht, die seine ganze Zukunft entscheidend beeinflussen können. Die aktive, fragende, wißbegierige Geisteshaltung keimt nicht spontan, *de novo*, oder direkt unter dem Eindruck von Erfahrung auf; sie entspringt vielmehr einem kommunikativen Austausch und wird durch ihn stimuliert – sie erfordert einen *Dialog*, vor allem den komplexen Dialog zwischen Mutter und Kind.* Hier beginnen, wie Schlesinger (1988, S. 262) feststellt, die Dichotomien:

> Mütter sprechen mit ihren Kindern, und zwar auf ganz verschiedene Weisen, und dabei befinden sie sich des öfteren auf der einen oder anderen Seite einer Reihe von Dichotomien. Manche reden *mit* ihren Kindern und beteiligen sich hauptsächlich an Dialogen; andere reden in erster Linie *zu* ihren Kindern. Manche unterstützen hauptsächlich das, was ihre Kinder tun, und wenn sie ihnen keine Unterstützung geben, erklären sie ihnen den Grund; andere sind darauf aus, die

---

* Diese Wechselwirkung ist für die kognitive Psychologie von großer Bedeutung. Ich verweise besonders auf L. S. Wygotski: «Denken und Sprechen»; A. R. Lurija und F. J. Judowitsch: «Die Funktion der Sprache in der geistigen Entwicklung des Kindes»; und Jerome Bruner: «Wie das Kind lernt». Und natürlich ist dieser Bereich für die analytische Psychologie gleichermaßen wichtig (besonders im Hinblick auf die Entwicklung von Gefühlen, Phantasie, Kreativität und Spiel). Siehe D. W. Winnicott: «Reifungsprozesse und fördernde Umwelt»; M. Mahler, F. Pine und A. Bergman: «Die psychische Geburt des Menschen»; und D. N. Stern: «Mutter und Kind».

Handlungen ihrer Kinder zu kontrollieren, und erklären nicht, warum sie das tun. Manche stellen echte Fragen... andere unterdrücken Fragen... Manche lassen sich von den Äußerungen und Handlungen des Kindes leiten, andere von ihren inneren Bedürfnissen und Interessen... Manche beschreiben eine große Welt, mit Ereignissen, die in der Vergangenheit stattgefunden haben oder in der Zukunft stattfinden werden, andere beziehen sich immer nur auf das Hier und Jetzt... Manche Mütter vermitteln dem Kind seine Umwelt, indem sie Stimuli anbieten, denen eine Bedeutung innewohnt [während andere das nicht tun].

Mütter, so scheint es, haben eine schreckliche Macht: Sie können richtig oder falsch mit ihrem Kind kommunizieren; sie können Fragen stellen, die zum Erforschen anregen, wie zum Beispiel «Wie?», «Warum?» oder «Was passiert, wenn...?», oder sie können diese Fragen durch einen geistlosen Monolog ersetzen, der aus «Was ist das?» und «Tu dieses oder jenes» besteht; sie können ein Gefühl für Logik und kausale Zusammenhänge vermitteln oder aber alles im Dunkel der Unerklärlichkeit lassen; sie können dem Kind Gelegenheit geben, ein klares Gespür für Raum und Zeit zu entwickeln oder aber sich immer nur auf das Hier und Jetzt beziehen; sie können «eine verallgemeinerte Reflexion der Wirklichkeit» anbieten, eine konzeptuelle Welt, die dem Leben Zusammenhang und Bedeutung verleiht und den Geist und die Gefühle des Kindes fordert, oder aber alles auf der Ebene des Nicht-Verallgemeinerten, des Nicht-Hinterfragten belassen, auf einer Ebene des tierhaft Perzeptuellen.* Kinder können sich die Welt, in der sie

---

* Eric Lenneberg ist der Meinung, daß sich Probleme für die Gehörlosen erst dann ergeben, wenn sie mit etwa drei Jahren in die Sphäre des *Verbalen* gelangen, und daß diese Probleme in den Jahren vor dem Schuleintritt nicht gravierend sind (Lenneberg 1972). So schreibt er:
«Ein gesundes, gehörloses Kind, das zwei Jahre alt oder älter ist, kommt trotz seines völligen Unvermögens, verbal zu kommunizieren, großartig zurecht. Solche Kinder legen, wenn es um Pantomime

leben, nicht aussuchen – die geistige und emotionale Welt ebensowenig wie die physische; sie sind – jedenfalls anfangs – abhängig von dem, was ihre Mütter ihnen zugänglich machen.

Nicht nur die Sprache, sondern auch das Denken, muß zugänglich gemacht werden, sonst bleibt das Kind – so wie

---

geht, eine große Findigkeit an den Tag und verfügen über gutentwickelte Techniken, um ihre Wünsche, ihre Bedürfnisse und sogar ihre Ansichten mitzuteilen... Das bei diesen Kindern beinahe vollständige Fehlen der Sprache ist kein Hindernis für ein dem Alter entsprechendes höchst phantasiereiches und intelligentes Spielen. Besonders gern mögen sie Spiele, die Möglichkeiten zur Verstellung bieten; aus Klötzen und Schachteln bauen sie phantasievolle Strukturen auf; sie können elektrische Eisenbahnen laufen lassen und die Logik entwickeln, die nötig ist, um Weichen zu stellen und das Verhalten des sich um Kurven und über Brücken bewegenden Zuges vorauszusehen. Sie sehen sich gerne Bilder an, und auch ein hoher Grad von Stilisierung macht ihnen die bildliche Darstellung nicht unverständlich; ihre eigenen Zeichnungen stehen denen ihrer hörenden Altersgenossen keineswegs nach. Die kognitive Entwicklung, die sich im Spiel zeigt, scheint also bei gehörlosen Kindern nicht anders zu verlaufen als bei Kindern mit normaler Sprachentwicklung.»

Lennebergs Ansicht, die 1972 vertretbar schien, wird heute von Menschen, die engen Kontakt mit gehörlosen Kindern haben, nicht geteilt. Sie alle haben den Eindruck, daß auch in den Jahren vor der Einschulung gravierende kognitive und kommunikative Schwierigkeiten auftreten, wenn Sprache nicht so früh wie möglich angeboten wird. Sofern keine besonderen Maßnahmen getroffen werden, verfügt ein gehörloses Kind im Alter von fünf oder sechs Jahren über einen Wortschatz von nur fünfzig oder sechzig Wörtern, während der eines durchschnittlichen hörenden Kindes dreitausend Wörter umfaßt. Ein Kind muß – wie groß auch immer die Faszination sein mag, die von Phantasiespielen und Modelleisenbahnen ausgeht – auf gewichtige Aspekte der Kindheit verzichten, wenn es bis zur Einschulung praktisch ohne Sprache aufwächst. In der Kommunikation mit den Eltern oder anderen Menschen, im Verständnis der Welt im allgemeinen, wird es Segmente geben, von denen das Kind abgeschnitten ist. Das jedenfalls sollte man vermuten; es müssen sorgfältige Untersuchungen, vielleicht unter Einbeziehung analytischer Rekonstruktionen, vorgenommen werden, damit wir beurteilen können, inwiefern die ersten fünf Lebensjahre anders verlaufen, wenn es dem Kind in dieser Zeit nicht gelingt, sich Sprache anzueignen.

Joseph, Kaspar und Ildefonso – in einer konkreten und perzeptuellen Welt gefangen. Diese Gefahr ist noch sehr viel größer,
wenn das Kind taub ist, weil die (hörenden) Eltern vielleicht
nicht wissen, wie sie sich mit ihrem Kind verständigen sollen
und sich, wenn sie überhaupt mit ihm kommunizieren, möglicherweise nur rudimentärer Sprach- und Dialogformen bedienen, die die geistige Entwicklung des Kindes nicht fördern,
sondern behindern. In dem bereits zitierten unveröffentlichten
Manuskript Hilde Schlesingers heißt es:

Kinder scheinen die ihnen von ihren Müttern nahegebrachte
kognitive Welt (und auch den von ihnen vermittelten «Stil»)
getreulich zu kopieren. Manche Mütter führen sie in eine
Welt ein, die von umgrenzten, statischen Objekten bevöl-
kert wird, von Objekten, die im Hier und Jetzt existieren
und für die Kinder vom Kleinkindalter bis in die Latenz-
periode hinein mit immer gleichen Worten bezeichnet werden... Diese Mütter vermeiden eine Sprache, die sich von
der perzeptuellen Welt abhebt... treten, in dem rührenden
Versuch, an der Welt ihrer Kinder teilzuhaben, in diese perzeptuelle Welt ein und verbleiben darin...
[Andere Mütter dagegen] eröffnen eine Welt, in der
Dinge, die man sieht, berührt und hört, freudig mittels der
Sprache verarbeitet werden. Diese Welt ist für das Kleinkind
weiter, komplexer und interessanter. Auch diese Mütter bezeichnen die Objekte in der perzeptuellen Welt ihrer Kinder,
verwenden jedoch für kompliziertere wahrgenommene Gegenstände die richtigen Bezeichnungen, die sie durch Adjektive mit Attributen ausstatten... Sie beziehen Menschen
ein, bezeichnen die Handlungen und Gefühle des einzelnen
in der Welt und charakterisieren diese durch Adverbien. Sie
beschreiben die konzeptuelle Welt nicht nur, sondern helfen
ihren Kindern auch, diese zu *reorganisieren* und über ihre
mannigfaltigen Möglichkeiten *nachzudenken*.

Diese Mütter fördern also die Bildung einer konzeptuellen
Welt, die die perzeptuelle Welt durchaus nicht einschränkt,
sondern sie vielmehr verstärkt, bereichert und ständig auf die

Ebene von Symbol und Bedeutung hebt. Karge Dialoge und vereitelte Kommunikationsversuche führen, so Schlesinger, nicht nur zu geistiger Beengtheit, sondern auch zu Zaghaftigkeit und Passivität; kreative Dialoge und ein reicher kommunikativer Austausch in der Kindheit wecken Geist und Phantasie und führen zu innerer Unabhängigkeit, zu Beherztheit, Munterkeit und einer humorvollen Gemütsverfassung, die den Betreffenden sein Leben lang begleiten.*

Die sechsjährige Charlotte ist, wie Joseph, von Geburt an taub. Aber Charlotte ist überaus lebendig, verspielt, voller

---

* Schlesinger ist der Meinung, daß es im Grunde keine Rolle spielt, ob der Dialog zwischen Mutter und Kind in der Laut- oder in der Gebärdensprache stattfindet; von Bedeutung ist die kommunikative Intention. Wie so viele Intentionen ist auch diese größtenteils unbewußt. Die Mutter kann versuchen, das Kind zu *kontrollieren*, oder aber – das ist die gesündere Orientierung – sein Wachstum, die Autonomie und die Erweiterung seiner geistigen Fähigkeiten zu fördern. Aber neben anderen, ebenso wichtigen Dingen erleichtert der Gebrauch der Gebärdensprache die Kommunikation in der frühkindlichen Phase, weil das gehörlose Kleinkind die Gebärden im Gegensatz zur Lautsprache spontan aufnehmen und verwenden kann.

Für Schlesinger leitet sich die kommunikative Intention von der «Stärke» der Eltern ab – davon, ob sie im Verhältnis zu ihrem Kind «stark» oder «schwach» sind. Ihrer Meinung nach vermitteln Eltern, die sich autonom und stark fühlen, dem Kind ebenfalls ein Gefühl von Stärke und Autonomie, während schwache Eltern, die sich ausgeliefert und überwacht fühlen, ihrerseits eine übermäßige Kontrolle über ihre Kinder ausüben und Monologe *an* sie richten, anstatt Gespräche *mit* ihnen zu führen.

Ein gehörloses Kind zu haben, kann Eltern natürlich das Gefühl geben, machtlos zu sein: Wie können sie mit dem Kind kommunizieren? Was können sie oder das Kind von der Zukunft erwarten? Was für ein Leben wird ihnen aufgezwungen werden? Was für ein Leben werden sie dem Kind aufzwingen? Entscheidend ist wohl einerseits das Gefühl, nicht einer gestaltlosen Macht ausgeliefert zu sein, sondern eine Wahl zu haben sowie andererseits der Wunsch nach einer effektiven Kommunikation – gleichgültig ob sich diese der Laut- oder der Gebärdensprache oder beider bedient.

Neugier und zeigt lebhaftes Interesse an der Welt. Sie ist von einem hörenden Kind ihres Alters kaum zu unterscheiden – ganz anders als der bedauernswerte, von der Welt abgeschnittene Joseph. Was bewirkt diesen Unterschied? Sobald Charlottes Eltern wußten, daß ihre Tochter nichts hören konnte – zu diesem Zeitpunkt war sie einige Monate alt –, beschlossen sie, eine Gebärdensprache zu erlernen, denn ihnen war klar, daß Charlotte sich die Lautsprache nicht leicht würde aneignen können. Auch einige Freunde und Verwandte nahmen an den Kursen teil. Als Charlotte vier Jahre alt war, schrieb ihre Mutter:

> Unsere Tochter Charlotte war zehn Monate alt, als man bei ihr totale Taubheit diagnostizierte. Während der vergangenen drei Jahre haben wir ein ganzes Spektrum von Gefühlen durchlebt: Ungläubigkeit, Angst und Panik, Wut, Niedergeschlagenheit und Kummer, und schließlich Akzeptanz und Dankbarkeit. Als unsere anfängliche Panik sich legte, wurde uns klar, daß wir uns mit unserer Tochter, solange sie noch klein war, in der Gebärdensprache würden unterhalten müssen.*

------

* «Für jemanden, der, wie Charlotte, völlig taub ist, sind Lippenlesen und eine verständliche Artikulation Leistungen, die, wenn überhaupt, nur durch jahrelange harte Arbeit zu erreichen sind», schreibt die Mutter. Jedenfalls kam sie, nach langen Diskussionen und intensiver Auseinandersetzung mit dem Problem, zu diesem Schluß. Dagegen wählten die Eltern von Alice, einem ebenfalls total gehörlosen kleinen Mädchen, konfrontiert mit einer weitgehend gleichartigen Situation, einen anderen Weg.
Bei Alice wurde im Alter von siebzehn Monaten totale Taubheit festgestellt (mit einem Hörverlust von 120 dB im einen und 108 dB im anderen Ohr). Ihre Eltern ließen sich von der Möglichkeit überzeugen, Alice mit sehr leistungsfähigen Hörgeräten auszustatten und sie die «Cued Speech» lernen zu lassen. (Dieses von Orin Cornett entwickelte lautsprachbegleitende System setzt im Mundbereich ausgeführte, einfache Handzeichen ein, mit denen Laute, die für Lippenleser gleich aussehen, voneinander unterschieden werden.) Alice ist offenbar gut damit gefahren. Sie verfügt über ein großes Vokabular

Wir begannen zu Hause Signed Exact English, SEE, zu lernen – das ist die direkte Übertragung des Englischen in eine Zeichensprache – und hatten das Gefühl, dies würde uns helfen, unserem Kind die englische Sprache, Literatur und Kultur zu vermitteln. Als hörende Eltern waren wir überwältigt von der Aufgabe, eine neue Sprache zu erlernen

---

und hervorragende Grammatikkenntnisse und ist ihren Altersgenossen (mit fünf Jahren) hinsichtlich des Niveaus ihrer expressiven Sprache um zwanzig Monate voraus. Sie liest und schreibt gut und hat auch Spaß daran. Ihre schulischen Leistungen sind gut. (Während des Unterrichts wird alles in die «Cued Speech» übersetzt.) Ihre Eltern beschreiben sie als «sehr aufgeweckt, gut angepaßt, beliebt, kontaktfreudig», merken allerdings an, daß sie jetzt auch Angst hat, in der Schule eines Tages «abgehängt» zu werden.

Doch obwohl ihre sprachlichen Fähigkeiten so gut entwickelt sind, ist ihre Kommunikationsfähigkeit deutlich begrenzt. Wenn sie spricht, ist sie noch immer nur schwer zu verstehen – ihre Sprache klingt «abgehackt», und es fehlen viele der Laute, die in der spontanen Sprache vorkommen. Ihre Eltern und Lehrer können sie gut verstehen, andere dagegen sehr viel schlechter. Sie kann sich mit Hilfe von Zeichen ausdrücken, aber die Zahl derer, die «Cued Speech» verstehen, ist sehr gering. Ihre Fähigkeit, gesprochene Sprache zu verstehen, liegt ein wenig unter dem Durchschnitt: Lippenlesen ist nicht einfach eine visuelle Fertigkeit – es besteht zu 75 Prozent aus Vermuten und Erraten, gestützt auf die Deutung von Hinweisen aus dem Kontext der Äußerungen.

Ertaubten, die die Lautsprache kennen, fällt es leichter, sie von den Lippen «abzulesen», während es Taubgeborenen wie Alice große Schwierigkeiten bereitet. Obwohl sie also in der Welt der Hörenden lebt, hat sie dort auch mit großen Problemen zu kämpfen, und es besteht die Möglichkeit der Isolierung. Das Leben zu Hause mit verständnisvollen Eltern stellt vielleicht keine allzu hohen Anforderungen an ein gehörloses Kind, das fünf Jahre alt ist, aber was danach kommt, ist völlig anders. Mit jedem Jahr auf der Schule wachsen im allgemeinen die Probleme eines Kindes mit sehr mangelhaftem Sprech- und Hörvermögen ganz erheblich.

Alices Eltern sind aufgeschlossen und haben sie nicht gezwungen, ausschließlich «Cued Speech» zu lernen; sie waren sogar erstaunt, daß es funktionierte. Aber sie haben klare Vorstellungen von der Welt, in der ihre Tochter leben soll. «Ich will, daß ihr beide Wege

und diese gleichzeitig an unser Kind weiterzugeben, und darum gingen wir davon aus, daß die Vertrautheit der englischen Syntax uns den Zugang zur Zeichensprache erleichtern würde... Wir wollten unbedingt glauben, daß Charlotte ganz ähnlich war wie wir.

Nach einem Jahr beschlossen wir, das starre System der SEE zugunsten einer einfachen Form von Signed English aufzugeben, einer Mischung aus den Wörtern der Amerikanischen Gebärdensprache, die visuell anschaulicher ist, und der vertrauten englischen Syntax ... [aber] die ausgefeilten linearen Strukturen der englischen Lautsprache lassen sich nicht in anschauliche Gebärden übersetzen, und so mußten wir uns in unserem Denken über die Möglichkeiten, uns in visuellen Sätzen zu verständigen, neu orientieren. Wir wurden in die lebendigsten und interessantesten Aspekte der Gebärdensprache eingeführt: idiomatische Redewendungen, mimische Darstellung, Gebärden, die ganze Konzepte darstellen, Gesichtsausdrücke... Jetzt steigen wir in die Amerikanische Gebärdensprache ein. Wir lernen sie von einer gehörlosen Frau, die damit aufgewachsen ist. Sie kann sich, ohne erst lange überlegen zu müssen, in der Gebärdensprache unterhalten und sie für uns Hörende kodifizieren. Es ist spannend und ein großer Ansporn, eine geniale und exakte Sprache zu erlernen, die so schön und phantasie-

---

offenstehen», schreibt ihr Vater, «aber in Gedanken sehe ich sie lieber in der Welt der Hörenden, verheiratet mit einem Hörenden, und so weiter. Andererseits würde sie aus der Gemeinschaft mit einem anderen Gehörlosen sehr viel Kraft ziehen... Sie unterhält sich auch gern in Gebärden, sie braucht eine Beziehung zu einem anderen, der die Gebärdensprache beherrscht. Ich hoffe, daß sie sich in der Welt der Gehörlosen *und* in der der Hörenden zu Hause fühlt.» Man kann nur hoffen, daß Alice die Gebärdensprache lernt, und zwar jetzt gleich – denn sehr bald wird sie zu alt sein, um in dieser Sprache eine natürliche Geläufigkeit zu erlangen. Und wenn sie dieses Ziel nicht erreicht, wird sie sich vielleicht in *keiner* der beiden Welten zu Hause fühlen.

voll ist. Ein herrlicher Anblick, wie Charlottes Gebärden visuelle Denkmuster wiedergeben. Zu unserer Überraschung sind wir durch ihre Ausdrucksformen gezwungen, über physische Gegenstände und darüber, wo sie stehen und wie sie sich bewegen, anders zu denken als früher.

Mich hat diese Schilderung ergriffen. Sie zeigte, wie Charlottes Eltern ursprünglich hatten glauben wollen, ihre Tochter sei, trotz der Tatsache, daß sie ihre Augen und nicht ihre Ohren gebraucht, im Grunde nicht anders als sie selbst; wie sie zuerst auf SEE vertraut hatten, das keine eigenständige Struktur aufweist, sondern lediglich die «Transkription» einer Lautsprache ist, und wie sie erst nach und nach erkannten, daß ihr Kind grundsätzlich auf seine Augen angewiesen ist, daß es «visuelle Denkmuster» benutzt und daß diese eine visuelle Sprache sowohl erfordert als auch erzeugt. Anstatt Charlotte ihre akustische Welt aufzuzwingen, wie viele Eltern gehörloser Kinder es tun, ermunterten sie sie, tiefer in ihre eigene – visuelle – Welt einzutauchen, die sie dann mit ihr teilen konnten. Tatsächlich war ihre Tochter mit vier Jahren im visuellen Denken und Sprechen so weit fortgeschritten, daß sie ihren Eltern neue Denkweisen, regelrechte «Augenöffner» vermitteln konnte.

Anfang 1987 zogen Charlotte und ihre Familie von Kalifornien nach Albany, New York, und ihre Mutter schrieb mir einen zweiten Brief:

Charlotte ist jetzt sechs Jahre alt und besucht die erste Klasse. Wir finden natürlich, daß sie ein fabelhafter Mensch ist, denn obwohl sie überhaupt nichts hören kann, ist sie interessiert und nachdenklich und findet sich in ihrer Welt – größtenteils die der Hörenden – zurecht. Sie scheint weder mit der Amerikanischen Gebärdensprache noch mit gesprochenem Englisch Schwierigkeiten zu haben, unterhält sich angeregt mit gehörlosen Kindern und Erwachsenen und liest und schreibt wie eine Drittkläßlerin. Ihr Bruder Nathaniel, der normal hört, beherrscht die Gebärdensprache fließend und mühelos; viele Unterhaltungen und Besprechungen finden in unserer Familie in der Gebärdensprache statt...

Meiner Meinung nach bestätigt unsere Erfahrung die These, daß der frühe Kontakt mit einer visuell kohärenten Sprache zur Entwicklung komplexer konzeptueller Denkprozesse führt. Charlotte kann denken und vernünftig argumentieren. Das sprachliche Rüstzeug, das ihr gegeben worden ist, nutzt sie effektiv zur Umsetzung kompliziertester Gedanken.

Als ich Charlotte und ihre Angehörigen besuchte, fiel mir als erstes auf, daß sie eine wirkliche Familie bildeten – alle zusammen waren sie voller Freude, voller Leben, voller Fragen. Kein Anzeichen von Isolation, wie man sie so oft bei Gehörlosen erlebt, und keine Spur von der «primitiven» Sprache, von der Herablassung, die Schlesinger beschreibt. Charlotte selbst war wißbegierig und lebendig, ein entzückendes, phantasievolles, verspieltes Kind, das anderen Menschen und der Welt aufgeschlossen gegenüberstand. Sie war enttäuscht, als sie feststellte, daß ich die Gebärdensprache nicht beherrschte, kommandierte jedoch sogleich ihre Eltern als Dolmetscher ab und fragte mich gründlich über die Wunder von New York aus.

Etwa dreißig Meilen von Albany liegt ein Wald, durch den sich ein Fluß windet, und dorthin fuhr ich später mit Charlotte, ihren Eltern und ihrem Bruder. Charlotte liebt die Natur ebensosehr wie die Welt der Menschen, aber sie liebt sie auf eine intelligente Weise. Sie hatte einen Blick für verschiedene Habitate, für die Art, wie andere Wesen zusammenleben; sie nahm Zusammenwirken und Konkurrenz, die Dynamik des Lebens wahr. Sie war fasziniert von den Farnen, die am Fluß wuchsen, sie sah, daß sie ganz anders als Blumen sind, und begriff den Unterschied zwischen Samen und Sporen. Aufgeregt rief sie uns in der Gebärdensprache zu, welche Fülle von Farben und Formen es gebe, kam dann aber zu uns und hielt inne, um zu fragen: «Wie? Warum? Was passiert, wenn...?» Offensichtlich war sie nicht auf isolierte Fakten aus, sondern auf Zusammenhänge, auf ein Begreifen, auf eine Welt voller Sinn und Bedeutung. Nichts zeigte mir deutlicher den Übergang von der Sinnes- zur Begriffswelt, einen Übergang, der ohne komplexe Dialoge unmöglich ist. Diese Dialoge finden zuerst mit den Eltern statt, werden dann aber als «Selbstgespräche», als Denken, verinnerlicht.

Der Dialog setzt die Sprache, den Geist in Gang, aber sobald das geschehen ist, entwickeln wir eine neue Fähigkeit: die «innere Sprache», und sie ist es, die für unsere weitere Entwicklung, unser Denken, unerläßlich ist. «Die innere Sprache», schreibt Wygotski, «ist eine stumme Sprache... Wir stimmen nicht damit überein, daß [sie] der äußeren als ihre innere Seite vorausgeht»; sie ist vielmehr «eine in Aufbau und Ablauf besondere sprachliche Funktion... Doch während sich der Gedanke in der äußeren Sprache im Wort verkörpert, stirbt das Wort in der inneren Sprache und gebiert dabei den Gedanken. Die innere Sprache ist in beträchtlichem Maße ein Denken mit reinen Bedeutungen.» Wir beginnen mit dem Dialog, mit einer Sprache, die äußerlich und sozial ist, aber dann müssen wir, wenn wir denken, wenn wir «wir selbst» werden wollen, zu einem Monolog, zur inneren Sprache, übergehen. Die innere Sprache ist ihrem Wesen nach solitär, sie ist gänzlich unerforscht und der Wissenschaft, schreibt Wygotski, so unbekannt wie die Rückseite des Mondes. «Wir sind unsere Sprache», heißt es, aber unsere wirkliche Sprache, unsere eigentliche Identität liegt in der inneren Sprache, in jenem unablässigen Strom, jenem ständigen Hervorbringen sinnhafter Zusammenhänge, das den individuellen Geist bestimmt. Mittels der inneren Sprache entwickelt das Kind eigene Konzepte und Bedeutungen; mittels der inneren Sprache erlangt es eine eigene Identität; und mittels der inneren Sprache erschafft es sich schließlich seine eigene Welt. Was für eine Welt erschaffen sich Gehörlose mit ihrer ganz eigenen, ganz anderen inneren Gebärdensprache?*

---

* Es gilt als gesichert, daß uns die Realität nicht «gegeben» wird, sondern daß wir sie, jeder für sich, jeder auf seine eigene Weise, *erschaffen* müssen und dabei der Konditionierung durch unsere Kultur und die Welt, in der wir leben, unterliegen. Wir sehen es als natürlich an, daß die Sprache unsere Sicht der Welt wiedergibt, die Art, wie wir die Realität wahrnehmen und konstruieren. Aber geht ihre Funktion noch darüber hinaus? *Bestimmt* sie unsere Weltsicht? Dies war Benja-

Daß Charlotte ihre Welt anders, vielleicht radikal anders aufbaut, liegt für ihre Eltern auf der Hand: ihre Denkmuster seien vorwiegend visuell bestimmt, und sie «denke anders» über physische Objekte. Ich war erstaunt über die graphische Qualität und die Anschaulichkeit ihrer Beschreibungen; auch ihre Eltern sprachen darüber: «Alle Personen oder Wesen oder Objekte, von denen Charlotte erzählt, *haben ihren Platz*», sagte ihre Mutter. «Räumliche Zuordnung ist ein wesentliches Element der Amerikanischen Gebärdensprache. Wenn Charlotte Gebärden macht, beschreibt sie die ganze Szene; man kann sehen, wo jede Person, jeder Gegenstand sich befindet. Es wird alles mit einer Detailliertheit visualisiert, die bei Hörenden selten ist.» Diese Placierung von Objekten und Menschen an spezifischen Örtlichkeiten, diese Verwendung von sorgfältig dargestellten räumlichen Bezügen hatte, so ihre Eltern, bereits bei der Viereinhalbjährigen Anlaß zum Staunen

———

min Lee Whorfs berühmte Hypothese: daß Sprache dem Denken vorausgeht und der hauptsächliche, prägende Faktor für unser Denken und unser Bild von der Wirklichkeit ist (Whorf 1963). Whorf weitete seine Hypothese ins Unermeßliche aus: «Eine Veränderung der Sprache kann unser Verständnis des Universums verändern» (er war nach einem Vergleich der zeitlichen Bezugssysteme in der englischen und der Hopi-Grammatik zu der Auffassung gelangt, Englischsprechende hingen einer Newtonschen, Hopis dagegen einer relativistischen oder Einsteinschen Weltauffassung an). Seine These zog viele Mißverständnisse und Kontroversen nach sich, von denen einige offen rassistisch waren; die Fakten sind jedoch, wie Roger Brown bemerkt, «außerordentlich schwer zu interpretieren», nicht zuletzt darum, weil wir über keine adäquaten unabhängigen Definitionen von Sprache und Denken verfügen.

Der Unterschied zwischen äußerst verschiedenartigen Lautsprachen ist jedoch klein im Vergleich zu dem Unterschied zwischen Laut- und Gebärdensprache. Die Gebärdensprache hat einen anderen Ursprung und einen anderen biologischen Modus. Und dies mag, auf eine profundere Weise als alles, was Whorf vorschwebte, die Denkprozesse derer, die die Gebärdensprache benutzen, bestimmen oder zumindest modifizieren und sie in einem einzigartigen und unübersetzbaren, hypervisuellen kognitiven Stil verlaufen lassen.

gegeben. Schon in diesem Alter habe sie sie überholt und eine Kunst der «Inszenierung» entwickelt, eine «architektonische» Gestaltungskraft, die sie auch bei anderen Gehörlosen, jedoch nur selten bei einem Hörenden erlebt hätten.*

———

Sprache und Denken sind für uns immer persönlich – unsere sprachlichen Äußerungen sind, wie auch die innere Sprache, ein Ausdruck unserer selbst. Daher fühlt sich unsere Sprache oft wie ein Ausströmen an, wie eine spontane Übermittlung des Selbst. Es kommt uns zunächst gar nicht in den Sinn, daß sie eine *Struktur* braucht, die ungeheuer verästelt und formal sein muß. Wir sind uns dieser Struktur nicht bewußt; wir nehmen sie nicht wahr, ebensowenig wie wir das Gewebe, die Organe, die Anatomie unseres Körpers wahrnehmen. Aber die enorme, einzigartige Freiheit des sprachlichen Ausdrucks wäre nicht möglich ohne die strengste Beschränkung durch die Grammatik. Erst die Grammatik ermöglicht Sprache, erlaubt es uns, unsere Gedanken, uns selbst, sprachlich auszudrücken.

Hinsichtlich der Lautsprache war dies schon im Jahre 1660 (dem Erscheinungsjahr der Grammatik von Port-Royal) offenkundig – für die Gebärdensprache aber existiert erst seit 1960 eine Grammatik.** Vorher sahen selbst diejenigen, die

———

* Ihre Erzählung erinnerte mich an eine Anekdote über Ibsen, die ich einmal gelesen hatte: Als er eines Tages mit einem Freund durch ein Haus ging, das sie noch nie zuvor betreten hatten, drehte er sich plötzlich um und sagte: «Was war in dem Zimmer, aus dem wir gerade kommen?» Sein Freund hatte nur ein äußerst vages Bild im Kopf, Ibsen hingegen beschrieb ganz genau den Raum und alles, was sich darin befand, das Aussehen und die Anordnung der Gegenstände im Verhältnis zu allen anderen Gegenständen, und sagte dann leise, wie zu sich selbst: «Ich sehe alles.»
** Während frühere Grammatikkonzepte (wie die der schulmeisterlichen Lateingrammatiken, mit denen Schulkinder auch heute noch traktiert werden) auf einem mechanischen Modell der Sprache basieren und ihre kreativen Aspekte außer acht lassen, betrachten die

sich der Gebärdensprache bedienten, diese nicht als eine echte Sprache mit einer eigenen Grammatik an. Dennoch ist der Gedanke, die Gebärdensprache könnte eine innere Struktur haben, nicht ganz neu – er hat eine eigene merkwürdige Vorgeschichte. Sicards Nachfolger Roch-Ambroise Bébian war sich sehr wohl der Tatsache bewußt, daß die Gebärdensprache eine eigenständige Grammatik hatte (und daher keine fremde und aufgesetzte französische Grammatik benötigte), und er versuchte, eine auf der «Zerlegung der Gebärden» basierende «Mimographie» zusammenzustellen. Der Versuch schlug fehl und mußte fehlschlagen, weil die konkreten («phonemischen») Elemente der Gebärdensprache damals noch nicht korrekt identifiziert waren.

In den siebziger Jahren des 18. Jahrhunderts entwickelte der Anthropologe Edward B. Tylor ein starkes Interesse für Sprache, das sich auch auf die Gebärdensprache richtete, mit der er vertraut war (er beherrschte sie fließend, und viele seiner Freunde waren Gehörlose). Seine «Researches into the Early History of Mankind» enthalten viele faszinierende Einblicke in die Gebärdensprache und wären vielleicht der Grundstein für eine echte linguistische Untersuchung der Gebärdensprache gewesen, wenn dieses Unternehmen nicht, wie alle anderen, die auf eine positive Wertung der Gebärdensprache abzielten, durch den Kongreß von Mailand im Jahre 1880 abgewürgt worden wäre. Mit der offiziellen, formellen Entwertung der Gebärdensprache wandten die Linguisten ihre Aufmerksamkeit anderen Gebieten zu und ignorierten sie fortan oder schätzten sie vollkommen falsch ein. J. G. Kyle und B. Woll geben in ihrem Buch die ganze traurige Geschichte wieder und bemerken, Ty-

---

Verfasser der «Grammaire générale et raisonnée» von Port-Royal Grammatik als etwas grundsätzlich Schöpferisches und sprechen von «jener wunderbaren Erfindung, mit deren Hilfe wir aus fünfundzwanzig oder dreißig Lauten eine unendliche Zahl von Äußerungen konstruieren können, die es uns, obwohl sie an sich keine Ähnlichkeit mit den Vorgängen in unserem Geist besitzen, dennoch erlauben, anderen das Geheimnis unserer Wahrnehmungen und aller geistigen Tätigkeiten, die wir ausüben, zu offenbaren».

lors Wissen über die Grammatik der Gebärdensprache sei so groß gewesen, daß die Linguisten sie «in den vergangenen zehn Jahren» nur hätten «*wieder*entdecken» müssen (Kyle und Woll 1985, S. 55). Die Auffassung, daß «die Zeichensprache» der Gehörlosen lediglich eine Art Pantomime oder bildhafte Sprache sei, war selbst vor dreißig Jahren noch allgemein verbreitet. Die «Encyclopaedia Britannica» (14. Auflage) nennt sie «eine Art Bilderschreiben in der Luft», und in einem bekannten Standardwerk (Myklebust 1960) steht:

> Die manuelle Zeichensprache, die Gehörlose benutzen, ist eine ideographische Sprache. Sie ist ihrem Wesen nach eher bildhaft und weniger symbolisch und steht als System hauptsächlich auf der Ebene der bildlichen Darstellung. Ideographischen Sprachen mangelt es im Vergleich zu verbalen Symbolsystemen an Genauigkeit, Feinheit und Flexibilität. Es ist unwahrscheinlich, daß der Mensch seine höchsten Fähigkeiten mit Hilfe einer ideographischen Sprache entfalten kann, und zwar weil er durch sie auf die konkreteren Aspekte seines Erlebens beschränkt wird.

Hier tritt ein Paradox zutage: Auf den ersten Blick wirkt die Gebärdensprache wie Pantomime; man hat das Gefühl, man werde, wenn man nur genau aufpaßt, ganz schnell «hineinkommen» – Pantomime kann man leicht lernen. Aber wenn man dann länger zuschaut, stellt sich kein solches «Aha!»-Erlebnis ein; man hat den quälenden Eindruck, daß diese Sprache, trotz aller scheinbaren Transparenz, unverständlich bleibt.*

---

* Man muß sich fragen, ob hier nicht auch eine intellektuelle, ja physiologische Schwierigkeit besteht. Es ist nicht leicht, sich eine Grammatik im Raum (oder eine Grammatik des Raumes) vorzustellen. Man hatte in früheren Jahren nicht einmal eine Vorstellung von ihr entwickelt (auch die Gehörlosen nicht, die sich dieser räumlichen Grammatik bedienten), und das änderte sich erst, als Edward S. Klima und Ursula Bellugi 1970 ein solches Konzept schufen. Die Ursache für unsere immensen Schwierigkeiten, uns eine räumliche Grammatik, eine räumliche Syntax, eine räumliche Sprache, eine

Erst Ende der fünfziger Jahre, als William Stokoe, ein junger Mediävist und Linguist, seine Arbeit am Gallaudet College aufnahm, begann eine Zeit, in der die Gebärdensprache Gegenstand linguistischer, wissenschaftlicher Forschung wurde. Stokoe hatte gedacht, er sei gekommen, um mit den Gehörlosen Chaucer zu lesen, aber er stellte sehr bald fest, daß der Zufall oder ein gütiges Schicksal ihn in eines der in sprachlicher Hinsicht außergewöhnlichsten Milieus der Welt geführt hatte. Damals galt die Gebärdensprache als Pantomime oder ein Gesten-Code oder vielleicht auch als eine Art gebrochenes Englisch in Handzeichen. Es war Stokoes große Tat, zu erkennen und zu beweisen, daß dies nicht stimmte und daß diese Sprache mit ihrem Wortschatz und ihrer Syntax, mit ihren Möglichkeiten, unendlich viele Aussagen, Propositionen, zu machen, alle linguistischen Kriterien einer echten Sprache erfüllt. 1960 veröffentlichte Stokoe «Sign Language Structure» (Strukturen der Gebärdensprache), 1965 (zusammen mit seinen gehörlosen Kollegen Dorothy Casterline und Carl Croneberg) «A Dictionary of American Sign Language» (Wörterbuch der Amerikanischen Gebärdensprache). Stokoe war davon überzeugt, daß Gebärden *nicht* Bilder sind, sondern komplexe abstrakte Symbole mit einer komplexen inneren Struktur. Damit war er der erste, der nach einer Struktur forschte, der Gebärden analysierte, sie zerlegte und nach ihren konstituierenden Bestandteilen suchte. Sehr früh stellte er die These auf, jede Gebärde bestehe aus mindestens drei voneinander unabhängigen Teilen – räumliche Anordnung, Handstellung und Bewegung (analog zu den Phonemen der Lautsprache) – und für jeden

----

sprachliche Nutzung des Raumes auch nur vorzustellen, liegt vielleicht in der Tatsache, daß «wir» (die Hörenden, die keine Gebärdensprache kennen), die wir keine persönlichen Erfahrungen mit der Grammatikalisierung des Raumes (und ja auch gar kein zerebrales Substrat dafür) haben, physiologisch nicht imstande sind, uns in eine solche Erfahrung hineinzuversetzen (ebensowenig wie wir imstande sind, uns vorzustellen, wie es wäre, einen Schweif zu haben oder Infrarotstrahlen sehen zu können).

Teil gebe es eine begrenzte Anzahl von Kombinationen.★ In
«Sign Language Structure» stellte er neunzehn verschiedene
Handstellungen, zwölf Anordnungen im Raum und vierund-
zwanzig Bewegungsarten dar und erfand eine Notation für
sie – die Amerikanische Gebärdensprache war noch nie zuvor
geschrieben worden.★★ Sein «Dictionary» war ebenso neuar-
tig, denn die Gebärden sind in diesem Wörterbuch nicht the-
matisch (nach Gebärden für Speisen, Gebärden für Tiere usw.),

---

★ Eine hübsche Bestätigung von Stokoes Entdeckung sind die «Ver-
sprecher». Dabei handelt es sich nie um willkürliche Fehler, um Bewegungen oder Handstellungen, die in der Gebärdensprache nicht vorkommen, sondern ausschließlich um fehlerhafte Kombinationen
(Vertauschungen usw.) innerhalb einer begrenzten Zahl von Parame-
tern für räumliche Anordnung, Bewegung und Handstellung. Sie sind
völlig analog zu den phonemischen Fehlern, die am Zustandekommen
von Versprechern in der Lautsprache beteiligt sind.
   Außer diesen Fehlern (zu denen unbewußte Vertauschungen sub-
lexikaler Elemente gehören) findet man bei Menschen, die sich von
Kindheit an der Gebärdensprache bedienen, ausgefeilte Formen von
Gebärdenwitz und Wortspielen, die einen bewußten, kreativen Umgang mit Gebärden und ihren Bestandteilen erfordern. Diese Menschen sind sich offenbar intuitiv der inneren Struktur der Gebärden
bewußt.
★★ Stokoes Notation ist (wie die phonemische Notation) für For-
schungszwecke, nicht für den Alltagsgebrauch bestimmt. (Einige der
Notationssysteme, die seitdem vorgeschlagen worden sind, erweisen
sich als ungeheuer komplex: Die Notation einer kurzen Redewendung
kann eine ganze Seite füllen.) Es hat nie eine – im landläufigen Sinne –
geschriebene Form der Gebärdensprache gegeben, und manche haben
Zweifel geäußert, ob dies überhaupt praktikabel wäre. In einem Gespräch mit mir bemerkte Stokoe selbst dazu: «Die Gehörlosen spüren
wohl, daß das Ergebnis – die zweidimensionale Transkription einer
Sprache, deren Syntax sich sowohl der drei Dimensionen des Raumes
als auch der zeitlichen Dimension bedient – den Aufwand nicht recht-
fertigen würde, wobei noch die Frage zu klären bliebe, ob so etwas
überhaupt möglich wäre» (siehe auch Stokoe 1987).
   Kürzlich jedoch ist tatsächlich ein neues Notationssystem für die
Gebärdensprache – «SignFont» – von einer Gruppe in San Diego entwickelt worden (vgl. Newkirk et al. 1987 und Hutchins et al. 1986).
Der Einsatz von Computern ermöglicht es, die riesige Zahl von Ge-

sondern systematisch angeordnet nach ihren Bestandteilen, ihrer Organisation und den Prinzipien der Sprache. Es zeigt die lexikalische Struktur der Sprache – die linguistische Verknüpfung der etwa dreitausend Gebärden-«Wörter», die ihren Grundstock bilden.

Diese Studien erforderten ein immenses Selbstvertrauen, ja sogar Sturheit, denn fast alle, Hörende wie Gehörlose, fanden Stokoes Ideen anfangs absurd oder ketzerisch und seine Bücher, als sie erschienen, wertlos oder unsinnig. So ergeht es oft genialen Leistungen. Innerhalb weniger Jahre aber hatte sich aufgrund von Stokoes Werken das ganze Meinungsklima geändert, und eine Revolution – im doppelten Sinne – war im Gange: eine wissenschaftliche Revolution, die sich der Gebärdensprache und ihren kognitiven und neuralen Grundlagen in einem Maße zuwandte, wie es zuvor niemand auch nur in Erwägung gezogen hatte, und eine kulturelle und politische Revolution.

Das «Dictionary of American Sign Language» führt dreitausend Stammwörter auf – das mag, gemessen an den etwa 600000 Wörtern, die im «Oxford English Dictionary» ver-

---

bärden, ihre Modulationen und viele ihrer «Intonationen» in eine adäquatere schriftliche Form umzusetzen, als man es bisher für möglich gehalten hatte. SignFont versucht, die ganze Ausdrucksvielfalt der Amerikanischen Gebärdensprache wiederzugeben; es ist jedoch noch zu früh, etwas darüber zu sagen, wie die Gehörlosen dieses System aufnehmen werden.

Würden sie SignFont oder eine andere Form der geschriebenen Gebärdensprache übernehmen, könnte das zu einer eigenen Literatur führen und das Gefühl von Zusammengehörigkeit und einer eigenen Kultur verstärken. Interessanterweise hat diesen Aspekt auch Alexander Graham Bell gesehen: «Eine andere Methode, die Taubstummen zu einer gesonderten Klasse zusammenzufassen, würde darin bestehen, die Gebärdensprache auf eine schriftliche Form zu reduzieren, so daß die Taubstummen eine eigene Literatur hätten, die sie von der übrigen Menschheit abheben würde.» Dies erschien ihm jedoch ganz und gar nicht wünschenswert – er sah darin eine Weichenstellung für «die Entstehung einer tauben Unterart der menschlichen Rasse» (vgl. Bell 1883).

zeichnet sind, auf ein extrem begrenztes Vokabular hindeuten. Dennoch ist die Gebärdensprache erwiesenermaßen sehr ausdrucksvoll und steht in ihren Möglichkeiten den Lautsprachen grundsätzlich in nichts nach.*

Offenbar sind noch andere, zusätzliche Prinzipien am Werk. Die ergiebigsten Forschungen über all diese weiteren Prinzipien, durch die aus einem Wortschatz eine Sprache wird, haben Ursula Bellugi und ihre Kollegen am Salk Institute durchgeführt.

Ein Wortschatz (Lexikon) umfaßt Begriffe aller Art, aber sie alle bleiben isoliert (auf dem Niveau von «Ich Tarzan, du Jane»), wenn eine Grammatik fehlt. Es muß ein formales System von Regeln geben, mit deren Hilfe zusammenhängende Äußerungen – Sätze, Aussagen – gebildet werden können. (Das fällt nicht sofort ins Auge, sondern ist ein intuitives Konzept, denn da die Äußerungen selbst so unmittelbar, so glatt, so persönlich erscheinen, hat man nicht gleich das Gefühl, daß sie ein formales Regelwerk enthalten beziehungsweise brauchen; dies ist sicher einer der Gründe, warum gerade Menschen, die sich von klein auf der Gebärdensprache bedienten, der Meinung waren, ihre eigene Sprache

---

* Abgesehen davon, daß für die Gebärden eine gewaltige Zahl grammatikalischer Abwandlungsmöglichkeiten besteht (so gibt es zum Beispiel buchstäblich Hunderte solcher Modulationen allein für das Stammwort SEHEN), ist der tatsächliche Wortschatz der Gebärdensprache viel größer und reicher, als ihn die bislang veröffentlichten Wörterbücher wiederzugeben vermögen. Gebärdensprachen entwickeln sich gegenwärtig in einem geradezu atemberaubenden Tempo (das gilt vor allem für die neuesten unter ihnen, zum Beispiel die Israelische Gebärdensprache). Ständig kommt eine Fülle neuer Wortschöpfungen hinzu; einige davon sind Lehnwörter aus dem Englischen (oder einer anderen Sprache, die in der Umgebung gesprochen wird), manche sind mimetische Darstellungen, wieder andere spontane Erfindungen, aber die meisten werden aus dem gewaltigen Fundus formaler Segmente erschaffen, die in der Sprache bereits vorhanden sind. Diese sind von Ursula Bellugi und Don Newkirk besonders intensiv untersucht worden (vgl. Bellugi und Newkirk 1981).

sei «nicht zerlegbar», und Stokoes – und später Bellugis – Bemühungen mit Skepsis verfolgten.)

Die Vorstellung, daß ein solches formales System, eine «generative Grammatik», existiert, ist an sich nicht neu. Bereits Wilhelm von Humboldt schrieb, jede Sprache mache «unendlichen Gebrauch von endlichen Mitteln». Aber erst in den vergangenen dreißig Jahren hat Noam Chomsky ausführlich erklärt, «wie diese endlichen Mittel in bestimmten Sprachen unendlichen Gebrauch finden», und uns einen Einblick in die Erforschung «der verborgeneren Eigenschaften» gegeben, «die ‹die menschliche Sprache› im allgemeinen kennzeichnen». Diese verborgeneren Eigenschaften bezeichnet Chomsky als «Tiefenstruktur» der Grammatik; für ihn sind sie ein angeborenes, artspezifisches Charakteristikum des Menschen, das im Nervensystem physiologisch verankert ist und durch die aktuelle Sprache geweckt wird. Chomsky stellt sich diese «generative Grammatik» als ein riesiges System von Regeln vor («viele hundert Regeln mehrerer unterschiedlicher Typen»), das eine bestimmte festgelegte, allgemeine Struktur beinhaltet. Dieser Struktur, die er bisweilen in Analogie zum visuellen Kortex (Sehrinde) betrachtet, seien, so Chomsky, verschiedene angeborene Mechanismen eigen, mittels deren optische Wahrnehmungen geordnet werden.* Wir wissen bis jetzt fast nichts über das neurale Substrat einer solchen Grammatik, aber die Tatsache, daß es Aphasien – auch Gebärdenaphasien – gibt, bei denen die grammatische Kompetenz, und nur diese, spezifisch gestört ist, deutet auf ein solches Substrat und seine ungefähre Lage hin.**

---

* Visuelle Bilder sind nicht mechanisch oder passiv wie Fotografien; sie sind vielmehr analytische Konstruktionen. Detektoren für Grundmuster – vertikale oder horizontale Linien, Winkel usw. – sind zuerst von Hubel und Wiesel beschrieben worden. Und auf einer höheren Ebene muß das Bild mit Hilfe eines Regelwerks entworfen und strukturiert werden, das R. Gregory eine «visuelle Grammatik» genannt hat (vgl. «The Grammar of Vision» in Gregory 1974).
** Ob es nichtmenschliche Lebewesen gibt, die über eine Sprache verfügen, die «unbegrenzten Gebrauch von begrenzten Mitteln»

Jemand, der eine bestimmte Sprache spricht, schreibt Chomsky, beherrscht eine Grammatik mit einem endlichen System von Regeln, «das unendlich viele und in geeigneter Weise aufeinander bezogene Tiefen- und Oberflächenstrukturen *generiert*. Sie muß weiterhin Regeln enthalten, die diese abstrakten Strukturen zu gewissen Laut- und Bedeutungsrepräsentationen in Beziehung setzen.»* Wie kommt der Spre-

---

macht, ist nach wie vor ein umstrittenes Thema, das für Verwirrung sorgt. Als Neurologe war ich fasziniert von Beschreibungen von Aphasien bei Affen: Sie deuten darauf hin, daß wenigstens die neuralen Uranfänge der Sprache vor dem Menschen entstanden sind (vgl. Heffner und Heffner 1988).

* Chomsky 1970, S. 35. Die Geistesgeschichte einer solchen generativen oder «philosophischen» Grammatik und des Konzepts «angeborener Ideen» im allgemeinen ist von Chomsky auf faszinierende Weise dargestellt worden – man hat den Eindruck, daß er erst seine Vorgänger entdecken mußte, um sich selbst und seinen eigenen Platz in der geistigen Tradition zu entdecken; vgl. besonders seine «Cartesianische Linguistik» und die drei 1967 an der University of California gehaltenen Vorlesungen, die unter dem Titel «Sprache und Geist» erschienen sind. Die große Zeit der «philosophischen Grammatik» war das 17. Jahrhundert, ihr Höhepunkt die 1660 erschienene Grammatik von Port-Royal. Unsere gegenwärtige Linguistik könnte, so Chomsky, in dieser Zeit entstanden sein, wäre ihre Entwicklung nicht durch das Aufkommen eines seichten Empirismus zum Stillstand gekommen. Wenn man den Gedanken einer natürlichen Anlage von der Sprache auf das Denken im allgemeinen erweitert, kann die Lehre von den «angeborenen Ideen» (Denkstrukturen, die, wenn sie aktiviert werden, die Art der Erfahrung organisieren) bis zu Platon und von dort zu Leibniz und Kant verfolgt werden.

Viele Biologen sind der Auffassung, daß sich die Formen organischen Lebens ohne dieses Konzept der vererbten Anlagen nicht erklären lassen. Chomsky zitiert in diesem Zusammenhang den Verhaltensforscher Konrad Lorenz (Chomsky 1970, S. 156): «Das Passen des Apriorischen auf die reale Welt ist ebensowenig aus ‹Erfahrung› entstanden wie das Passen der Fischflosse auf die Eigenschaften des Wassers. So wie die Form der Flosse ‹a priori› gegeben ist, vor jeder individuellen Auseinandersetzung des Jungfisches mit dem Wasser, und so, wie sie diese Auseinandersetzung erst möglich macht, so ist dies

cher zu einer solchen Grammatik; anders ausgedrückt: wie erlangt er ihre Beherrschung? Wie kann sich ein zweijähriges Kind ein solches Instrument aneignen, ein Kind, das gewiß nicht in Grammatik unterrichtet wird und keine Beispielsätze zur Veranschaulichung grammatischer Zusammenhänge, sondern ganz spontane, nebenbei bemerkte (und scheinbar uninformative) Äußerungen seiner Eltern zu hören bekommt? (Natürlich ist das, was die Eltern sagen, nicht «uninformativ», sondern voller impliziter grammatischer Regeln und unbewußter sprachlicher Hinweise und Berichtigungen, auf die das Kind ebenso unbewußt reagiert. Eine bewußte, explizite Vermittlung von Grammatik findet jedoch nicht statt.) Das ist es, was Chomsky so erstaunlich fand – daß das Kind imstande ist, mit so wenig so viel zu erreichen. Er schreibt (Chomsky 1970, S. 129):

Man kann nicht umhin, angesichts der enormen Diskrepanz zwischen Wissen und Erfahrung verblüfft zu sein – im Fall der Sprache gilt Ähnliches für die Diskrepanz zwischen der generativen Grammatik, die die Sprachkompetenz des Sprechers ausdrückt, und den dürftigen und entstellten Daten, [die ihm zugänglich sind und] auf deren Grundlage er sich diese Grammatik konstruiert hat.

Dem Kind wird die Grammatik also nicht beigebracht; es lernt sie auch nicht, sondern *konstruiert* sie aus den «dürftigen und entstellten Daten», die ihm zur Verfügung stehen. Und das wäre unmöglich, wenn die Grammatik oder ihr Potential nicht bereits in einer latenten Form, die nur darauf wartet, verwirklicht zu werden, in ihm angelegt wäre. Es muß, wie Chomsky sich ausdrückt, «eine angeborene Struktur [geben], die reich

---

auch bei unseren Anschauungsformen und Kategorien in ihrem Verhältnis zu unserer Auseinandersetzung mit der realen Außenwelt durch unsere Erfahrung der Fall.»
Andere betrachten Erfahrung als etwas, das die Formen der Wahrnehmung und Kategorien nicht nur hervorruft, sondern *erschafft* (vgl. Fußnote S. 154).

genug ist, die Divergenz zwischen Erfahrung und Wissen zu erklären».

Diese angeborene, diese latente Struktur ist bei der Geburt nicht voll entwickelt und fällt auch im Alter von achtzehn Monaten noch nicht sehr ins Auge. Aber dann öffnet sich das in der Entwicklung begriffene Kind plötzlich und mit steil ansteigender Intensität der Sprache und zeigt sich fähig, innerhalb kurzer Zeit aus den Äußerungen der Eltern eine Grammatik aufzubauen. Zwischen dem einundzwanzigsten und dem sechsunddreißigsten Lebensmonat entfaltet es ein schier unglaubliches Sprachgenie. (Dieser Zeitabschnitt ist bei allen neurologisch normal entwickelten Menschen, ob sie hören können oder nicht, derselbe; bei Retardierten ist er, wie auch andere wichtige Entwicklungsphasen, etwas verzögert.) Danach nimmt diese Fähigkeit ab und läuft gegen Ende der Kindheit, also, grob gesagt, mit zwölf bis vierzehn Jahren, in einer flachen Kurve aus.* Dies ist, wie Lenneberg schreibt, die «kriti-

---

* Der Gedanke, daß es ein «kritisches Alter» für den Spracherwerb gibt, wurde zuerst von Lenneberg formuliert: die Hypothese, die Sprache werde, wenn das Kind sie nicht bis zur Pubertät erworben hat, nie oder jedenfalls nicht mit wirklichem, von früh an geübtem Geschick beherrscht (Lenneberg 1972). Bei Menschen, deren Gehör sich normal entwickelt, stellt sich die Frage des kritischen Alters kaum, denn praktisch alle Hörenden (selbst die Retardierten) erwerben in den ersten fünf Jahren ihres Lebens Sprachkompetenz. Ein ernstes Problem hingegen ist es für die Gehörlosen, die nicht in der Lage sind, die Stimmen ihrer Eltern zu hören, zumindest aber den Sinn des Gesagten nicht verstehen und die unter Umständen auch keine Möglichkeit haben, die Gebärdensprache zu lernen. Beobachtungen deuten darauf hin, daß diejenigen, die sich die Gebärdensprache erst spät (das heißt nach dem fünften Lebensjahr) aneignen, es nie zu einer so mühelosen Flüssigkeit im Ausdruck und fehlerfreien Beherrschung der Grammatik bringen wie Menschen, die sie von früher Kindheit an gelernt haben (ganz zu schweigen von denen, die sie von Anfang an von ihren Eltern übernommen haben).

Ausnahmen mag es geben, aber sie bestätigen die Regel. Wenn man die Auffassung akzeptiert, daß die Vorschuljahre für einen guten Spracherwerb entscheidend sind und daß der erste Kontakt zur Sprache so früh wie möglich erfolgen sollte, so wird man vielleicht auch

sche Zeit» für den Erwerb einer ersten Sprache – die einzige Zeit, in der das Gehirn aus dürftigen Daten eine vollständige Grammatik erschaffen kann. Die Eltern spielen dabei eine wesentliche Rolle, sind aber lediglich Helfer: In der kritischen Zeit entwickelt sich die Sprache selbst «von innen», und alles, was sie zu tun haben, ist (so Humboldt), «den Faden hinzugeben, an dem sie sich von selbst entwickelt». Das gleicht mehr einer Reifung als einem Lernprozeß – die angeborene Struktur wächst organisch, sie entwickelt sich in verschiedene Richtungen und reift wie ein Embryo.

In einer Schilderung ihrer frühen, gemeinsam mit Roger Brown durchgeführten Forschungsarbeiten greift Ursula Bellugi diesen Aspekt heraus – er stelle, schreibt sie, für sie das eigentliche Wunder der Sprache dar; sie bezieht sich dabei auf eine gemeinsame Studie über die «Aktivierung der latenten Struktur» von Sätzen durch das Kind und den Schlußsatz dieser Arbeit: «Die sehr komplizierte, gleichzeitig stattfindende Differenzierung und Integrierung, die mit der langsamen Entfaltung der Nominalphrase einhergeht, erinnert mehr an die biologische Entwicklung eines Embryos als an die Aneignung eines konditionierten Reflexes.» Und sie fährt fort: Das *zweite*

---

der Folgerung zustimmen, daß Taubgeborene in Kindergärten gehen sollten, in denen die Gebärdensprache unterrichtet wird. Man könnte sagen, daß Massieu mit dreizehn Jahren und neun Monaten gerade noch innerhalb dieses kritischen Alters war, während Ildefonso es bereits weit hinter sich gelassen hatte. Man könnte ihren sehr späten Spracherwerb einfach einer ungewöhnlich lange erhaltengebliebenen neuronalen Formbarkeit zuschreiben; eine interessantere Hypothese allerdings lautet, daß die gebärdenhaften Systeme (oder «hausgemachten Gebärden»), die Ildefonso und sein Bruder oder Massieu und seine gehörlosen Geschwister entwickelt hatten, als «Protosprache» fungiert und somit gewissermaßen eine Sprachkompetenz im Gehirn eingeleitet haben könnten, die erst viele Jahre später durch den Kontakt zu echter Gebärdensprache voll aktiviert wurde. (Itard, der Arzt und Lehrer von Victor, dem Wilden Kind von Aveyron [siehe Fußnote S. 28], postulierte ebenfalls eine kritische Periode des Spracherwerbs, um zu erklären, warum sein Versuch, Victor die Sprache beizubringen, gescheitert war.)

Wunder in ihrem Leben als Linguistin habe sie erlebt, als ihr klargeworden sei, daß diese wunderbare organische Struktur – der komplizierte Embryo der Grammatik – in rein visueller Form existieren könne, und zwar in Gestalt der Gebärdensprache.

Bellugi hat vor allem die morphologischen Prozesse der Amerikanischen Gebärdensprache (ASL) untersucht: die Art, wie eine Gebärde mit Hilfe von Grammatik und Syntax abgewandelt werden kann, um andere Bedeutungen zu übermitteln. Es lag auf der Hand, daß das «Dictionary of American Sign Language» nur ein erster Schritt sein konnte, denn eine Sprache besteht ja nicht bloß aus einem Lexikon oder Code. (Die indianische Zeichensprache ist lediglich ein Code, das heißt eine Sammlung, ein Vokabular von Zeichen, die selbst keine innere Struktur aufweisen und sich grammatisch kaum verändern lassen.) Eine echte Sprache wird ständig durch grammatische und syntaktische Mittel aller Art moduliert. Die ASL ist außergewöhnlich reich an solchen Ausdrucksmitteln, die das Grundvokabular gewaltig erweitern.

So gibt es zahlreiche Formen von ANSEHEN («sieh-mich-an», «sieh-sie-an», «sieh-jeden-von-ihnen-an» usw.), die alle auf ihre eigene Weise dargestellt werden: Die Gebärde für ANSEHEN zum Beispiel wird gemacht, indem der Sprecher eine Hand von sich fort bewegt, die Abwandlung «einander ansehen» wird dagegen mit beiden Händen ausgeführt, die sich gleichzeitig aufeinander zu bewegen.

Es steht eine große Zahl von Formen zur Verfügung, die zeitliche Aspekte zum Ausdruck bringen (Abb. 1); so kann ANSEHEN (a) modifiziert werden, um «erstaunt blicken» (b), «dauernd ansehen» (c), «starren» (d), «beobachten» (e), «lange ansehen» (f) oder «immer wieder ansehen» (g) sowie viele andere Abwandlungen auszudrücken, darunter auch Komposita der oben genannten Wörter. Außerdem gibt es zahlreiche Ableitungen, bei denen das Zeichen SEHEN auf bestimmte Weise verändert wird und dann «sich erinnern», «besichtigen», «erwartungsvoll entgegensehen», «voraussehen», «voraussagen», «erwarten», «den Blick schweifen lassen», «sich umsehen» usw. bedeutet.

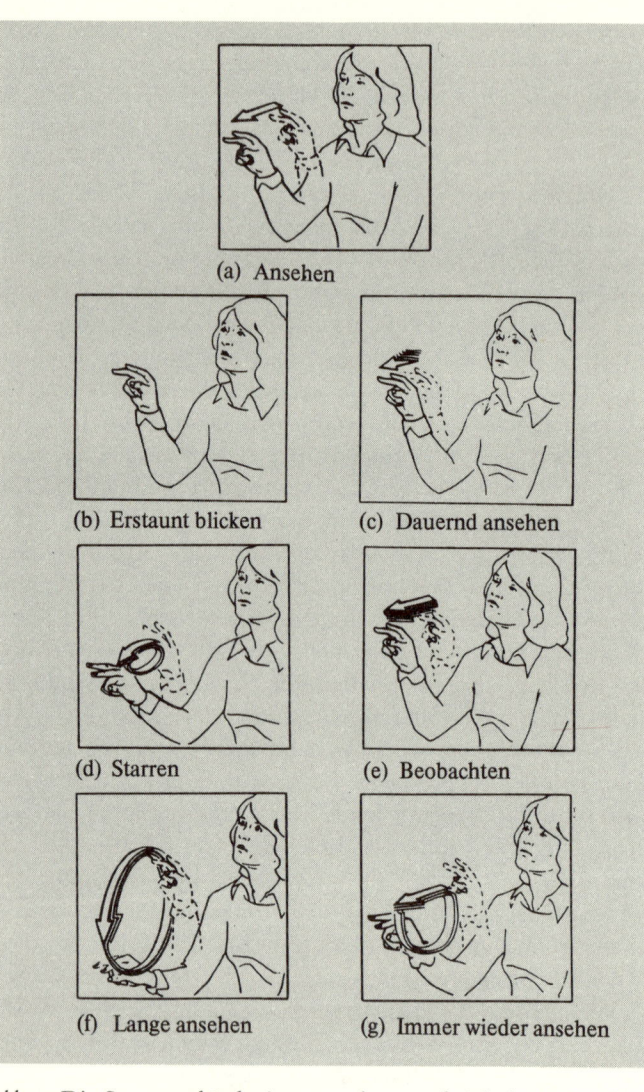

(a) Ansehen

(b) Erstaunt blicken

(c) Dauernd ansehen

(d) Starren

(e) Beobachten

(f) Lange ansehen

(g) Immer wieder ansehen

Abb. 1: Die Stammgebärde ANSEHEN kann auf vielerlei Weise abgewandelt werden. Hier einige Flexionsformen, die die zeitlichen Aspekte von ANSEHEN näher bestimmen; es gibt noch zahlreiche andere Formen, die den Grad, die Art, die Zahl usw. bezeichnen. Aus: «The Signs of Language» von Edward S. Klima und Ursula Bellugi, Harvard University Press, 1979 (mit Änderungen in der Notation).

Auch das Gesicht kann in der Gebärdensprache eine besondere linguistische Funktion haben: So können (wie David Corina und andere nachgewiesen haben) bestimmte Ausdrücke oder eher «Verhaltensweisen» des Gesichtes dazu dienen, syntaktische Konstruktionen wie Topikalisierung, Relativpronomen und Frageformen zu bezeichnen, als Hinweis auf ein Adverb oder zur Quantifizierung eingesetzt werden (vgl. Corina 1989). Es können auch noch andere Körperpartien einbezogen werden. Dies alles oder ein Teil davon – dieses gewaltige Spektrum räumlicher und kinetischer Beugungen – kann in den Stammgebärden zusammentreffen, mit ihnen verschmelzen und sie modifizieren, so daß die daraus entstehenden Gebärden eine gewaltige Informationsmenge enthalten.

Die *Verdichtung* dieser Gebärdeneinheiten und die Tatsache, daß alle ihre Modifizierungen *räumlich* ausgedrückt werden, bewirken, daß die Gebärdensprache auf der sichtbaren Ebene völlig anders ist als jede Lautsprache, und sind teilweise dafür verantwortlich, daß sie lange gar nicht als Sprache angesehen wurde. Dennoch ist es, neben ihrer einzigartigen räumlichen Syntax und Grammatik, genau dies, was die Gebärdensprache zu einer echten, wenn auch ganz neuartigen Sprache macht, einer Sprache, die abseits vom entwicklungsgeschichtlichen «Mainstream» aller anderen Sprachen entstanden ist und eine evolutionäre Alternative *sui generis* darstellt. (Und eine überraschende dazu, wenn man bedenkt, daß wir uns in den letzten fünfhunderttausend bis zwei Millionen Jahren auf das Sprechen spezialisiert haben. Ein Sprachpotential ist in uns allen angelegt – das ist leicht zu begreifen. Die Tatsache aber, daß in uns ebenso große Potentiale für einen *visuellen* Sprachmodus angelegt sind, ist erstaunlich und wäre wohl kaum je entdeckt worden, wenn sich nicht tatsächlich visuelle Sprachen entwickelt hätten. Doch könnte man mit gleichem Recht sagen, daß die Wurzeln der Zeichen und Gebärden, wenn auch ohne eine komplexe linguistische Struktur, bis in unsere früheste, vormenschliche Vergangenheit zurückreichen und daß in Wirklichkeit die Lautsprache die Neuentwicklung ist – eine äußerst erfolgreiche Neuentwicklung, die den Gebrauch der Hände ersetzte und sie für andere, nicht kommunikationsgebundene Zwecke frei machte. Vielleicht hat es ja auch zwei parallele evolutionäre Stränge gegeben – einen, in dem sich gesprochene, und einen anderen, in dem sich durch Gebärden ausgedrückte Sprachformen entwickelten. Darauf jedenfalls deuten Arbeiten von Anthropologen hin, die eine Koexistenz von Laut- und Gebärdensprachen bei einigen Naturvölkern nachgewiesen haben; vgl. Lévy-Bruhl 1926. So führen uns die Gehörlosen nicht nur die Anpassungsfähigkeit, sondern auch die latenten Potentiale des Nervensystems vor Augen.)

Das herausragendste Einzelmerkmal der Gebärdensprache – das, was sie von allen anderen Sprachen und geistigen Tätigkeiten unterscheidet – ist ihre einzigartige linguistische Nutzung des Raums.* Die Komplexität dieses sprachlichen Raums ist für das «normale» Auge überwältigend – es kann die enorme Vielfalt und Feinheit der räumlichen Muster nicht erfassen, geschweige denn verstehen.

Wir sehen also, daß sich die Gebärdensprache auf allen Ebenen – auf der lexikalischen, der grammatischen und der syntaktischen Ebene – den Raum *linguistisch* zunutze macht, und diese Nutzung ist unglaublich komplex, denn vieles, was die Lautsprache linear, sequentiell und in zeitlicher Abfolge ausdrückt, wird in der Gebärdensprache zu etwas Gleichzeitigem, Gleichberechtigtem, Vielschichtigem. Die «Oberfläche» der Gebärdensprache mag einfach aussehen, wie die der Gestik oder der Mimik, aber man stellt bald fest, daß dies eine Täuschung ist: Was so einfach aussieht, besteht in Wirklichkeit aus unzähligen räumlichen Mustern, die dreidimensional ineinander verschachtelt sind.

---

* Da zur Zeit der größte Teil der Gebärdensprachenforschung in Amerika stattfindet, beziehen sich die meisten Erkenntnisse auf die Amerikanische Gebärdensprache. Es gibt jedoch keinen Grund zu der Annahme, diese Erkenntnisse seien ausschließlich auf die ASL anwendbar – sie lassen sich wahrscheinlich auf die ganze Kategorie der räumlich-visuellen Sprachen übertragen.

Dieses Wunderwerk der räumlichen Grammatik, der sprachlichen Nutzung des Raums, hat die Erforscher der Gebärdensprache in den siebziger Jahren sehr beschäftigt, und erst in den achtziger Jahren hat man sich dem Faktor Zeit mit der gleichen Aufmerksamkeit zugewandt. Obwohl schon früher bekannt war, daß es innerhalb der Gebärden eine sequentielle Organisation gibt, hielt man dies für phonologisch unbedeutend, und zwar vor allem, weil man sie nicht «lesen» konnte. Es bedurfte des Scharfblicks einer neuen Generation von Linguisten – Linguisten, die oft selbst gehörlos oder mit der Gebärdensprache aufgewachsen sind und die Feinheiten dieser Sprache aus eigener Erfahrung, «von innen» analysieren können –, um die Bedeutung solcher Sequenzen in (und zwischen) den Gebärden aufzeigen zu können. Neben anderen haben die Brüder Ted und Sam Supalla hier Pionierarbeit geleistet. So wiesen Ted Supalla und Elissa Newport in einer 1978 veröffentlichten bahnbrechenden Untersuchung nach, daß sich durch sehr feine Abstufungen in der Ausführung von Bewegungen manche Substantive von verwandten Verben unterscheiden lassen. Die Wissenschaftler (so auch Stokoe) hatten bis dahin angenommen, daß es zum Beispiel nur eine einzige Gebärde für «sitzen» und «Stuhl» gebe, aber Supalla und Newport zeigten, daß die Gebärden für diese Wörter feine, aber entscheidende Unterschiede aufweisen.

Die systematischste Untersuchung über die Nutzung der zeitlichen Dimension in der Gebärdensprache verdanken wir Scott Liddell und Robert Johnson und ihren Mitarbeitern an der Gallaudet University. Liddell und Johnson betrachten die Gebärdensprache nicht als eine Abfolge momentaner, «eingefrorener» räumlicher Konfigurationen, sondern als unentwegt und vielfältig im Zeitablauf modulierten Fluß, mit einer Dynamik von «Bewegungen» und «Pausen», ganz wie in der Musik oder in der gesprochenen Sprache. Sie haben gezeigt, daß es in der ASL nicht nur viele Arten regelmäßiger Abfolgen gibt – Abfolgen von Handstellungen, Bewegungen, räumlichen Anordnungen, nicht mit den Händen ausgeführten Zeichen, Sequenzen von Bewegungen und Pausen –, sondern auch interne (phonologische) Segmentierungen innerhalb der Gebärden.

Das auf simultaner Umsetzung beruhende Strukturmodell kann solche Abfolgen nicht darstellen und verhindert vielleicht sogar, daß sie wahrgenommen werden. Somit mußten die älteren statischen Notationen und Beschreibungen durch neue, oft sehr komplizierte dynamische Notationen ersetzt werden, die eine gewisse Ähnlichkeit mit denen für Musik und Tanz haben (vgl. Liddell und Johnson 1986; in ihrem Buch «American Sign Language», das bald erscheinen wird, stellen sie eine solche Notation vor).

Niemand hat diese neuen Entwicklungen interessierter verfolgt als Stokoe selbst, und seine besondere Aufmerksamkeit galt den Ausdrucksmöglichkeiten einer «vierdimensionalen Sprache»:

> Die gesprochene Sprache hat nur eine – die zeitliche – Dimension, Schreiben hat zwei, ein Modell drei Dimensionen, aber nur Gebärdensprachen stehen vier Dimensionen zur Verfügung: die drei räumlichen, deren sich der Körper des Sprechers bedient, sowie die zeitliche Dimension. Und in ihrer vierdimensionalen Ausdrucksform nutzt die Gebärdensprache die syntaktischen Möglichkeiten voll aus [Stokoe 1979].

Daraus folgt für Stokoe – und dies wird durch das intuitive Wissen gehörloser Künstler, Dramatiker und Schauspieler bestätigt –, daß die Gebärdensprache nicht allein narrativ wie Prosa, sondern auch «filmisch» strukturiert ist:

> In einer Gebärdensprache ... ist Erzähltes nicht mehr linear und prosaisch. Vielmehr entspricht es dem Wesen der Gebärdensprache, von der Normaleinstellung zur Nahaufnahme, von dort zur Totalen und dann wieder zur Naheinstellung usw. zu springen, wobei auch Rück- und Vorausblenden möglich sind. Man verfährt dabei genauso wie Regisseur und Cutter am Schneidetisch... Nicht nur die Gebärdensprache selbst gleicht in ihren Arrangements mehr einem fertig geschnittenen Film als einer niedergeschriebenen Erzählung – auch derjenige, der sich ihrer bedient, ver-

hält sich eher wie eine Kamera: Bildausschnitt und Einstellung sind gesteuert, aber variabel. Nicht nur der «Sprecher», sondern auch der «Zuhörer» ist sich der visuellen Orientierung des Gebärdenden in bezug auf das Ausgedrückte stets bewußt.

In diesem dritten Forschungsjahrzehnt wird die Gebärdensprache also hinsichtlich der Phonologie, der zeitlichen Aspekte, des Flusses und der sequentiellen Anordnung als der Lautsprache völlig gleichwertig eingestuft, nur verfügt sie zusätzlich über einzigartige räumliche und filmische Mittel – sie ist ein höchst komplexes und gleichzeitig klares Medium für den Ausdruck und die Umsetzung des Denkens.*
Für die Zerlegung dieser unerhört vielschichtigen vierdimensionalen Struktur ist wohl nicht nur eine ausgefeilte Hardware, sondern auch ein Scharfsinn erforderlich, der an Genialität grenzt.** Und doch kann diese Struktur mühelos,

---

* Noch einmal beschreibt Stokoe einen Teil dieser Komplexität: «Wenn sich drei oder vier Gehörlose zwanglos zusammenfinden, um sich in der Gebärdensprache zu unterhalten... beschränkt sich die räumliche Transformation keineswegs nur auf eine Drehung der dreidimensionalen visuellen Welt um 180 Grad, sondern bezieht Orientierungen ein, die ein Beobachter, der die Gebärdensprache nicht beherrscht, kaum – wenn überhaupt – verstehen kann. Wenn diese und andere Arten von Transformationen zwischen dem dreidimensionalen Feld des Gebärdensprechers und dem jedes Zuschauenden erfolgt sind, hat der Sprecher diesen seine Gedankenwelt vermittelt. Wenn alle Trajektorien aller Gebärdenakte – Richtung und Richtungsänderungen der Oberarm-, Unterarm-, Handgelenks-, Hand- und Fingerbewegungen, alle Nuancen der Augen-, Gesichts- und Kopfbewegungen – aufgezeichnet werden könnten, hätten wir eine Beschreibung der Phänomena, in die das Denken durch die Gebärdensprache transformiert wird... Diese Koppelung der Semantik an die Vielfalt von Möglichkeiten, die Raum und Zeit bieten, muß erst aufgehoben werden, wenn wir verstehen wollen, wie Sprache, Denken und Körper aufeinander einwirken.»
** «Wir analysieren augenblicklich dreidimensionale Bewegungen unter Verwendung eines modifizierten «Op-Eye»-Systems, eines

123

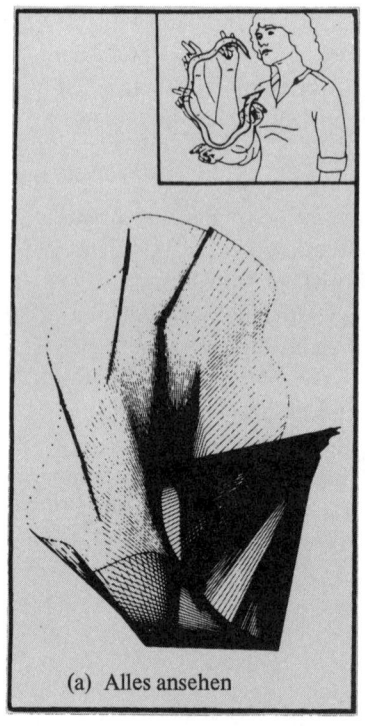

| (a) Alles ansehen | (b) Eine Reihe ansehen |

unbewußt, von einem dreijährigen Benutzer der Gebärdensprache zerlegt werden.★

Was geht im Denken, im Gehirn eines dreijährigen Benutzers – jedes Benutzers – der Gebärdensprache vor, daß er ein
solches Sprachgenie entwickelt – was macht ihn fähig, den
Raum auf so erstaunliche Weise zu nutzen, zu «versprach-

Aufzeichnungsgerätes, das eine schnelle, hochauflösende Digitalisie-
rung der Arm- und Handbewegungen erlaubt... Optoelektronische
Kameras verfolgen die Bewegungen von leuchtenden Dioden, die an
Händen und Armen befestigt sind, und geben digitalisierte Informationen direkt an einen Computer weiter, der dreidimensionale Trajektorien berechnet» (Poizner, Klima und Bellugi 1987, S. 27). Siehe Abbildung 2.
★ Das Erlernen einer Sprache findet zwar nicht bewußt statt,
stellt aber dennoch eine gewaltige Aufgabe dar. Trotz der Unter-

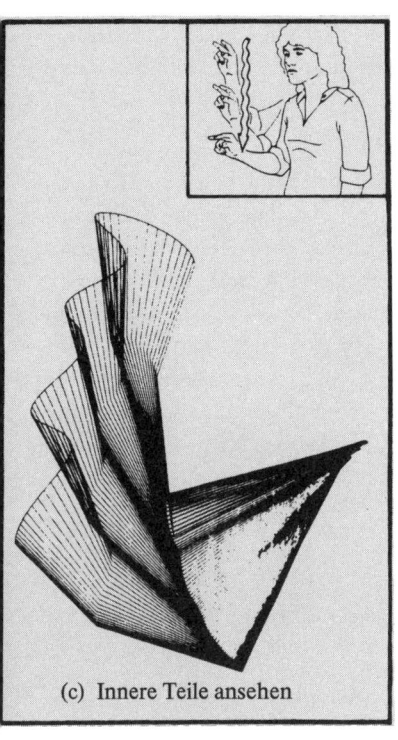

(c) Innere Teile ansehen

Abb. 2: Diese mit Hilfe eines Computers erzeugten Bilder zeigen drei verschiedene Flexionsformen der Gebärde SEHEN. Die Schönheit einer räumlichen Grammatik mit ihren komplexen dreidimensionalen Trajektorien kommt bei dieser Technik (siehe Fußnote S. 123 f) gut zur Geltung. Abdruck mit Genehmigung von Ursula Bellugi, The Salk Institute for Biological Studies, La Jolla, Kalifornien.

lichen»? Welche Hardware hat *er* in seinem Kopf? Angesichts der «normalen» Sprech- und Spracherfahrung, angesichts des neurologischen Verständnisses von Sprachgebrauch und Sprechen sollte man meinen, daß eine solche räumliche Virtuosität nicht möglich ist. Dem «normalen» Gehirn – dem Gehirn eines Menschen, der nicht schon früh mit der Gebärdenspra-

---

schiede in den Modalitäten weist der Prozeß, in dessen Verlauf sich gehörlose Kinder die Amerikanische Gebärdensprache aneignen, bemerkenswerte Ähnlichkeiten mit dem Spracherwerb hörender Kinder auf. Besonders der Erwerb der Grammatik scheint identisch zu verlaufen und setzt, wenn das Kind von Zeichen zur Sprache, vom präverbalen Zeigen oder Gestikulieren zu einem grammatisch durchstrukturierten linguistischen System übergeht, relativ unvermittelt als eine Reorganisierung, eine Diskontinuität in Denken und Entwicklung ein. Dies findet im selben Alter (etwa zwischen dem

che in Berührung gekommen ist – mag das tatsächlich unmöglich sein.* Worin also besteht die neurale Basis der Gebärdensprache?

———

Während sich Ursula Bellugi und ihre Mitarbeiter in den siebziger Jahren mit der Struktur der Gebärdensprache befaßt haben, sind sie heute dazu übergegangen, ihre neuralen Substrate
zu untersuchen. Dabei bedienen sie sich unter anderem der
klassischen neurologischen Methode, das heißt, sie analysieren
die Auswirkungen bestimmter Hirnschädigungen – in diesem
Fall die Auswirkungen auf die Gebärdensprache und auf die
Verarbeitung räumlicher Prozesse im allgemeinen, wie sie bei
gehörlosen Benutzern der Gebärdensprache nach einem
Schlaganfall oder anderen Schädigungen auftreten können.

———

einundzwanzigsten und dem vierundzwanzigsten Monat) und auf
dieselbe Weise statt, ganz gleich, ob das Kind sprechen oder die Gebärdensprache lernt.
* Elissa Newport und Sam Supalla (vgl. Rymer 1988) haben nachgewiesen, daß Menschen, die die Gebärdensprache erst spät lernen –
und damit sind alle gemeint, die das fünfte Lebensjahr überschritten
haben –, zwar eine gewisse Beherrschung der Sprache erreichen können, ihre Feinheiten und Nuancen jedoch nie wirklich meistern und
manche komplexen grammatischen Zusammenhänge nicht zu «sehen» vermögen. Es scheint, als sei die Entwicklung einer speziellen
räumlich-sprachlichen Fähigkeit, einer besonderen Funktion der linken Gehirnhälfte, nur in den ersten fünf Lebensjahren in vollem Umfang möglich. Das gilt auch für die Lautsprache. Es gilt für Sprache
generell. Wenn die Gebärdensprache nicht in den ersten fünf Lebensjahren, sondern erst später erworben wird, erreicht ihr Benutzer nie
die Geläufigkeit und grammatische Korrektheit, die jene auszeichnet,
welche diese Sprache von frühester Kindheit an gelernt haben – eine
wesentliche grammatikalische Begabung ist verlorengegangen. Lernt
hingegen ein Kind von früh an die Gebärdensprache von jemandem,
der sie nicht perfekt beherrscht (etwa von den Eltern, die sie sich erst
spät angeeignet haben), wird es sie dennoch grammatisch korrekt benutzen – ein weiterer Beweis dafür, daß eine grammatikalische Bega-
bung angeboren ist.

Über hundert Jahre lang (seit nämlich Hughlings-Jackson diese Auffassung in den siebziger Jahren des 19. Jahrhunderts formulierte) ist man davon ausgegangen, daß die linke Gehirnhälfte auf analytische Aufgaben spezialisiert ist, vor allem auf die lexikalische und grammatikalische Analyse, die ein Verständnis der Lautsprache ermöglicht. Die rechte Hemisphäre galt in ihren Funktionen als komplementär zur linken – sie befaßt sich nicht mit Teilen, sondern mit Ganzheiten, ist nicht für die Analyse aufeinanderfolgender Eindrücke, sondern für synchrone Wahrnehmung und vor allem für die räumliche und visuelle Welt zuständig. Gebärdensprachen sind offenbar auf beiden Seiten dieser ordentlichen Grenzen zu Hause, denn sie besitzen einerseits eine lexikalische und grammatische Struktur, andererseits aber ist diese Struktur räumlich und synchron. Konfrontiert mit diesen Eigentümlichkeiten, war man sich daher noch vor zehn Jahren nicht sicher, ob die Gebärdensprache (wie die Lautsprache) im Gehirn unilateral – und wenn ja, auf welcher Seite – oder bilateral repräsentiert ist; ob die Störungen der Syntax bei einer Gebärdenaphasie das Lexikon unbeschadet lassen; und ob – ein höchst faszinierendes Problem angesichts der bei der Gebärdensprache gegebenen Verflechtung von grammatischen und räumlichen Beziehungen – die Verarbeitung räumlicher Prozesse, das allgemeine Raumgefühl bei gehörlosen Benutzern der Gebärdensprache eine andere (und möglicherweise stärkere) neurale Basis hat.

Das waren einige der Fragen, vor denen Bellugi und ihre Kollegen standen, als sie mit der Arbeit begannen.[*] Damals waren Befunde über die Auswirkungen von Schlaganfällen und anderen Hirnschädigungen auf die Gebärdensprache selten, nicht exakt genug und oft auf unzureichende Untersuchungen gegründet. Das lag zum Teil daran, daß zwischen der

---

[*] Vor hundert Jahren schrieb der weitblickende Hughlings-Jackson: «Zweifellos könnte ein Taubstummer infolge einer Schädigung eines Teils seines Gehirns das natürliche System seiner Gebärden, die für ihn von einigem sprachlichen Wert sind, verlieren», und er glaubte, dies würde bei einer Störung in der linken Gehirnhälfte geschehen.

Gebärdensprache und dem Fingeralphabet kaum unterschieden wurde. Und so stellte sich als erstes und zentrales Ergebnis von Bellugis Forschungen heraus, daß die linke Gehirnhälfte für die Gebärdensprache ebenso unerläßlich ist wie für die Lautsprache und daß sich die Gebärdensprache zum Teil jene Nervenbahnen zunutze macht, die für die Verarbeitung grammatischer Sprache erforderlich sind – darüber hinaus aber auch einige Bahnen, die normalerweise der Verarbeitung visueller Eindrücke zugeordnet sind.

Daß die Gebärdensprache hauptsächlich von der linken Hemisphäre gesteuert wird, hat auch Helen Neville bewiesen, als sie zeigte, daß Gebärden von Benutzern der Gebärdensprache weitaus schneller und genauer «gelesen» werden können, wenn sie in der rechten Hälfte des Sehfeldes präsentiert werden (die Informationen aus den beiden Hälften des Sehfeldes werden immer in der jeweils gegenüberliegenden Gehirnhälfte verarbeitet). Auf sehr anschauliche Weise läßt sich dies auch an den Auswirkungen von Hirnschäden (durch einen Hirnschlag usw.) in bestimmten Bereichen der linken Hemisphäre ablesen. Solche Läsionen können eine Gebärdenaphasie hervorrufen, bei der, analog zur Aphasie der Lautsprache, das Verständnis der Gebärdensprache, die Verfügung über sie erlischt. Solche Gebärdenaphasien können charakteristischerweise entweder das Lexikon oder die Grammatik (einschließlich der räumlich organisierten Syntax), aber auch die Fähigkeit zum «propositionalen Denken» beeinträchtigen, der Hughlings-Jackson eine für die Sprache zentrale Bedeutung beimaß.* Be-

---

* Die Verwandtschaft zwischen einer Aphasie der Lautsprache und einer Gebärdenaphasie wird durch einen kürzlich von Damasio et al. beschriebenen Fall illustriert. Eine junge, hörende Gebärdendolmetscherin, die an Epilepsie litt, wurde einem Wada-Test unterzogen (um festzustellen, ob die linke Gehirnhälfte dominant ist oder nicht, wird in die linke Halsschlagader eine Natriumamytal-Lösung injiziert), was zu einer zeitweiligen Aphasie führte, die sich sowohl auf die Laut- als auch auf die Gebärdensprache erstreckte. Ihre Fähigkeit zu sprechen setzte nach vier Minuten wieder ein; die Gebärdenaphasie hielt etwa eine Minute länger an. Während des ganzen Eingriffs wurden serielle

nutzer der Gebärdensprache, die an Aphasie leiden, sind jedoch in anderen, nichtsprachlichen, räumlich-visuellen Fähigkeiten *nicht* beeinträchtigt. (So bleiben Gesten – jene nicht grammatisch strukturierten Ausdrucksbewegungen, die wir alle machen, wenn wir mit den Schultern zucken, zum Abschied winken, die Faust ballen usw. – trotz der Aphasie erhalten, auch wenn die Gebärdensprache ausgelöscht ist, was wiederum den himmelweiten Unterschied zwischen diesen beiden Ausdrucksformen hervorhebt. Tatsächlich kann man Aphasiepatienten die indianische Zeichensprache beibringen, während sie sich der Gebärdensprache ebensowenig bedienen können wie der Lautsprache.) Dagegen kann es bei Benutzern der Gebärdensprache, deren rechte Hemisphäre durch einen Schlaganfall geschädigt ist, zu einer ausgeprägten Unfähigkeit zur räumlichen Gliederung, einem Unvermögen, perspektivisch zu sehen, und manchmal zu einem Wahrnehmungsausfall des linken Gesichtsfeldes kommen. Sie leiden jedoch nicht an Aphasie und bewahren sich trotz ihrer gravierenden Ausfälle in der räumlich-visuellen Verarbeitung eine ungeschmälerte Fähigkeit, die Gebärdensprache zu benutzen. Menschen, die sich der Gebärdensprache bedienen, weisen also dieselbe Lateralisierung auf wie die Benutzer der Lautsprache, auch wenn ihre Sprache ganz und gar räumlich-visueller Natur ist (und daher eigentlich in den Zuständigkeitsbereich der rechten Gehirnhälfte fallen müßte).

Wenn man diese Entdeckung genau betrachtet, ist sie sowohl überraschend als auch naheliegend und führt zu zwei Schlußfolgerungen. Auf der neurologischen Ebene bestätigt sie, daß die Gebärdensprache eine echte Sprache ist und vom Gehirn auch als solche behandelt wird, obwohl sie nicht auditiv, sondern visuell, nicht sequentiell, sondern räumlich ge-

---

Tomogramme angefertigt, die die Positronenemission aufzeichneten. Aus ihnen ging hervor, daß die Verarbeitung der Laut- und der Gebärdensprache in weitgehend ähnlichen Regionen der linken Gehirnhälfte stattfindet, wobei die Gebärdensprache darüber hinaus größere Hirnregionen zu beanspruchen scheint, vor allem den linken Scheitellappen (Damasio et al. 1986).

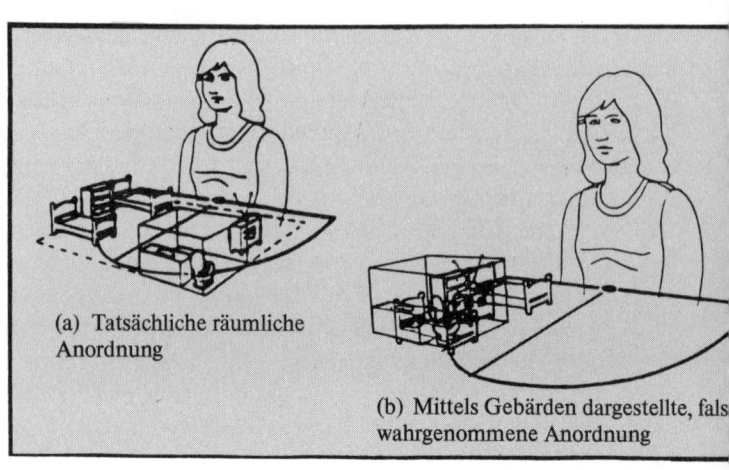

(a) Tatsächliche räumliche Anordnung

(b) Mittels Gebärden dargestellte, fals[ch] wahrgenommene Anordnung

Abb. 3: Eine massive Läsion in der rechten Gehirnhälfte zerstörte Brenda I.s Fähigkeit, auf der linken Seite des Gesichtsfeldes den Raum zu «kartographieren», nicht aber ihre Fähigkeit, sich syntaktisch richtig auszudrücken. Abbildung (a) zeigt die tatsächliche Anordnung der Gegenstände in Brendas Zimmer so, wie sie sie bei korrektem Gebrauch der Gebärdensprache darstellen würde. Abbildung (b): Bei der Beschreibung ihres Zimmers läßt Brenda die linke Hälfte leer und türmt (mental) alle Möbelstücke in der rechten Hälfte des Zimmers auf. Sie kann sich «links» nicht einmal mehr vorstellen. Abbildung (c): Beim Ausführen von Gebärden jedoch nutzt Brenda den ganzen ihr zur Verfügung stehenden Raum, einschließlich der linken Seite, um syntaktische Beziehungen darzustellen. Aus: «What the Hands Reveal About the Brain» von Howard Poizner, Edward S. Klima und Ursula Bellugi, The MIT Press / Bradford Books, 1987.

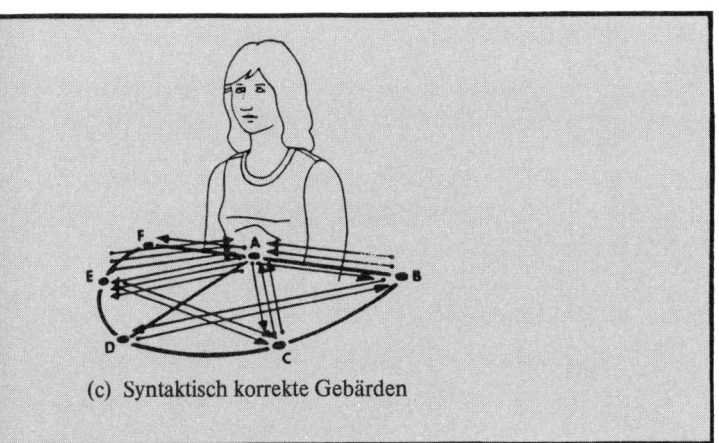

(c) Syntaktisch korrekte Gebärden

gliedert ist. Und als Sprache wird sie in der linken Hälfte des Gehirns bearbeitet, die biologisch auf eben diese Funktion spezialisiert ist.

Die Tatsache, daß die Gebärdensprache trotz ihrer räumlichen Organisation von der linken Hemisphäre gesteuert wird, deutet darauf hin, daß es im Gehirn eine Repräsentation des «linguistischen» Raumes gibt, die sich grundlegend von der des normalen «topographischen» Raumes unterscheidet. Dafür hat Ursula Bellugi eine eindrucksvolle und verblüffende Bestätigung geliefert. Bei Brenda I., einer zu ihren Probanden gehörenden Patientin, die an einer schweren Läsion der rechten Gehirnhälfte litt, stellte sie eine totale «Blindheit» für die linke Seite des Gesichtsfeldes fest: Wenn sie ihr Zimmer beschrieb, türmte sie alles in der rechten Hälfte auf und ließ die linke Hälfte ganz leer. Die linke Seite des Raumes – des topographischen Raumes – existierte für sie nicht mehr (Abb. 3a und b). Sobald sie sich jedoch in der Gebärdensprache unterhielt, verfügte sie mit ihren Gebärden frei über den Raum, wobei sie den ganzen dafür erforderlichen Raum, einschließlich der linken Seite, nutzte (Abb. 3c). Ihr Wahrnehmungsraum, ihr topographischer Raum – eine Funktion der rechten Gehirnhälfte – war also nachhaltig gestört; ihr linguistischer Raum hingegen, ihr Syntaxraum – eine Funktion der linken Gehirnhälfte – war völlig intakt.

Bei den Benutzern der Gebärdensprache entwickelt sich also eine neue, bis ins Feinste differenzierte Art, Raum zu repräsentieren, eine *neue* Art von Raum, ein formaler Raum, zu dem es bei uns, die wir die Gebärdensprache nicht kennen, kein Pendant gibt.★ Hier deutet sich eine überraschende neurologische Entwicklung an. Es ist, als übernähme bei Benutzern der Gebärdensprache die linke Gehirnhälfte das Kommando über die räumlich-visuelle Wahrnehmung, als würde sie sie in ungeahnter Weise modifizieren und schärfen, ihr ein hochanalytisches und abstraktes Gepräge geben und so eine visuelle Sprache und ein visuelles Begriffsvermögen ermöglichen.★★

★ Es scheinen sich in letzter Zeit neue Wege zu eröffnen, einen solchen formalen Raum zu schaffen und die visuell-kognitive Funktion im allgemeinen erheblich zu verstärken. So ist es durch die Verbreitung der Computer in den letzten zehn Jahren möglich geworden, logische Informationen im (Computer-)«Raum» zu organisieren und zu verschieben und dabei höchst komplexe dreidimensionale Figuren zu entwerfen (und sie zu drehen oder auf andere Weise zu verändern). Dies hat zu einer neuen Art von Kompetenz geführt, zu einem räumlichen Vorstellungsvermögen (besonders zu der Fähigkeit, sich topologische Veränderungen vorzustellen) und zu einem visuell-logischen Denken, das in der Zeit vor dem Computer-Boom eindeutig seltener war. Heutzutage kann so praktisch jeder zum «Experten» in visueller Gestaltung werden – zumindest jeder, der noch keine vierzehn Jahre alt ist. Danach ist es wesentlich schwieriger, die Fähigkeit zur fließenden Umsetzung visueller Daten zu erlangen, so wie es auch schwieriger ist, eine Sprache fließend sprechen zu lernen. Immer wieder stellen Eltern fest, daß ihre Kinder im Umgang mit dem Computer ein Geschick in Bereichen entwickeln, die ihnen selbst verschlossen bleiben – vielleicht ein weiteres Beispiel für die Bedeutung des «kritischen Alters». Es ist wahrscheinlich, daß eine solche Verstärkung der visuell-kognitiven und visuell-logischen Funktionen ein frühes Umschalten zu einer Dominanz der linken Gehirnhälfte erfordert.
★★ Diese Entwicklung ist neu – und steht potentiell allen offen. Ganze Bevölkerungen, Hörende wie Gehörlose, können, wie auf Martha's Vineyard, die Gebärdensprache erlernen. Die Kapazität – der neuronale Apparat – zum Erwerb einer räumlichen Sprache (und aller damit einhergehenden Kapazitäten für die nichtsprachliche Verarbeitung räumlicher Dimensionen) ist offenbar in jedem angelegt.

Man muß sich fragen, ob diese räumlich-sprachliche Fähigkeit die einzige besondere Entwicklung bei Benutzern der Gebärdensprache ist. Entwickeln sie noch andere, nichtsprachliche räumlich-visuelle Fähigkeiten? Wird eine neue Form visueller *Intelligenz* möglich? Diese Frage hat Bellugi und ihre Mitarbeiter zu einer faszinierenden Untersuchung der visuellen Wahrnehmung von Gebärdensprechern veranlaßt (Bellugi et al. 1989).

Sie verglichen in einer Reihe von räumlich-visuellen Tests die Leistungen gehörloser Kinder, die von klein auf die Gebärdensprache gelernt hatten, mit denen hörender Kinder, die die Gebärdensprache nicht beherrschten. Bei Tests, in denen es um räumliche Konstruktionen ging, schnitten die gehörlosen Kinder wesentlich besser ab als die hörenden, ja ihre Leistungen lagen sogar weit über denen «normaler» Kinder. Ähnliche Ergebnisse erbrachten Tests, mit denen die Fähigkeit zur räumlichen Organisation gemessen wurde – die Fähigkeit, Einzelteile eines Ganzen in der Wahrnehmung zusammenzufügen, ein Objekt in seiner Räumlichkeit zu erfassen (und zu konzipieren). Wieder kamen die gehörlosen Vierjährigen auf

---

Es muß zahllose neuronale Kapazitäten geben, die wir von Geburt an besitzen und die sich je nach Bedarf ausformen oder aber verkümmern. Die Entwicklung des Nervensystems und besonders die der Großhirnrinde wird, innerhalb der genetischen Vorgaben, durch unsere frühkindlichen Erfahrungen gesteuert, geprägt, *herausmoduliert*. So nimmt in den ersten sechs Lebensmonaten die Kapazität, Phoneme zu unterscheiden, einen riesigen Bereich ein, wird dann aber durch die aktuelle Sprache, mit der die Kleinkinder in Berührung kommen, eingeschränkt, so daß dann beispielsweise japanische Kinder nicht mehr in der Lage sind, «l» und «r» auseinanderzuhalten, so wie amerikanische Kinder verschiedene japanische Phomene nicht unterscheiden können. Dabei besteht keine Gefahr, daß die Entwicklung eines Potentials einen begrenzten Vorrat an Neuronen «aufbrauchen» und die Entwicklung anderer Potentiale verhindern könnte – es stehen uns mehr als genug Nervenzellen zur Verfügung. Alles spricht dafür, in dieser kritischen Zeit, in der das Gehirn wächst und noch formbar ist, für eine Umgebung zu sorgen, die sowohl in sprachlicher als auch in jeder anderen Hinsicht ein möglichst großes Angebot bereithält.

außerordentlich gute Ergebnisse und erreichten eine Punktzahl, die manche hörenden High School-Schüler nicht erreichten. Beim Benton-Test, in dem es um das Wiedererkennen von Gesichtern geht – und darüber hinaus um räumliche Umformung –, waren die gehörlosen Kinder den hörenden Kindern sogar deutlich überlegen und kamen auf weit bessere Werte, als man es gemäß ihrem Alter hätte erwarten sollen.

Die vielleicht spektakulärsten Testergebnisse lieferte ein Forschungsprojekt in Hongkong, wo Ursula Bellugi die Fähigkeit gehörloser und hörender Kinder untersuchte, bedeutungslose chinesische «Pseudoschriftzeichen», die durch einen sich rasch bewegenden Lichtstrahl dargestellt wurden, wahrzunehmen und zu behalten. Hier erzielten die gehörlosen Kinder, die die Gebärdensprache beherrschten, verblüffend gute Resultate, während die hörenden Kinder fast gänzlich an dieser Aufgabe scheiterten (Abb. 4). Anscheinend waren die gehörlosen Kinder in der Lage, diese Pseudoschriftzeichen zu zergliedern und eine äußerst komplexe räumliche Analyse vorzunehmen, was ihre visuelle Wahrnehmung enorm steigerte und es ihnen ermöglichte, die Zeichen mit einem Blick zu erfassen. Selbst als das Experiment mit gehörlosen und hörenden amerikanischen Erwachsenen, die keine chinesischen Schriftzeichen kannten, wiederholt wurde, kamen die Benutzer der Gebärdensprache auf deutlich bessere Ergebnisse.

Alle diese Tests, bei denen gehörlose Kinder weit über dem Durchschnitt liegen (eine Überlegenheit, die in den ersten Lebensjahren am ausgeprägtesten ist), heben die besonderen visuellen Fähigkeiten hervor, die durch den Erwerb der Gebärdensprache ausgeprägt werden. Bellugi merkt an, daß es bei den Tests zur Messung des räumlichen Organisationsvermögens nicht nur auf das Erkennen und Benennen von Objekten ankommt, sondern auch auf die Wahrnehmung der Form, die zuordnende Verfügung über den Raum sowie auf die Fähigkeit, das Objekt in der Vorstellung zu drehen – alles Fertigkeiten, die für die räumliche Fundamentierung der Gebärdensprachensyntax von Bedeutung sind. Die Fähigkeit, Gesichter zu unterscheiden und subtile Veränderungen der Mimik zu erkennen, ist für die Benutzer der Gebärdensprache ebenfalls

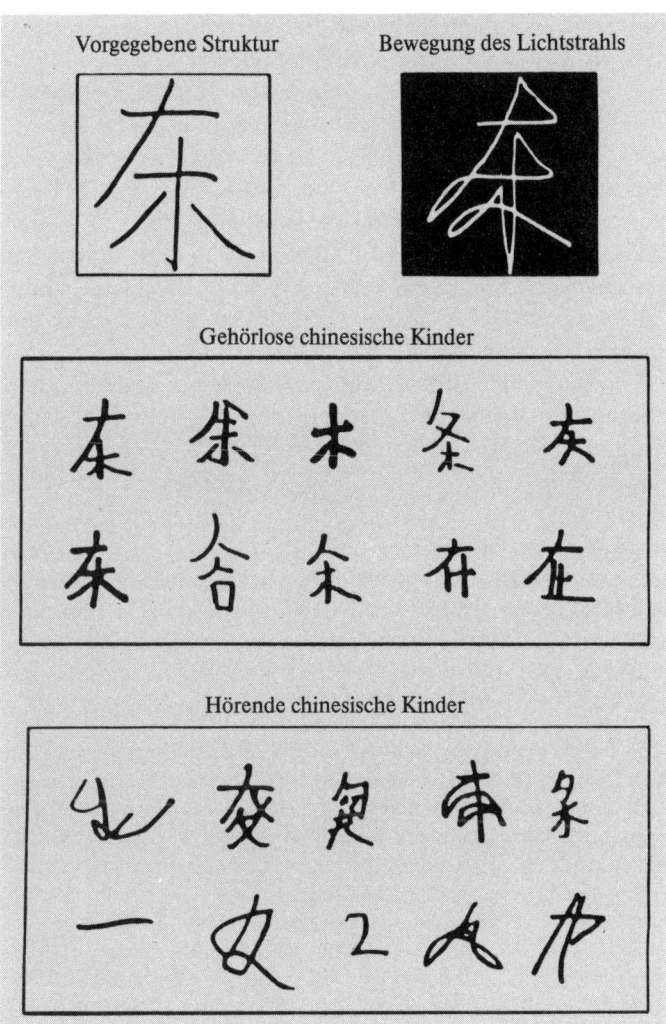

Vorgegebene Struktur   Bewegung des Lichtstrahls

Gehörlose chinesische Kinder

Hörende chinesische Kinder

Abb. 4: Bei der Wiedergabe chinesischer Pseudoschriftzeichen, die durch einen sich rasch bewegenden Lichtstrahl dargestellt wurden, schnitten gehörlose chinesische Kinder extrem gut, hörende dagegen extrem schlecht ab. Aus: «Dyslexia: Perspectives from Sign and Script» von Ursula Bellugi et al., in: A. Galaburda (Hg.): «From Neuron to Reading», The MIT Press/Bradford Press.

von größter Bedeutung, denn der Gesichtsausdruck spielt in der ASL-Grammatik eine wichtige Rolle.*

Die Fähigkeit, diskrete Konfigurationen aus einem unablässigen Fluß von Bewegungen herauszulösen (wie es bei den chinesischen Pseudoschriftzeichen der Fall war), lenkt den Blick auf eine weitere wichtige Fähigkeit der Gebärdenden: ihr überdurchschnittlich entwickeltes Vermögen, Bewegungen zu zergliedern. Dies entspricht der Herauslösung und Analyse der gesprochenen Sprache aus einem ständigen Fluß und einem

---

* Der Einsatz des Gesichtes zur sprachlichen Vermittlung ist eine Eigenheit der Gebärdenden. Er unterscheidet sich deutlich von der normalen, affektiven Mimik und hat auch tatsächlich eine andere neurale Grundlage. Dies ist kürzlich von David Corina durch experimentelle Untersuchungen nachgewiesen worden. Bilder von Gesichtern mit Ausdrücken, die als «affektiv» oder als «sprachlich» interpretiert werden konnten, wurden tachistoskopisch ins rechte und linke Gesichtsfeld hörender und gehörloser Versuchspersonen projiziert. Es stellte sich heraus, daß hörende Versuchspersonen diese Eindrücke in der rechten Gehirnhälfte verarbeiteten, während Gehörlose bei der «Dekodierung» der sprachlichen Gesichtsausdrücke hauptsächlich die linke Gehirnhälfte einsetzten (Corina 1989).

In den wenigen Fällen, in denen die Auswirkungen von Hirnschäden bei gehörlosen Benutzern der Gebärdensprache untersucht werden konnten, zeigte sich eine ähnliche Dissoziation in der Wahrnehmung von affektiven und sprachlichen Gesichtsausdrücken. Probanden, die die Gebärdensprache erlernt und später eine Läsion der linken Gehirnhälfte erlitten haben, können die sprachlichen «Propositionen» des Gesichts nicht entziffern (dies geht einher mit einer umfassenden Gebärdenaphasie), während sie durchaus in der Lage sind, seine normale Mimik weiterhin zu erfassen und zu deuten. Umgekehrt kann es bei Schädigungen der rechten Gehirnhälfte vorkommen, daß der Betroffene Gesichtsausdrücke in ihrer normalen Bedeutung nicht mehr erkennt (man bezeichnet das als Prosopagnosie), auch wenn er sie immer noch mühelos als «Propositionalisierungen» der Gebärdensprache wahrnimmt.

Diese Dissoziation von affektiven und sprachlichen Gesichtsausdrücken kann auch für ihre Erzeugung gelten: So konnte ein von Bellugis Team untersuchter Patient mit einer Schädigung der rechten Gehirnhälfte die erforderlichen sprachlichen, nicht aber die normalen affektiven Gesichtsausdrücke hervorbringen.

sich fortwährend verändernden Muster von Schallwellen. Im auditiven Bereich verfügt jeder von uns über diese Fähigkeit – aber nur bei Benutzern der Gebärdensprache findet sie sich so ausgeprägt im visuellen Bereich. Und auch dies ist natürlich unerläßlich für das Verständnis einer visuellen Sprache, deren Übermittlung sowohl eine zeitliche als auch eine räumliche Ebene erfordert.

Ist es möglich, eine zerebrale Basis für diese Verstärkung der räumlichen Wahrnehmung zu finden? Helen Neville (vgl. Neville 1988 und 1989) hat die physiologischen Korrelate solcher Wahrnehmungsveränderungen untersucht, indem sie die Unterschiede in den elektrischen Reaktionen (evozierten Potentialen) des Gehirns auf visuelle Stimuli, insbesondere Bewegungen am Rand des Gesichtsfeldes, gemessen hat. (Eine verstärkte Wahrnehmung solcher Stimuli ist bei der Kommunikation mit Hilfe der Gebärdensprache von entscheidender Bedeutung, da der Blick des «Zuhörers» meist auf dem Gesicht des «Sprechers» ruht und die Gebärden daher am Rand des Gesichtsfeldes liegen.) Sie hat die Reaktionen von drei verschiedenen Probandengruppen verglichen: Gehörlose, die die Gebärdensprache von Kindheit an benutzten, Hörende, die sie nicht kannten, und Hörende (meist Kinder gehörloser Eltern), die sie von klein auf gelernt hatten.

Gehörlose, die mit der Gebärdensprache aufgewachsen sind, reagieren schneller auf diese Stimuli – und das geht einher mit einer Zunahme der evozierten Potentiale in den Hinterhauptlappen des Gehirns, in denen der größte Teil der visuellen Signale verarbeitet wird. Diese Zunahme von Geschwindigkeit und evozierten Potentialen wurde bei keiner hörenden Versuchsperson festgestellt und scheint ein kompensatorisches Phänomen zu sein – die Verstärkung eines Sinnes beim Ausfall eines anderen. (Ähnlich findet man bei Blinden oft eine erhöhte Hörsensibilität.)* Doch auch auf höherem

---

* Die uralte Erkenntnis, daß beim Verlust des Gehörs eine «Kompensation» durch das Sehen eintritt, kann nicht einfach auf den Gebrauch der Gebärdensprache zurückgeführt werden. Bei allen Gehör-

Niveau kam es zu Steigerungen: Die gehörlosen Versuchspersonen konnten mit größerer Genauigkeit angeben, in welche Richtung eine Bewegung erfolgte, vor allem wenn diese Bewegung in der rechten Hälfte des Gesichtsfeldes stattfand, und gleichzeitig wurde eine Zunahme der evozierten Potentiale in den Scheitellappenregionen der linken Gehirnhälfte festgestellt. Diese Steigerungen waren auch bei den hörenden Kindern gehörloser Eltern zu beobachten und müssen daher nicht als Folge einer Gehörlosigkeit, sondern als Nebenprodukt einer frühen Aneignung der Gebärdensprache (die eine sehr verfeinerte Wahrnehmung visueller Stimuli erfordert) betrachtet werden. Bei gehörlosen Benutzern der Gebärdensprache verlagert sich nicht nur *eine* Funktion der rechten Gehirnhälfte – die Wahrnehmung von Bewegungen am Rand des Gesichtsfeldes – in die linke Gehirnhälfte. Neville und Bellugi haben bei ihnen – und zwar schon in einer recht frühen Phase ihrer Untersuchung (vgl. Neville und Bellugi 1978) – darüber

---

losen – selbst bei den Ertaubten, die weiterhin in der Welt der Lautsprache leben – verfeinert sich die visuelle Sensibilität in gewissem Ausmaß, und sie orientieren sich verstärkt visuell.

David Wright schreibt: «Ich sehe nicht *mehr*, sondern anders. Was mir auffällt, was mir stark auffällt, weil es mir auffallen muß, weil es für mich fast das ganze für die Auswertung und Deutung von Ereignissen nötige Informationsmaterial liefert, sind die Bewegungen von Objekten und die Haltung, der Gesichtsausdruck, der Gang und die Gestik von Mensch und Tier... So wie zum Beispiel jemand, der ungeduldig darauf wartet, daß eine Freundin endlich zu telefonieren aufhört, den Worten und der Intonation entnehmen kann, daß das Gespräch gleich zu Ende sein wird, kann ein Gehörloser – wie jemand, der vor einer Telefonzelle wartet – den Augenblick erkennen, in dem die Abschiedsfloskeln ausgetauscht werden oder der Entschluß gefaßt wird, den Hörer einzuhängen. Er bemerkt eine leichte Bewegung der Hand, die den Hörer hält, eine Gewichtsverlagerung, eine winzige Neigung des Kopfes, eine Verschiebung der Füße und jene Veränderung des Gesichtsausdrucks, die verrät, daß die Entscheidung getroffen ist. Da er keine auditiven Hinweise erhält, lernt er, auf die unscheinbarsten visuellen Signale zu achten» (Wright 1969, S. 112).

hinaus eine ähnliche Spezialisierung der linken Hemisphäre auf
das Identifizieren von Bildern, die Lokalisierung von Punkten
und das Erkennen von Gesichtsausdrücken nachgewiesen –
allesamt Tätigkeiten, für die «normalerweise» die rechte Gehirnhälfte zuständig ist, die also ebenfalls verschoben wurden.*

Die größten Steigerungen aber wurden bei den gehörlosen
Benutzern der Gebärdensprache beobachtet, und bei ihnen erstreckte sich die Erhöhung der evozierten Potentiale interessanterweise nach vorn bis in den linken Schläfenlappen, dem
man sonst rein auditive Funktionen zuschreibt. Das ist eine
sehr bemerkenswerte und – so vermutet man – grundlegende
Entdeckung, denn sie deutet darauf hin, daß bei gehörlosen
Benutzern der Gebärdensprache jene Bereiche, die normalerweise auditive Aufgaben haben, *neu zugewiesen* werden und
dann der Verarbeitung visueller Eindrücke dienen. Dieser
Umstand ist eine der verblüffendsten Demonstrationen der
Formbarkeit des Nervensystems und seiner Fähigkeit, sich an
einen anderen Sinnesmodus anzupassen.

------

* Man sollte annehmen, daß bei gehörlosen Benutzern der Gebärdensprache die gesamte Verarbeitung visuell-kognitiver Eindrücke in
die linke Gehirnhälfte verlagert wird. Die störenden (ja sogar kata-
strophalen) Auswirkungen von Läsionen der rechten Hemisphäre
beweisen jedoch, daß diese für manche jener visuell-kognitiven
Funktionen, die die Benutzung der Gebärdensprache überhaupt erst
ermöglichen, gleichermaßen unerläßlich ist. S. M. Kosslyn hat kürzlich die Vermutung geäußert, die linke Gehirnhälfte sei mehr auf die
Erzeugung von Bildern spezialisiert, die rechte dagegen eher auf ihre
Manipulation und Umformung (Kosslyn 1987); wenn das stimmt,
dann können Schädigungen der jeweiligen Gehirnhälften auf charakteristische Weise verschiedene Komponenten des Vorstellungs-
vermögens und der mentalen Repräsentation des Raumes in der
Gebärdensprache beeinträchtigen. Belugi und Neville wollen durch
weitere Untersuchungen feststellen, ob solche charakteristischen
Auswirkungen (sowohl im Falle einfacher Wahrnehmungsaufgaben
als auch im Falle komplexer Vorstellungsbilder) bei Benutzern der
Gebärdensprache mit Läsionen in der einen oder anderen Gehirnhälfte nachzuweisen sind.

Eine solche Entdeckung wirft auch die grundsätzliche Frage auf, inwieweit das Nervensystem, oder zumindest die Großhirnrinde (Cortex cerebri), infolge angeborener genetischer Beschränkungen unflexibel ist (mit klar umrissenen Zentren und Aufgaben – Regionen, die «fest verschaltet», «vorprogrammiert» und für bestimmte Funktionen «reserviert» sind), und inwieweit es andererseits formbar ist und durch die besonderen Umstände der Sinneserfahrung modifiziert werden kann. Hubels und Wiesels berühmte Experimente haben gezeigt, wie stark die Sehrinde durch visuelle Stimuli zu modifizieren ist, aber offengelassen, welcher Anteil des Inputs latente Potentiale lediglich weckt und wieviel davon sie tatsächlich formt und gestaltet. Nevilles Experimente deuten darauf hin, daß Erfahrung die Funktion *formt*, denn man kann ja wohl kaum annehmen, daß die Hörrinde auf Gehörlosigkeit oder visuelle Stimulation «gewartet» hat, um dann ihre Bestimmung zu ändern und visuelle Aufgaben zu übernehmen. Es ist sehr schwer, diese Entdeckungen zu erklären, es sei denn, man entwirft eine Theorie, die sich vom gängigen Modell radikal abwendet – eine Theorie, die besagt, daß das Nervensystem keine Universalmaschine ist, die festverdrahtet und auf (potentiell) alles vorprogrammiert ist, sondern etwas, das anders *werden* und – innerhalb der Grenzen des genetisch Möglichen – völlig andere Formen annehmen kann.

Um die Bedeutung dieser Entdeckungen zu verstehen, braucht man auch eine andere Sicht der beiden Gehirnhälften, ihrer Unterschiede und ihrer dynamischen Rollenverteilung bei der Lösung kognitiver Aufgaben. Eine solche Betrachtungsweise haben Elkhonon Goldberg und seine Kollegen in einer Reihe von Forschungsberichten und theoretischen Aufsätzen angeboten (Goldberg, Vaughan und Gerstman 1978; Goldberg und Costa 1981; vgl. auch Goldberg 1989).

Der klassischen Auffassung zufolge haben beide Gehirnhälften fest umrissene (oder «zugewiesene») und sich gegenseitig ausschließende Funktionen: verbal / nonverbal, sequentiell / simultan, Analyse / Gestaltwahrnehmung – das sind einige der gedachten Dichotomien. Wenn man sich mit dieser Sehweise einer räumlich-visuellen Sprache nähert, stößt man auf vorhersehbare Schwierigkeiten. Goldberg erweiterte zunächst den Bereich der «Sprache» auf den der «deskriptiven Systeme» im allgemeinen. Nach seiner Definition stellen solche Systeme Superstrukturen dar, die elementaren, der «Merkmalsermittlung» dienenden Systemen übergeordnet sind (beispielsweise den Systemen der Sehrinde). Eine Vielzahl solcher Subsysteme (oder «Codes») ist in der normalen Wahrnehmung aktiv. Selbstverständlich ist die natürliche Sprache eines dieser Systeme; es gibt jedoch noch viele andere – zum Beispiel die formalen mathematischen Sprachen, Notenschriften, Spiele usw. (insofern als sie mittels spezieller Notationen codiert werden). Für sie alle ist charakteristisch, daß sie zunächst behutsam, tastend erforscht, später jedoch mit automatischer Perfektion beherrscht werden. Es ist also möglich, daß es bei diesen, wie bei allen anderen kognitiven Aufgaben, zwei zerebrale «Strategien» und (mit dem Erwerb der Fähigkeit) eine Verlagerung von der einen zur anderen gibt. Nach diesem Modell ist es die Hauptaufgabe der rechten Gehirnhälfte, mit *neuen* Situationen umzugehen, für die noch kein fertiges deskriptives System, kein fertiger Code existiert – und darüber hinaus nimmt man an, daß sie an der Entwicklung dieser Codes beteiligt ist. Ist ein solcher Code einmal herausgebildet oder zusammengesetzt, findet eine Funktionsübertragung von der rechten zur linken Gehirnhälfte statt, denn die letztere steuert alle Prozesse, die durch solche Grammatiken oder Codes strukturiert sind. (So wird eine neuartige sprachliche Anforderung, obwohl sie sprachlicher Natur ist, zunächst hauptsächlich von der rechten Hemisphäre bearbeitet und erst später als routinemäßige Funktion von der linken übernommen. Und umgekehrt wird eine räumlich-visuelle Aufgabe, obwohl räumlich-visueller Natur, vorrangig der linken Gehirnhälfte zugeordnet, sofern sich diese Aufgabe in eine Notation oder einen Code einbetten läßt.)*

---

* Lenneberg weist in einer Anmerkung zum kritischen Alter für den Spracherwerb (das er auch im Zusammenhang mit der Herausbil-

Mit einem solchen Ansatz – so entschieden den klassischen Doktrinen entgegengehalten, die von einer feststehenden spezifischen Aufgabenteilung der Gehirnhälften ausgehen – kann man die Rolle verstehen, die die Erfahrung und Entwicklung des *Individuums* spielt, wenn es von seinen ersten tastenden Versuchen (auf dem Gebiet sprachlicher und anderer kognitiver Aufgaben) zu Kompetenz und Perfektion findet.* (Keine

---

dung der Hemisphärendominanz sieht) darauf hin, daß auch bei Taubgeborenen eine normale Lateralisierung stattfindet, sofern der Spracherwerb bis zum siebten Lebensjahr eingesetzt hat. Manchmal jedoch sei die zerebrale Lateralisierung nicht richtig ausgebildet; vielleicht, schreibt Lenneberg, «gehört ein relativ großer Teil der von Geburt an gehörlosen [und sprachlich nicht geförderten] Menschen zu dieser Gruppe».

Früher Spracherwerb, ganz gleich, ob es sich dabei um die Lautoder die Gebärdensprache handelt, scheint die sprachlichen Fähigkeiten der linken Gehirnhälfte zu aktivieren; und ein teilweise oder ganz fehlender Zugang zur Sprache scheint die Entwicklung und das Wachstum in der linken Gehirnhälfte zu hemmen.

* Im 17. Jahrhundert schrieb der englische Philosoph Ralph Cudworth, daß ein «geschickter und erfahrener Porträtmaler dort viele Schönheiten und Besonderheiten der Kunst wahrnehmen und höchst entzückt über mancherlei Striche und Abschattungen in einem Bild sein [wird], wo ein gewöhnliches Auge überhaupt nichts zu unterscheiden vermag; und ein Musiker, der ein Ensemble präziser Spieler hört, das eine ausgezeichnete, vielteilige Komposition ausführt, wird im äußersten Maße von zahlreichen und harmonischen Melodien und Motiven begeistert sein, die ein vulgäres Ohr gar nicht erfassen kann» (R. Cudworth: «Treatise Concerning Eternal and Immutable Morality», zitiert in Chomsky 1971, S. 88).

Das Vermögen, sich über das «gewöhnliche Auge» und das «vulgäre Ohr» zu erheben und Kunstfertigkeit und Kennerschaft zu erlangen, geht mit der Verlagerung der Dominanz von der rechten auf die linke Gehirnhälfte einher. Sowohl Untersuchungen der Auswirkungen von Hirnschäden, wie A. R. Lurija sie vorgenommen hat, als auch dichotische Hörtests haben Beweise dafür erbracht, daß die Wahrnehmung von Musik, die bei weitgehend «naiven» Zuhörern hauptsächlich eine Funktion der rechten Hemisphäre ist, bei «Kennern» und Musikern (die ihre Regeln, ihre «Grammatik» erfassen

der beiden Gehirnhälften ist «weiter entwickelt» oder «besser» als die andere; vielmehr eignet sich jede für andere Dimensionen und Stadien der Verarbeitung. Sie arbeiten zusammen und ergänzen sich gegenseitig, und gemeinsam ermöglichen sie die Bewältigung neuer Aufgaben.) Diese Betrachtungsweise erklärt widerspruchsfrei, wie die Gebärdensprache (obwohl sie eine räumlich-visuelle Sprache ist) zu einer Funktion der linken Gehirnhälfte werden kann; und mit ihr zahlreiche andere visuelle Fertigkeiten – von der Wahrnehmung von Bewegung bis zur Wahrnehmung von Mustern, von der Wahrnehmung räumlicher Beziehungen bis zur Wahrnehmung von Gesichtsausdrücken –, die im Verlauf der Aneignung der Gebärdensprache in diese integriert werden. Wir

---

und für die sie zu einer verschlungenen formalen Struktur geworden ist) zu einer Funktion der linken Gehirnhälfte wird. Eine besondere Form «geschulten Zuhörens» wird von denen verlangt, die Thai oder Kanton-Chinesisch sprechen, denn die Morphologie dieser beiden Sprachen gründet sich in einer Differenziertheit auf tonale Unterscheidungen, die den europäischen Sprachen unbekannt ist. Es deutet einiges darauf hin, daß diese Funktion (die normalerweise in der rechten Gehirnhälfte angesiedelt ist) bei Menschen, die fließend Thai sprechen, von der linken Hemisphäre übernommen wird: Beim Hören mit dem rechten Ohr (also mit der linken Hemisphäre) ist bei ihnen die Fähigkeit, tonale Unterschiede zu erkennen, viel stärker ausgeprägt, während sie bei Läsionen in der linken Gehirnhälfte sehr beeinträchtigt ist.

Eine ähnliche Verlagerung findet bei denen statt, die sich zu Mathematikexperten entwickeln, die die Fähigkeit erlangen, Zahlen und mathematische Modelle als Teil eines gewaltigen, organisierten geistigen Raums zu sehen. Vielleicht gilt dasselbe für Maler und Inneneinrichter, die Raum und optische Beziehungen so wahrnehmen können, wie kein «gewöhnliches Auge» es vermag. Und es gilt für diejenigen, die sich durch besonderes Können beim Whist, beim Morsen, beim Schachspiel auszeichnen. Alle höheren Bereiche wissenschaftlicher oder künstlerischer Intelligenz erfordern ebenso wie das banale Spielgeschick Repräsentationssysteme, die in ihrer Funktion Ähnlichkeit mit einer Sprache haben und sich auch genauso entwickeln; sie alle scheinen dann zu Fertigkeiten der linken Gehirnhälfte zu werden.

können verstehen, warum der Benutzer der Gebärdensprache bei bestimmten sprachlichen wie nichtsprachlichen Aufgaben in mannigfacher Weise zu einer Art «Experten» des Visuellen wird und wie es kommt, daß sich nicht nur eine visuelle Sprache, sondern auch visuelle Sensibilität und Intelligenz entwickeln.

Für diese Entwicklung einer «höheren» Visualität, eines visuellen Stils, brauchen wir mehr stichhaltige Beweise, vergleichbar jenen für die Verstärkung der «niederen» visuell-kognitiven Funktionen bei Gehörlosen, die Bellugi und Neville erbracht haben.[*] Bis jetzt liegen uns hauptsächlich Anekdoten und Berichte vor, aber diese Berichte sind ganz außergewöhnlich und müssen eingehend überprüft werden. Selbst Bellugi und ihre Kollegen, die nur selten von der streng wissenschaftlichen Beschreibung abweichen, zitieren die folgende kurze Geschichte in ihrem Buch «What the Hands Reveal about the Brain» (S. 206):

Zum erstenmal erlebten wir die räumliche Beschreibungskunst der Gebärdensprache in voller Entfaltung, als ein gehörloser Freund, der uns besuchte, von seinem kürzlichen Umzug erzählte. Etwa fünf Minuten lang beschrieb er das Gartenhaus, in dem er jetzt wohnte – die Zimmer, den Grundriß, die Möbel und Fenster, die Umgebung usw. Er beschrieb alles bis ins kleinste Detail und mit so ausführlichen Gebärden, daß wir das Gefühl hatten, als habe er das ganze Haus, den Garten, die Hügel und Bäume und alles andere vor unseren Augen erschaffen.

---

[*] Es gibt eine umfangreiche und recht kontroverse Literatur über die kognitiven Eigenarten bei Gehörlosen. Manches deutet darauf hin, daß ihre hochentwickelte Visualität sie für eine spezifisch «visuelle» (oder räumlich-logische) Form des Erinnerns und Denkens disponiert und daß Gehörlose bei der Auseinandersetzung mit vielschichtigen, komplexen Problemen dazu neigen, diese Probleme und ihre Lösungsansätze im logischen Raum zu ordnen, während Hörende sie in eine zeitliche Reihenfolge bringen (vgl. etwa Belmont, Karchmer und Bourg 1983).

Es fällt uns schwer, uns dies vorzustellen – man muß es gesehen haben. Mich erinnert diese Geschichte an etwas, das Charlottes Eltern über sie erzählen: Sie könne eine reale oder fiktive Landschaft mit solcher Genauigkeit, Detailtreue und Lebendigkeit beschreiben, daß der Betrachter sich in diese Landschaft hineinversetzt fühle. Die Fähigkeit zu solch bildlicher, bildhafter Beschreibung geht mit der Benutzung der Gebärdensprache einher – auch wenn diese keineswegs eine «Bildersprache» ist.

In geradezu tragischem Widerspruch zu dieser entfalteten Sprachkompetenz – und der visuellen Kompetenz generell – steht die sprachliche und allgemeine geistige Armut, von der noch immer ein großer Teil der gehörlosen Kinder betroffen ist. Es kann als gesichert gelten, daß die sprachlichen und visuellen Fähigkeiten von Gehörlosen, die eine angemessene Erziehung durchlaufen haben, zu einer ausgeprägten Lateralisierung im Gehirn führen, in deren Verlauf die Sprachfunktionen (sowie die visuell-kognitiven Funktionen im allgemeinen) in eine gut ausgebildete *linke* Gehirnhälfte verlagert werden. Aber wie, so müssen wir uns fragen, sieht die Situation, neurologisch betrachtet, bei den Gehörlosen aus, deren Fähigkeiten schlecht entwickelt sind?

Isabelle Rapin war verblüfft über «das auffallende sprachliche Defizit», das sie bei vielen der gehörlosen Kinder, mit denen sie arbeitet, festgestellt hat. Dabei handelt es sich vor allem um ein Unvermögen, Frageformen oder die Struktur von Sätzen zu verstehen – um eine Unfähigkeit, über den Sprachcode zu gebieten.

Hilde Schlesinger führt uns noch andere Dimensionen dieses Defizits vor Augen; die Bandbreite reicht von der sprachlichen bis zur intellektuellen Sphäre: Gehörlose mit schwach ausgebildeter Kompetenz haben, so schreibt sie, nicht nur Schwierigkeiten, Fragen zu verstehen, sondern beziehen sich auch nur auf Objekte in ihrer unmittelbaren Umgebung, kennen Konzepte wie Entferntheit oder Eventualität nicht, formulieren keine Hypothesen, vollziehen nicht den Schritt in übergeordnete Kategorien und sind allgemein auf eine vorbegriffliche, eine Sinneswelt beschränkt. Ihre Äußerungen seien in syntaktischer und semantischer Hinsicht, aber offenbar auch in einem tieferen Sinne defizitär.

Wie sollen wir nun diese Schwäche charakterisieren? Wir brauchen eine andere Art von Beschreibung mit einem Begriffsrahmen, der sich über die üblichen linguistischen Kategorien Syntax, Semantik und Phonetik hinwegsetzt. Eine solche Beschreibung hat ebenfalls Goldberg in seinen Überlegungen zur «isolierten Sprache der rechten Gehirnhälfte» geliefert (vgl. Goldberg und Costa 1981 und auch Zaidel 1981). Die Sprache der rechten Gehirnhälfte erlaubt direkte *Ad hoc*-Referenzen (zeigen auf, benennen, dies-hier-jetzt), die Errichtung eines referentiellen Fundaments für einen Code, kann aber nicht darüber hinausgehen und diesen Code abwandeln oder in ihm interne Ableitungen vornehmen. Allgemeiner gesagt: Die Funktion der rechten Gehirnhälfte ist auf die perzeptuelle Organisation beschränkt und kann sich nicht auf eine kategorielle, auf Definitionen basierende lexikalische Organisation erstrecken; sie ist (um mit Zaidel zu sprechen) ausschließlich «empirisch» und nicht imstande, das «Paradigmatische» zu erfassen.*

Genau diese referentielle, direkte Bezüge zum Wahrgenommenen herstellende Verarbeitung in Verbindung mit einer Unkenntnis in der Handhabung von Regeln können wir bei Gehörlosen beobachten, deren Sprache unvollständig entwickelt ist. Ihre Sprache, ihre lexikalische Organisation gleicht *exakt* der von Menschen, deren Sprache nur von der rechten Gehirnhälfte gesteuert wird. Ein solcher Zustand tritt normalerweise bei einer später im Leben erfolgten Schädigung der linken He-

* Diese Dichotomie erinnert an Bruners Unterscheidung zwischen den Begriffen «narrativ» und «paradigmatisch», die für ihn die beiden natürlichen, elementaren Formen des Denkens bezeichnen (vgl. Bruner 1986). Man ist versucht, die narrative Form als eine Funktion der rechten, die paradigmatische Form dagegen als Funktion der linken Gehirnhälfte zu betrachten. Gewiß kann die narrative Form des Denkens und der Sprache bei Retardierten bemerkenswert gut entwickelt sein, während die paradigmatische Form stark unterentwickelt bleibt.

misphäre auf, kann aber auch durch eine Fehlentwicklung entstehen – durch eine nicht vollzogene Verlagerung von der ursprünglichen lexikalischen Funktion der rechten zu der reifen,
syntaktisch entwickelten Sprachfunktion der linken Gehirnhälfte.

Gibt es irgendwelche Beweise dafür, daß dies bei Gehörlosen mit unvollständig ausgebildeter Sprachkompetenz tatsächlich vorkommt? Lenneberg bezweifelte, daß bei einer großen Zahl von Taubgeborenen eine unzureichende Lateralisierung stattgefunden hat, doch lag damals (1967) noch keine
genaue Beschreibung der unterschiedlichen lexikalischen
Funktionen und Charakteristika der beiden Gehirnhälften vor.
Helen Neville hat sich dieser Frage mit den Methoden der
Neurophysiologie genähert. Sie schreibt: «Wenn Spracherfahrung tatsächlich Auswirkungen auf die Entwicklung des Gehirns hat, dann müßten sich in einigen Aspekten der zerebralen
Spezialisierung bei gehörlosen und hörenden Versuchspersonen Unterschiede zeigen, während sie einen Text lesen.»
Und tatsächlich ergab sich bei den meisten der getesteten Ge-
hörlosen nicht das typische Muster linkshemisphärischer Spezialisierung, das bei hörenden Versuchspersonen zu beobachten war. Dies, vermutet Neville, liegt daran, daß ihnen in der
Lautsprache die volle grammatische Kompetenz fehlt – eine
These, die durch ein weiteres Ergebnis des Experiments gestützt wurde: Vier taubgeborene Probanden, die die englische
Grammatik perfekt beherrschten, wiesen eine «normale» Spezialisierung der linken Gehirnhälfte auf. Es ist also, um mit
Neville zu sprechen, «eine grammatikalische Kompetenz für
eine Spezialisierung der linken Gehirnhälfte erforderlich und
ausreichend – wenn sie früh erlangt wird».

Die phänomenologischen Darstellungen von Rapin und
Schlesinger und die Testergebnisse und neurophysiologischen
Befunde, die Neville zusammengetragen hat, machen deutlich: Spracherfahrung kann einen starken Einfluß auf den zerebralen Reifungsprozeß haben. Wenn sie also erhebliche Defi-
zite aufweist oder auf andere Weise einer Fehlentwicklung un-
terliegt, kann es zu Verzögerungen in der Reifung des Gehirns
kommen, wodurch die linke Gehirnhälfte daran gehindert

wird, sich auszubilden, und somit die betroffene Person auf die Sprache der rechten Hemisphäre beschränkt bleibt.*

Es ist nicht klar, wie lange solche Verzögerungen anhalten können; Schlesingers Beobachtungen legen die Vermutung nahe, daß sie, wenn man ihnen nicht entgegenwirkt, das ganze Leben lang wirksam bleiben. Sie können später, in der Jugend, durch die richtige Behandlung gemildert, ja sogar aufgeholt werden (vgl. Schlesinger 1987). So bietet Braefield, eine Grundschule, ein entsetzliches Bild, aber es kann sein, daß dieselben Schüler – oder wenigstens viele von ihnen – ein paar Jahre später, als Jugendliche, beispielsweise in Lexington, auf einer weiterführenden Schule, wesentlich bessere Leistungen bringen. (Und abgesehen von der «Behandlung» können die Betroffenen – wenn auch spät – dabei die Welt der Gehörlosen entdecken, in der sie eine sprachliche Vertrautheit, eine Kultur und eine Gemeinschaft finden – es kann eine langersehnte «Heimkehr» sein, die die früher erlittene Isolation ein wenig ausgleichen mag.)

Dies also sind in groben Zügen die Gefahren einer angeborenen Gehörlosigkeit. Weder die Sprache noch die höheren Formen der zerebralen Entwicklung treten «spontan» auf; sie sind abhängig vom Kontakt zur Sprache, von Kommunikation und vom korrekten Sprachgebrauch. Wenn gehörlosen Kindern nicht früh eine gute Sprache und Kommunikation angeboten wird, kann es zu einer Verzögerung (oder sogar zum Stillstand) des zerebralen Reifungsprozesses kommen, mit einer andauernden Dominanz der rechten Gehirnhälfte und

---

* Dies schien bei Genies Sprache der Fall zu sein (vgl. Fußnote S. 79 f), die syntaktisch schwach entwickelt war, aber über ein relativ großes Vokabular verfügte. «Genies Sprache», schreibt Susan Curtiss, «ähnelt der Sprache der rechten Gehirnhälfte, und die Ergebnisse der dichotischen Hörtests deuten darauf hin, daß ihre Sprache tatsächlich die der rechten Gehirnhälfte ist. Genies Fall läßt also vermuten, daß die linke Gehirnhälfte nach der kritischen Zeit die Aufgabe des Spracherwerbs nicht mehr übernehmen kann und daß die rechte die Aneignung und Repräsentation der Sprache beibehält und dominiert» (Curtiss 1977, S. 216).

einer nachhinkenden «Verlagerung» zwischen den Hemisphä-
ren. Wird hingegen Sprache – ein Sprachcode – bis zur Pubertät eingeführt, kann die normale Verschiebung zu einer Dominanz der linken Gehirnhälfte stattfinden. Dabei scheint die
Form des Codes (Laut- oder Gebärdensprache) keine Rolle zu
spielen; es kommt lediglich darauf an, daß er vielseitig genug
ist, um eine interne Handhabung zu ermöglichen. Und wenn
die erste Sprache die Gebärdensprache ist, kommt es zusätzlich
zu einer Verstärkung zahlreicher visuell-kognitiver Fähigkeiten, die im Zuge dieser Verlagerung ebenfalls von der rechten
zur linken Gehirnhälfte übertragen werden.*

Es sind kürzlich faszinierende Beobachtungen gemacht
worden, die Rückschlüsse darauf zulassen, daß das Gehirn,
wenn es einer Zeichensprache – gleich welcher Art – ausgesetzt
ist, eine Disposition zu dieser Sprache zeigt – insbesondere eine
Disposition zu Formen, die der Gebärdensprache ähneln. So
haben James Paul Gee und Wendy Goodhart eindrucksvoll be-
legt, daß gehörlose Kinder, die mit der einen oder anderen
Form der in Handzeichen umgesetzten englischen Sprache
(manuellem Englisch), *nicht aber mit der Amerikanischen Gebärdensprache (ASL)* in Berührung gebracht wurden, «dazu neigen, Formen zu entwickeln, die der ASL gleichen, obwohl sie
über wenige oder keine Kenntnisse dieser Sprache verfügen»
(Gee und Goodhart 1988). Eine verblüffende Entdeckung:
Kinder, die noch nie die Amerikanische Gebärdensprache gesehen hatten, entwickeln dennoch Ausdrucksformen, die dieser Sprache ähneln.

------

* Man hat in Prince George's County, Maryland, vor kurzem ein
Schulexperiment durchgeführt, bei dem normalen, hörenden Kindern in der Vorschule und in der ersten Klasse der Grundschule die
Gebärdensprache beigebracht wurde. Die Kinder hatten Spaß daran
und lernten sie schnell, und dabei steigerten sie ihre Leistungen im
Lesen und in anderen Fächern. Es ist möglich, daß diese Förderung
des Lesens, der Fähigkeit, die Gestalt von Wörtern und Buchstaben
wiederzuerkennen, mit der Steigerung der Fähigkeit zu räumlich-
analytischem Denken einhergeht, die beim Erlernen der Gebärdensprache zu beobachten ist.

Elissa Newport und Sam Supalla haben gezeigt (vgl. Ryme 1988), daß Kinder eine grammatisch korrekte Gebärdensprache konstruieren, selbst wenn sie (wie es oft der Fall ist) einer keineswegs korrekten Gebärdensprache ausgesetzt sind – eine anschauliche Illustration der angeborenen Tiefenstruktur der Grammatik. Gees und Goodharts Entdeckung führt noch weiter, denn aus ihr geht hervor, daß das Gehirn sich unwillkürlich Formen nähert, die der Gebärdensprache ähneln, und daß es sogar Formen, die keine Ähnlichkeit mit der Gebärdensprache haben, in solche «umwandelt», die mit dieser Sprache verwandt sind. «Die Gebärdensprache steht der Sprache des Geistes näher», schreibt Edward Klima, und daher sei sie, wenn ein Kind vor der Aufgabe stehe, eine manuelle Sprache zu entwickeln, auch «natürlicher» als alle anderen Möglichkeiten.

Unabhängig davon hat Sam Supalla eine Bestätigung dieser Befunde geliefert (vgl. Supalla, in Vorbereitung). Er hat sich besonders auf die Art von Gebärden konzentriert, die grammatische Beziehungen darstellen (diese werden in der Amerikanischen Gebärdensprache räumlich, in manuellem Englisch dagegen, wie im gesprochenen Englisch, ausschließlich durch die zeitliche Abfolge ausgedrückt), und dabei festgestellt, daß gehörlose Kinder, die nur mit manuellem Englisch aufgewachsen waren, die grammatischen Gebärden dieser Sprache durch rein räumliche *ersetzen*, «die denen ähneln, welche man in der ASL oder anderen natürlichen Gebärdensprachen findet». Supalla spricht von «spontan erschaffenen» oder «evolvierten» Gebärden.

Es ist seit Jahren bekannt, daß manuelles Englisch schwerfällig und mühsam für ihre Benutzer ist: «Gehörlose», schreibt Bellugi, «haben uns berichtet, sie seien zwar in der Lage, jede Einheit einer Botschaft zu verstehen, hätten jedoch Schwierigkeiten, den Inhalt als Ganzes zu verarbeiten, wenn alle Informationen in einem aus aufeinanderfolgenden Elementen bestehenden Zeichenfluß vermittelt werden» (Bellugi 1980, S. 135 f). Diese Schwierigkeiten, die sich durch Übung nicht beseitigen lassen, sind auf grundlegende neurologische Beschränkungen zurückzuführen, insbesondere auf die des

Kurzzeitgedächtnisses und der kognitiven Verarbeitung. Bei der ASL tritt keine dieser Schwierigkeiten auf, denn ihre räumlichen Gebärden sind an den visuellen Modus angepaßt, und sie kann leicht und mit hoher Geschwindigkeit benutzt und verstanden werden. Die Überbeanspruchung des Kurzzeitgedächtnisses und der kognitiven Kapazität, die bei erwachsenen Benutzern des manuellen Englisch auftritt, wird als Schwierigkeit und Belastung empfunden. Gehörlose Kinder jedoch, die noch fähig sind, grammatische Strukturen zu *erschaffen*, zwingen – so Supallas Hypothese – die kognitiven Schwierigkeiten beim Erlernen der manuellen Zeichensprache dazu, eigene Sprachstrukturen zu entwickeln und eine räumliche Grammatik hervorzubringen.

Wenn gehörlose Kinder nur dem manuellen Englisch ausgesetzt sind, kann es sein, daß sie – so Supalla – «ein eingeschränktes Potential für einen natürlichen Spracherwerb und eine natürliche Sprachverarbeitung» an den Tag legen – eine Einschränkung ihrer Fähigkeit, Grammatik zu erschaffen und zu verstehen. Glücklicherweise sind sie, da sie das kritische Alter noch nicht überschritten haben, zumeist in der Lage, eigene Sprachmuster, eine eigene räumliche Grammatik zu erschaffen. Sie tun dies, um ihr sprachliches Überleben zu sichern.

Die Erkenntnis, daß Kinder die Gebärdensprache oder Strukturen, die der Gebärdensprache ähneln, spontan hervorbringen können, kann für die Bestimmung des Ursprungs und der Entwicklung der Gebärdensprache im allgemeinen von großer Bedeutung sein. Es scheint nämlich, als sei angesichts der Beschränkungen, denen die Sprache in einem visuellen Medium unterworfen ist, und der physiologischen Grenzen des Kurzzeitgedächtnisses und der kognitiven Verarbeitung das Nervensystem dazu gezwungen, jene Art von Sprachstrukturen, jene Art von räumlicher Organisation hervorzubringen, die wir in der Gebärdensprache finden. Und es deutet vieles darauf hin, daß *alle* Gebärdensprachen – und es gibt auf der ganzen Welt viele hundert, die sich unabhängig voneinander entwickelt haben, wo immer sich Gehörlose zusammenfanden – im großen und ganzen die gleiche räumliche Struktur aufweisen. Keine von ihnen hat auch nur geringste Ähnlichkeit mit manuellem Englisch oder einer anderen in Zeichen umgesetzten Lautsprache. Es gibt keine Universalgebärdensprache, aber es scheint in allen Gebärdensprachen Universalien zu geben – Universalien der grammatischen Form, nicht der Bedeutung.*

———

Es besteht (auch wenn es keine greifbaren Beweise, sondern nur Indizien dafür gibt) Grund zu der Annahme, daß die allgemeine Sprachkompetenz vererbt und in ihrem Wesen bei allen

———

* Die vielen Gebärdensprachen, die überall auf der Erde entstanden sind, unterscheiden sich so stark voneinander wie die Lautsprachen. Es gibt keine Universalgebärdensprache. Und doch scheint es *in* den Gebärdensprachen Universalien zu geben, die eine weitaus raschere Verständigung ermöglichen als nicht verwandte Lautsprachen. So wäre ein Japaner, der kein Englisch spricht, in Arkansas ebenso hilflos wie ein Amerikaner, der kein Japanisch spricht, in einer ländlichen Gegend Japans. Ein gehörloser Amerikaner jedoch kann sich relativ schnell mit Schicksalsgenossen in Japan, Rußland oder Peru verständigen. Benutzer der Gebärdensprache (vor allem diejenigen, die sie von klein auf gelernt haben) besitzen die Fähigkeit, andere Gebärdensprachen zu erlernen oder wenigstens zu verstehen, und zwar mit einer Leichtigkeit, wie man sie bei der Aneignung einer Lautsprache (es sei denn, es handelt sich um besonders begabte Menschen) wohl nie finden dürfte. Innerhalb von einigen Minuten versteht man sich meist einigermaßen, hauptsächlich mit Hilfe von Gesten und Mimik (beide Techniken beherrschen Benutzer der Gebärdensprache außerordentlich gut). Nach einem Tag kann man sich in einer «Pidgin-Gebärdensprache» unterhalten, die keine Grammatik hat. Und nach drei Wochen beherrscht der Fremde die andere Gebärdensprache meist gut genug, um ausführliche Gespräche über recht komplexe Themen führen zu können. Als das National Theater of the Deaf im August 1988 Tokio besuchte und mit dem Japan Theater of the Deaf eine Gemeinschaftsproduktion einstudierte, ließ sich das sehr eindrucksvoll beobachten. «Die gehörlosen Schauspieler der amerikanischen und der japanischen Truppe begannen bald, sich miteinander zu unterhalten», schrieb David E. Sanger in der *New York Times* vom 29. August 1988, «und bei einer Probe am späten Nachmittag wurde klar, daß sie bereits auf derselben Wellenlänge waren.»

Menschen gleich ist. Die von Sprache zu Sprache verschiedene Form der Grammatik jedoch – das, was Chomsky die «Oberflächenstruktur» nennt (ganz gleich, ob es sich dabei um die englische oder die chinesische Grammatik handelt) – wird durch die Erfahrung des Individuums geprägt; sie ist kein genetisches Erbe, sondern eine epigenetische Leistung. Sie wird «erlernt», oder vielleicht sollten wir lieber sagen – denn hier geht es um etwas Naturhaftes und Vorbewußtes –: sie *evolviert* durch die Interaktion zwischen einer allgemeinen (oder abstrakten) Sprachkompetenz und den besonderen Umständen der persönlichen Erfahrung – einer Erfahrung, die bei Gehörlosen sehr spezifisch, ja einzigartig ist, weil sie sich im wesentlichen visuell vermittelt.

Was Gee und Goodhart sowie Samuel Supalla beobachtet haben, ist tatsächlich eine Evolution, eine verblüffende (und radikale) Modifizierung der grammatischen Formen, die durch diesen Zwang zum Visuellen erfolgt. Sie beschreiben eine Veränderung, sie beschreiben, wie sich grammatische Formen sichtbar und vor ihren Augen verändern, wie sie räumlich strukturiert werden, wie manuelle Zeichensprache in eine Sprache «verwandelt» wird, die der Amerikanischen Gebärdensprache ähnelt. Sie schildern eine Evolution grammatischer Formen – aber es ist eine Evolution, die sich innerhalb weniger Monate vollzieht.

Die Sprache wird aktiv modifiziert, das Gehirn selbst wird aktiv modifiziert, während es die neue Fähigkeit entwickelt, den Raum zu «versprachlichen» (oder die Sprache zu «verräumlichen»). Dabei entwickelt es gleichzeitig all die anderen visuell-kognitiven, aber nichtsprachlichen Verstärkungen, die Bellugi und Neville beschrieben haben. Es muß in diesem Prozeß zu physiologischen und anatomischen Verschiebungen und Reorganisationen in der Mikrostruktur des Gehirns kommen. Neville geht davon aus, daß das Gehirn zunächst über zahlreiche freie Kapazitäten und eine große Formbarkeit verfügt und dann durch die Erfahrung «zurechtgestutzt» wird, wobei hier Synapsen, Verbindungen zwischen Nervenzellen, verstärkt, dort dagegen unterbrochen oder gar nicht erst hergestellt werden – je nach den miteinander konkurrierenden

Anforderungen der Sinnesreize. Es liegt auf der Hand, daß sich auf den genetischen Code allein nicht die ganze Komplexität der Neuronennetze zurückführen läßt. Unabhängig davon, welche Invarianten vorgeprägt sind, entsteht während der Entwicklung eine zusätzliche Vielfalt. Diese postnatale Entwicklung oder Epigenese steht im Mittelpunkt von Jean-Pierre Changeux' Werk «Der neuronale Mensch».

Eine radikalere Vermutung, ja eine ganz neue Denkweise, hat jedoch kürzlich Gerald Edelman vorgetragen (Edelman 1987). Für Changeux ist die Einheit der Selektion die einzelne Nervenzelle, das Neuron, für Edelman dagegen das Nervengeflecht, eine Gruppierung, eine Population von Neuronen. Erst auf dieser Ebene, auf der eine Selektion verschiedener Neuronenpopulationen unter dem Druck der Konkurrenz erfolgt, kann von einer *Evolution* (im Unterschied zu bloßem Wachstum oder Entstehen) die Rede sein. Dies erlaubt es Edelman, ein Modell vorzustellen, das seinem Wesen nach im Grunde darwinistisch ist – im Gegensatz zu Changeux' Modell, das im Grunde mechanistisch ist.* Nach Darwins Vor-

---

* Auf diesen Punkt weist Francis Crick in einem kürzlich veröffentlichten Artikel über neurale Vernetzungen hin (Crick 1989). Crick beschreibt ein Computerprogramm – «NET-talk» –, das, wenn man ihm einen englischen Text eingibt, den es noch nicht kennt, zunächst, da nur hier und da Verbindungen bestehen, einfach drauflosplappert, dann aber bald lernt, die Wörter mit neunzigprozentiger Richtigkeit auszusprechen; somit hat es, stellt Crick fest, «die englischen Aussspracheregeln, die bekanntermaßen voller Ausnahmen sind, implizit und lediglich mit Hilfe von Beispielen gelernt, und nicht, weil die Regeln explizit in einem Programm formuliert gewesen wären». Was wie eine Chomskysche, wenn auch im Vergleich zu der Entwicklung einer Grammatik triviale Aufgabe aussieht, wird hier durch eine bloße Vernetzung künstlicher, mit zufälligen Verbindungen ausgestatteter Neuronen bewältigt. Diese Neuronennetze haben in letzter Zeit für große Aufregung gesorgt, aber die tatsächlichen Mechanismen, die das Gehirn entwickelt hat, sind uns, so Crick, bislang gänzlich unbekannt und vermutlich in ihrer Struktur und ihrem Wesen ganz anders (und «bio-logischer»), als wir es uns heute vorzustellen versuchen.

stellung erfolgt die natürliche Auslese in Populationen als Reaktion auf Anforderungen der Umwelt. Edelman ist der Meinung, daß sich dies *im Organismus* (er spricht in diesem Zusammenhang von «somatischer Selektion») fortsetzt und die individuelle Entwicklung des Nervensystems prägt. Die Tatsache, daß es dabei um *Populationen* (von Nervenzellen) geht, ermöglicht weit komplexere Veränderungsmöglichkeiten.

Edelmans Theorie entwirft ein detailliertes Bild, wie neuronale «Karten» gezeichnet werden können, die es einem Tier (ohne jede Instruktion) erlauben, sich auf völlig neue perzeptuelle Herausforderungen einzustellen, neue Wahrnehmungsformen und -kategorien, neue Orientierungen, neue Verhaltensweisen gegenüber der Welt zu entwickeln. Dies ist exakt die Situation des gehörlosen Kindes: Es ist in eine perzeptuelle (und kognitive und sprachliche) Situation geworfen, für die es keinen genetischen Präzedenzfall gibt und in der keine Unterweisung verfügbar ist. Und doch wird es, wenn man ihm nur die kleinste Gelegenheit dazu gibt, grundlegend neue Formen der neuralen Organisation, der neuralen Kartographierung entwickeln, die es ihm ermöglichen, in der Welt der Sprache zu bestehen und sich auf diese neue Art zu artikulieren. Es fällt schwer, sich ein dramatischeres Beispiel für die somatische Selektion, den neuralen Darwinismus vorzustellen.

———

Gehörlos zu sein, gehörlos geboren zu werden, stellt einen vor eine außergewöhnliche Situation; man hat Zugang zu einem Spektrum sprachlicher und damit auch geistiger und kultureller Möglichkeiten, die wir anderen, als Sprechende in einer Welt der gesprochenen Sprache, uns kaum auch nur im Ansatz vorstellen können. Im Gegensatz zu den Gehörlosen sind wir in sprachlicher Hinsicht weder abgeschnitten noch gefordert: Für uns besteht nie die Gefahr einer Sprachlosigkeit oder schweren sprachlichen Behinderung; allerdings können wir auch nicht eine ganz andersartige Sprache entdecken oder entwickeln.

Das schreckliche Experiment des Königs Psammetich, der zwei Kinder von Schafhirten aufziehen ließ, die nie mit ihnen sprechen durften, weil er wissen wollte, zu welcher Sprache sie (wenn überhaupt) von Natur aus finden würden, wiederholt sich – zumindest potentiell – bei allen taubgeborenen Kindern.* Eine kleine Zahl – etwa zehn Prozent – hat gehörlose Eltern, ist von Anfang an mit der Gebärdensprache konfrontiert und lernt sie von klein auf. Die anderen aber müssen in einer auf Hören und Sprechen eingestellten Welt leben, die weder biologisch noch sprachlich noch emotional für den Umgang mit ihnen gerüstet ist. Das eigentliche Übel ist nicht die Gehörlosigkeit an sich, sondern der Zusammenbruch von Kommunikation und Sprache. Wenn keine Kommunikation zustande kommt, wenn das Kind nicht mit einer guten Sprache und echten Dialogen aufwächst, kommt es zu all den schlimmen Folgen, die Schlesinger beschrieben hat – Folgen, die zugleich sprachlicher, geistiger, emotionaler und kultureller Natur sind. Diese Folgen sind, mehr oder weniger, bei den meisten Taubgeborenen zu beobachten. «Die meisten gehörlosen Kinder», schreibt Jerome D. Schein (1984, S. 131), «wachsen auf, als seien sie Fremde in ihrer eigenen Familie.»**

---

* Dieses Experiment Psammetichs, eines im 7. Jahrhundert v. Chr. regierenden ägyptischen Königs, ist von Herodot beschrieben worden. Andere Könige, darunter James IV. von Schottland und der berüchtigte Akbar Khan, haben ähnliche Menschenversuche durchgeführt.
** In einer autobiographischen Skizze beschreibt Shanny Mow diese nur allzu typische Entfremdung eines gehörlosen Kindes in seinem eigenen Zuhause: «Bei den Tischgesprächen wirst du übergangen. So etwas bezeichnet man als geistige Isolation. Während alle anderen reden und lachen, bist du von ihnen so weit entfernt wie ein einsamer Araber in einer Wüste, die sich bis zum Horizont erstreckt... Du sehnst dich nach Kontakt. Du erstickst innerlich, aber du kannst keinem von diesem entsetzlichen Gefühl erzählen. Du weißt gar nicht, wie du das machen solltest. Du hast den Eindruck, daß es keiner versteht, daß es keinen kümmert... Du hast nicht einmal die Illusion, daß du an den Gesprächen beteiligt wirst...
Man erwartet, daß du fünfzehn Jahre in der Zwangsjacke des Sprechtrainings und des Lippenlesens verbringst... die Eltern machen sich nicht die Mühe, sich auch nur eine Stunde täglich mit dem

Und doch muß nichts davon zwangsläufig geschehen. Obwohl die Gefahren, die ein gehörloses Kind bedrohen, sehr groß sind, können sie glücklicherweise abgewendet werden. Eltern, die ein blindes oder gehörloses Kind, ein Wunderkind oder Zwillinge haben, brauchen besonders viel Energie und Einfallsreichtum. Viele Eltern gehörloser Kinder fühlen sich angesichts einer solchen Kommunikationsbarriere zwischen sich und ihrem Kind hilflos, und es ist der Anpassungsfähigkeit sowohl der Eltern als auch des Kindes zu danken, wenn diese katastrophale Barriere überwunden werden kann.

Schließlich gibt es, noch viel zu selten, Gehörlose, denen es gutgeht, jedenfalls soweit es die eigene Einschätzung ihrer Anlagen und Begabungen betrifft. Dafür ist entscheidend, daß der Spracherwerb zu einem «normalen», frühen Zeitpunkt stattfindet – diese erste Sprache kann die Laut- oder die Gebärdensprache sein (wie wir an Charlotte und Alice gesehen haben), denn die Sprachkompetenz und damit auch die intellektuelle Kompetenz wird durch *Sprache an sich* und nicht durch irgendeine bestimmte Sprache erreicht. So wie die Eltern gehörloser Kinder gewissermaßen «Supereltern» sein müssen, so müssen gehörlose Kinder – das ist noch offensichtlicher – «Superkinder» sein. Charlotte beispielsweise kann bereits mit sechs Jahren flüssig lesen und hat eine echte und nicht erzwungene Leidenschaft für das Lesen. Mit sechs Jahren beherrscht sie bereits zwei Sprachen und ist in zwei Kulturen zu Hause, während die meisten von uns ihr Leben lang in einer Sprache und einer Kultur verbringen. Solche Unterschiede können positiv und produktiv sein und die menschliche Natur und Kultur bereichern.

Und das ist, wenn man so will, die andere Seite der Gehörlosigkeit: eine besondere Fähigkeit, visuell wahrzunehmen und sich der Gebärdensprache zu bedienen. Der Erwerb der Gebärdensprachengrammatik findet im großen und ganzen auf

---

Erlernen der Gebärdensprache oder einzelner Gebärden abzugeben. Eine von 24 Stunden, die dein ganzes Leben ändern könnten» (zitiert in Jacobs 1974, S. 173 f).

dieselbe Weise und im selben Alter statt wie der Erwerb der Lautsprachengrammatik – wir können davon ausgehen, daß die Tiefenstruktur ebenso wie die Aussagekraft und die formalen Eigenschaften bei beiden identisch sind, auch wenn dabei, wie Pettito und Bellugi betonen, verschiedene Arten von Signalen, von Informationen, von sensorischen Systemen, von Gedächtnisstrukturen und vielleicht verschiedene Arten von neuralen Strukturen beteiligt sind (Pettito und Bellugi 1988). Die formalen Eigenschaften der Gebärdensprache und der Lautsprache sind identisch, und dasselbe gilt für die kommunikative Intention. Und doch: Sind sie, können sie in gewisser Weise grundlegend verschieden sein?

Chomsky erinnert uns daran, daß Humboldt «eine weitere Unterscheidung zwischen der Form einer Sprache und dem, was er ihren ‹Charakter› nennt, einführt, [der] durch die Art bestimmt wird, wie [die Sprache] *verwendet* wird; und der ‹innere Charakter› einer Sprache ist zu unterscheiden von ihrer syntaktischen und semantischen Struktur, die zur Form und nicht zum Gebrauch gehören.» Es besteht (darauf hat Humboldt hingewiesen) tatsächlich eine gewisse Gefahr, daß man, immer tiefer und tiefer in die Form einer Sprache vordringend, vergißt, daß sie eine Bedeutung, einen Charakter, einen Gebrauch hat. Sprache ist nicht bloß ein formales Mittel (obwohl sie das wunderbarste aller formalen Mittel ist), sondern auch der genaueste Ausdruck unserer Gedanken, unseres Trachtens, unserer Sicht der Welt. Der «Charakter» einer Sprache, von dem Humboldt spricht, ist grundsätzlich kreativer und kultureller Natur, er ist ein Gattungsmerkmal, er ist der «Geist», nicht bloß der «Stil» der Sprache. In diesem Sinne hat Englisch einen anderen Charakter als Deutsch, und Shakespeares Sprache hat einen anderen Charakter als die Goethes. Die kulturelle oder persönliche Identität ist eine andere. Aber die Gebärdensprache unterscheidet sich stärker von der Lautsprache als die Lautsprachen untereinander. Könnte hier eine grundsätzliche andere «organische» Identität vorliegen?

Man braucht nur einmal zwei Menschen zuzusehen, die sich in der Gebärdensprache unterhalten, um zu verstehen, daß diese Sprache etwas Spielerisches hat, einen Stil, der sich deut-

lich von dem der gesprochenen Sprache unterscheidet. Benutzer der Gebärdensprache neigen dazu, zu improvisieren, mit
den Gebärden zu spielen, ihren ganzen Humor, ihre Phantasie,
ihre Persönlichkeit in ihre Gebärden einfließen zu lassen, so
daß diese Sprache nicht nur die bestimmten grammatischen
Regeln folgende Manipulation von Symbolen, sondern in ihrem nicht reduzierbaren Kern die Stimme dieses Menschen ist
– eine Stimme, die von einer besonderen Kraft erfüllt ist, weil
sie sich so unmittelbar durch den Körper mitteilt. Man kann
eine körperlose Stimme haben (oder sie sich vorstellen), aber
eine körperlose Gebärdensprache ist unmöglich. Der Körper
und die Seele eines Menschen, der sich der Gebärdensprache
bedient, seine einzigartige menschliche Identität, findet ständig Ausdruck im Akt des Gebärdensprechens.

Die Gebärdensprache hat vielleicht andere Ursprünge als die
Lautsprache, da sie aus Gesten, aus spontanen emotional-mo-
torischen bildlichen Umsetzungen hervorgeht.* Und obwohl
die Gebärdensprache voll formalisiert und grammatikalisiert
ist, ist sie von außerordentlicher Bildkraft und hat sich zahlreiche Spuren ihrer ursprünglich abbildenden Funktion bewahrt.
Gehörlose, schreiben Klima und Bellugi in der Einleitung und
im ersten Kapitel ihres Buches «The Signs of Language»,

---

* Wir können über den Ursprung der Sprache – der Laut- wie der
Gebärdensprache – natürlich nur Vermutungen anstellen oder
Schlüsse ziehen, die nicht direkt bewiesen oder widerlegt werden
können. Im letzten Jahrhundert schossen die Spekulationen so ins
Kraut, daß die Pariser Société de Linguistique 1866 schließlich die
Einreichung weiterer Arbeiten zu diesem Thema untersagte; inzwischen haben sich jedoch etliche Erkenntnisse ergeben, die vor hundert
oder mehr Jahren noch unbekannt waren (vgl. Stokoe 1974 und
Hewes 1974).
Es sind faszinierende Aufzeichnungen einer gebärdenhaften Kommunikation zwischen (hörenden) Müttern und Kleinkindern vor dem
Sprechalter veröffentlicht worden (Tronick, Brazelton und Als 1978)
– und wenn es stimmt, daß die Ontogenese die Phylogenese wiederholt, dann ist dies ein Hinweis darauf, daß die erste menschliche Sprache gestisch war.

sind sich der ikonischen Unter- und Obertöne ihres Vokabulars sehr deutlich bewußt... Wenn sie miteinander kommunizieren oder eine Geschichte erzählen, erweitern, verstärken oder übertreiben gehörlose Benutzer der Gebärdensprache oft mimetische Eigenheiten. Die Manipulation von ikonischen Aspekten der Gebärden kommt auch in besonderen, höhergestuften Verwendungen der Sprache (Gebärdendichtung und Gebärdensprache als Kunstform) vor... Damit bleibt die ASL eine Sprache mit zwei Gesichtern – sie ist formal strukturiert und doch in bedeutsamer Hinsicht mimetisch nicht festgelegt.

Während die formale Eigenart, die Tiefenstruktur der Gebärdensprache es ermöglicht, die abstraktesten Konzepte und Propositionen zu formulieren, erlaubt ihr der ikonische oder mimetische Aspekt eine außerordentlich konkrete und plastische Darstellung, und zwar in einem Maß, das Lautsprachen vielleicht nie erreichen können. Die gesprochene (und die geschriebene) Sprache hat sich vom Ikonischen entfernt – die Assoziationen, nicht aber ihre Bildlichkeit, machen die Dichtung in der Lautsprache für uns so plastisch und sinnträchtig; sie kann Stimmungen und Bilder hervorrufen, aber sie kann sie nicht darstellen (es sei denn durch «zufällige» Gleichklänge und Lautmalereien). Die Gebärdensprache dagegen bietet ein direktes Medium zur bildlichen Darstellung, zu der es in der Lautsprache kein Pendant gibt und die nicht in diese übersetzt werden kann; andererseits verwendet sie weniger Metaphern.
Die Gebärdensprache bewahrt und betont noch immer ihre beiden Gesichter – das ikonische und das abstrakte gleichermaßen und in gegenseitiger Ergänzung – und kann so, während sie sich zu den abstraktesten Aussagen, zu der umfassendsten Reflexion der Realität aufschwingt, zugleich auch eine Konkretheit, eine Lebhaftigkeit, eine Realitätsnähe, eine Lebendigkeit vermitteln, die den Lautsprachen, falls sie sie je besessen haben, längst abhanden gekommen ist.*

---

* Lévy-Bruhl erwähnt bei der Beschreibung der «Geistesart» von «Primitiven» (mit «primitiv» meint er eine frühere oder ursprüng-

Für Humboldt ist der «Charakter» einer Sprache im wesentlichen kulturell bedingt – er bringt die Art des Denkens und Fühlens und Strebens eines ganzen Volkes zum Ausdruck (und bestimmt sie vielleicht auch). Im Falle der Gebärdensprache ist die Eigenart, der «Charakter» der Sprache auch biologisch be-

---

lichere Entwicklungsstufe, niemals etwas Unterlegenes oder Kindisches), daß «kollektive Zeichnungen» für ihre Sprache, Orientierung und Wahrnehmung von zentraler Bedeutung sind. Diese unterscheiden sich deutlich von abstrakten Begriffen – es handelt sich um «komplexere Zustände, in denen emotionale und motorische Elemente *integrale Bestandteile* der bildlichen Darstellung sind». Ähnliches sagt er über die «Begriffsbilder», die sowohl unzerlegt als auch unzerlegbar sind. Solche Begriffsbilder sind stark räumlich-visuell und beschreiben «die Form, den Umriß, die Stellung, die Bewegung, die Wirkungsweisen der Gegenstände im Raum... mit einem Wort, das, was sich wahrnehmen und zeichnen läßt». Lévy-Bruhl beschreibt die weite Verbreitung von Gebärdensprachen unter Hörenden; diese Gebärdensprachen sind gleichrangig mit den Lautsprachen und haben im wesentlichen ein ähnliches «Ausdrucksverfahren»: «Die beiden, durch ihre Zeichen (Gebärden einerseits, artikulierte Laute anderseits) so verschiedenen Sprachen werden durch ihre Struktur und ihre Art, die Gegenstände, Handlungen und Zustände wiederzugeben, einander benachbart sein.» Der Sprechende «hat visuell-motorische Assoziationen in sehr großer Zahl zu seiner Verfügung ausgebildet, und wenn die Vorstellung... in seinem Geist aufsteigt, so läßt sie sofort diese Assoziationen spielen.» Lévy-Bruhl spricht auch, F. H. Cushing zitierend, von «Hand-Begriffen», bei denen die Hände «mit dem Intellekt so verbunden waren, daß sie wahrhaftig einen Teil von ihm bildeten» (Lévy-Bruhl 1926).

Andererseits muß, wenn – wie Lévy-Bruhl es ausdrückt – «ein Übergang zu höheren mentalen Mustern stattfindet», diese absolut konkrete Sprache weichen; ihre sensorisch ausgerichteten, lebendigen, genauen «Begriffsbilder» werden durch bildlose (und in gewissem Sinne fade) logisch-abstrakt-allgemeine Begriffe ersetzt. (In ähnlicher Weise, schreibt Sicard, mußte Massieu seine Metaphern aufgeben und zu abstrakteren, allgemeineren Adjektiven übergehen.)

Wygotski und Lurija waren zu Beginn ihrer Studien stark von Lévy-Bruhl beeinflußt und führen ähnliche (aber genauer untersuchte) Beispiele für solche Übergänge bei der «Sozialisierung» und «Sowjetisierung» von «primitiven» Bauernkulturen in den zwanzi-

dingt, denn sie ist in Gebärden, in einer Ikonizität, in einer radikalen Visualität verwurzelt, die sie von allen gesprochenen Sprachen unterscheidet. Biologisch betrachtet entsteht die Sprache von unten, aus dem ununterdrückbaren Bedürfnis des Menschen, zu denken und zu kommunizieren. Kulturell betrachtet wird sie jedoch auch von oben erschaffen und übermittelt – als lebendiger und wichtiger Ausdruck der Geschichte, der Weltsicht, der Bilder und Leidenschaften eines Volkes. Für die Gehörlosen stellt die Gebärdensprache eine

---

ger Jahren dieses Jahrhunderts an: «Dieses [praktisch-anschauliche] Denken... wird jedoch, sobald sich die Lebensbedingungen verändern, leicht von den theoretischen Formen des Denkens abgelöst... Das Wort [wird] zum Hauptinstrument der Abstraktion und Verallgemeinerung; das Denken geht von den anschaulichen Formen der Verallgemeinerung zur Kodierung der Elemente in abstrakten (‹begrifflichen›) Systemen über» (Lurija 1986).

Man kann nicht umhin, beim Lesen von Beschreibungen wie den von Lévy-Bruhl und dem jungen Lurija ein gewisses Unbehagen zu empfinden – Beschreibungen, die das Konkrete als «primitiv» schildern, als etwas, das im Verlauf des Aufstiegs zum Abstrakten ersetzt wird. (Dies ist in der Neurologie und Psychologie während der letzten hundert Jahre eine sehr weit verbreitete Tendenz gewesen.) Man sollte nicht davon ausgehen, daß das Konkrete und das Abstrakte einander ausschließen und daß das eine infolge der Entwicklung des anderen aufgegeben werden muß. Es ist im Gegenteil ja gerade der Reichtum des Konkreten, der dem Abstrakten ein solches Gewicht verleiht. Dies wird klarer, wenn man beide Bereiche sorgfältiger definiert, und zwar mit Hilfe der Begriffe «übergeordnet» und «untergeordnet».

Diese (im Gegensatz zur landläufigen Bedeutung) eigentliche Bedeutung des Wortes «Abstraktion» nimmt in Wygotskis Vorstellung von Sprache und Denken eine zentrale Stelle ein; für ihn ist das Fortschreiten der Abstraktion ein Ausdruck der Fähigkeit, übergeordnete Strukturen einzusetzen, die durch ihr Einschließungsvermögen, ihre weitere Perspektive, immer mehr Bestandteile des Untergeordneten, des Konkreten, in sich aufnehmen: «Die neuen höheren Konzepte [wiederum] formen die Bedeutungen der niederen Konzepte um... Das Kind braucht nicht all seine früheren Konzepte umzustrukturieren... Sobald eine neue Struktur in sein Denken eingefügt ist... weitet sie sich nach und nach auf die älteren Konzepte aus, wobei diese in

einzigartige Anpassung an einen anderen Sinnesmodus dar; sie ist jedoch auch und gleichermaßen ein Ausdruck ihrer persönlichen und kulturellen Identität. Denn der Sprache eines Volkes «wohnt», schreibt Herder, «sein ganzes Gedankengut, seine Tradition, Geschichte, Religion und die Grundlage seines Lebens, all sein Herz und seine Seele inne». Das gilt besonders für die Gebärdensprache, denn sie ist die biologisch bedingte Stimme der Gehörlosen, die nicht zum Schweigen gebracht werden kann.

---

die intellektuellen Operationen der höheren Kategorie einbezogen werden.»

Ein ähnliches Bild hat auch Einstein benutzt, als er das Entstehen neuer Theorien beschrieb: «Wenn man eine neue Theorie aufstellt, ist das nicht so, als würde man eine alte Scheune abreißen und an ihrer Stelle einen Wolkenkratzer bauen. Es ist eher so, als würde man auf einen Berg steigen und neue, weitere Ausblicke gewinnen.»

So verstanden geht das Konkrete bei der Abstraktion, der Verallgemeinerung, der Aufstellung neuer Theorien niemals verloren – im Gegenteil: Eine immer weitere Perspektive ermöglicht es, seine unerwarteten und immer vielfältigeren Verbindungen zu sehen; mehr denn je hält es zusammen und schafft Sinn. Je mehr allgemeine Prinzipien sichtbar werden, desto mehr Gewicht erhält das Konkrete; daher die in späteren Jahren formulierte Vorstellung Lurijas, daß die Wissenschaft «der Aufstieg zum Konkreten» sei.

Die Schönheit der Sprache und besonders die Schönheit der Gebärdensprache gleicht so der Schönheit der Theorie: daß das Konkrete zu allgemeinen Prinzipien führt, aber daß man durch diese das Konkrete in intensivierter, umgestalteter Form wieder erfaßt. Diese Wiedererlangung und Erneuerung des Konkreten durch die Macht der Abstraktion tritt in einer teilweise ikonischen Sprache wie der Gebärdensprache deutlich hervor.

KAPITEL DREI

Mittwoch, 9. März, morgens: «Streik in Gallaudet», «Gehörlose streiken für Gehörlose», «Studenten fordern gehörlosen Präsidenten» – die Zeitungen sind heute voll davon; vor drei Tagen fingen die Proteste an und nahmen dann immer mehr zu, und jetzt berichtet die *New York Times* schon auf der Titelseite darüber. Es scheint eine tolle Geschichte zu sein. Im vergangenen Jahr habe ich die Gallaudet University ein paarmal besucht und bin mit dem Ort ein bißchen vertraut geworden. Gallaudet ist weltweit die einzige geisteswissenschaftlich ausgerichtete Universität für Gehörlose und außerdem das Zentrum der internationalen Gemeinschaft der Gehörlosen – aber in den 124 Jahren ihrer Geschichte hat sie noch nie einen gehörlosen Präsidenten gehabt.

Ich streiche die Zeitung glatt und lese den ganzen Artikel: Seit Jerry Lee, ein Hörender, der seit 1984 Präsident war, im letzten Jahr zurückgetreten ist, haben sich die Studenten für einen gehörlosen Nachfolger eingesetzt. Unruhe, Unsicherheit und Hoffnung beherrschen das Klima. Mitte Februar hatte die Berufungskommission das Feld der Kandidaten auf sechs eingegrenzt – drei Hörende und drei Gehörlose. Am 1. März fand in Gallaudet eine Demonstration mit dreitausend Teilnehmern statt, um dem Kuratorium klarzumachen, daß die Studenten mit allem Nachdruck auf der Wahl eines gehörlosen Präsidenten bestünden. Am 5. März, dem Vorabend der Wahl, wurde vor den Räumen der Kuratoriumsmitglieder eine Mahnwache bei Kerzenlicht abgehalten. Am Sonntag, dem 6. März, wählte das Kuratorium aus den letzten drei Kandidaten – einer Hörenden, zwei Gehörlosen – Elisabeth Ann Zinser, die an der University of South Carolina in Greensboro als stellvertretende Rektorin für allgemeine Belange der Universität zuständig gewesen war. Sie war die hörende Kandidatin.

Inhalt und Ton der Ankündigung lösten Empörung aus; Jane Bassett Spilman, die Vorsitzende des Kuratoriums, machte in diesem Zusammenhang die Bemerkung: «Die Gehörlosen sind noch nicht so weit, mit der Welt der Hörenden zurechtzukommen.» Am nächsten Tag marschierten tausend Studenten zu dem Hotel, in dem das Kuratorium tagte, dann sechs Straßen weiter zum Weißen Haus und schließlich zum Kapitol. Am Tag darauf, dem 8. März, schlossen die Studenten die Universität und verbarrikadierten den Campus.

Mittwochnachmittag: Fakultät und Personal unterstützen die Studenten und ihre vier Forderungen: 1. Sofortige Ernennung eines neuen, *gehörlosen* Präsidenten. 2. Sofortiger Rücktritt der Kuratoriumsvorsitzenden Jane Bassett Spilman. 3. Ein Kuratorium, in dem die Gehörlosen die Mehrheit haben (im Augenblick besteht es aus siebzehn hörenden und nur vier gehörlosen Mitgliedern). 4. Keinerlei Repressalien.

Ich rufe meinen Freund Bob Johnson an, der den Fachbereich Linguistik an der Gallaudet University leitet, wo er seit sieben Jahren lehrt und forscht. Er ist mit den Gehörlosen und ihrer Kultur sehr vertraut, beherrscht die Gebärdensprache ausgezeichnet und ist mit einer Gehörlosen verheiratet. Er steht den Gehörlosen so nahe, wie es einem Hörenden nur möglich ist.* Ich frage ihn, was er von den Ereignissen in Gallaudet hält. «Es ist kaum zu fassen», sagt er. «Noch vor einem

---

* Man kann der Gemeinschaft der Gehörlosen sehr nahe stehen, auch wenn man selbst keiner ist. Die wichtigste Voraussetzung – außer Sympathie und Kenntnis – dafür ist, daß man die Gebärdensprache beherrscht. Die einzigen Hörenden, die als vollwertige Mitglieder der Gemeinschaft der Gehörlosen akzeptiert werden, sind wohl die hörenden Kinder gehörloser Eltern, deren Muttersprache die Gebärdensprache ist. Dies trifft beispielsweise auf Dr. Henry Klopping zu, den in hohem Ansehen stehenden, beliebten Leiter der California School for the Deaf in Fremont. Einer seiner ehemaligen Schüler, mit dem ich in Gallaudet sprach, sagte in Gebärdensprache zu mir: «Er ist einer von uns, auch wenn er hören kann.»

Monat hätte ich 'ne Million Dollar gewettet, daß ich so was nie erleben würde. Du mußt unbedingt kommen und es dir selbst ansehen.»

———

Meine Besuche in Gallaudet 1986 und 1987 waren verblüffende und bewegende Erfahrungen gewesen. Noch nie zuvor hatte ich mich in einer ganzen Gemeinschaft von Gehörlosen befunden, und mir war auch nicht bewußt gewesen (obwohl ich es theoretisch gewußt hatte), daß die Gebärdensprache tatsächlich eine vollwertige Sprache ist – eine Sprache, die sich gleichermaßen für Zärtlichkeiten und öffentliche Reden, für Flirts und mathematische Formeln eignet. Ich sah Philosophie- und Chemieseminare, die in Gebärdensprache abgehalten wurden; ich sah Mathematikern zu, die in völliger Stille arbeiteten; ich sah gehörlose Dichter, die ihre Lyrik auf dem Campus vortrugen, die gefühlvollen, variationsreichen Aufführungen des Gallaudet-Theaters, die lebhafte Geselligkeit in der Studentenkneipe, wo in hundert Gesprächen die Hände in alle Richtungen flogen. All dies mußte ich erst mit eigenen Augen gesehen haben, bevor ich meine «medizinische» Vorstellung von Gehörlosigkeit (als eines «Leidens», eines behandlungsbedürftigen Defizits) über Bord werfen und ein «kulturelles» Verständnis der Gehörlosen als einer Gemeinschaft mit einer eigenen vollwertigen Sprache und Kultur entwickeln konnte. Eine fröhliche, ja arkadische Atmosphäre schlug mir in Gallaudet entgegen, und es überraschte mich nicht zu hören, daß manche Studenten die Wärme, die Abgeschiedenheit und den Schutz, mit einem Wort: die Geborgenheit dieser kleinen, aber vollständigen und selbstgenügsamen Welt nur widerstrebend gegen die unfreundliche und verständnislose große Welt eintauschen.*

———

* Die Welt der Gehörlosen ist, wie alle Subkulturen, zum Teil durch Ausschluß (aus der Welt der Hörenden), zum Teil aber auch durch den Aufbau einer Gemeinschaft, einer Welt, entstanden, die einen anderen – ihren eigenen – Mittelpunkt besitzt. Im selben Maße,

Aber unter der Oberfläche gärten Konflikte und Ressentiments, die sich anscheinend nicht abbauen ließen. Zwischen Verwaltung und Fakultät – viele der Fakultätsmitglieder beherrschten die Gebärdensprache, und manche sind selbst gehörlos – herrschte eine unausgesprochene Spannung.* Die

---

wie sie ausgeschlossen werden, fühlen sich die Gehörlosen isoliert, ausgegrenzt, diskriminiert. Im selben Maße, wie sie sich freiwillig und zu ihrem eigenen Nutzen eine Welt der Gehörlosen aufbauen, fühlen sie sich in ihr zu Hause, genießen sie und betrachten sie als einen sicheren Hafen, eine Schutzzone. Insofern ist die Welt der Gehörlosen nicht isoliert, sondern selbstgenügsam – sie will weder assimilieren noch assimiliert werden – im Gegenteil: Sie liebt ihre Sprache und ihre Bilder und will sie schützen.

Ein Aspekt dieser Situation ist die sogenannte Zweisprachigkeit der Gehörlosen. So unterhalten sich Gehörlose in Gallaudet und anderswo in der Gebärdensprache, wenn sie unter sich sind, gehen aber, wenn sich ein Hörender zu ihnen gesellt, sofort zum manuellen Englisch (oder was auch immer) über, und sie kehren zur Gebärdensprache zurück, sobald er gegangen ist. Die Gebärdensprache wird oft wie ein ganz privater, höchst persönlicher Besitz behandelt, der vor neugierigen Blicken Fremder behütet werden muß. Barbara Kannapell (1980, S. 112) geht sogar so weit zu behaupten, daß die Welt der Gehörlosen zerstört werden würde, wenn wir alle die Gebärdensprache lernten:

«Die ASL hat eine verbindende Funktion, da die Gemeinsamkeit der Gehörlosen ihre Sprache ist. Gleichzeitig aber grenzt der Gebrauch der Gebärdensprache die Gehörlosen aus der Welt der Hörenden aus. Diese beiden Funktionen sind also verschiedene Aspekte derselben Realität, je nachdem, aus welcher Perspektive man sie betrachtet – aus der geeinten Gruppe heraus oder von außen. Die Gruppe ist von der Welt der Hörenden getrennt. Diese ausgrenzende Funktion ist für Gehörlose ein Schutz. So können wir uns zum Beispiel mitten in einer Menge von Hörenden unterhalten, worüber wir wollen. Die anderen sollen uns ja gar nicht verstehen. Es ist wichtig zu begreifen, daß die Gebärdensprache das einzige ist, was ganz und gar den Gehörlosen gehört. Sie ist das einzige, was diese Gruppe geschaffen hat. Vielleicht haben wir Angst, unsere Sprache mit Hörenden zu teilen. Vielleicht verschwindet unsere Gruppenidentität, wenn die Hörenden die Gebärdensprache verstehen.»

* Selbst diejenigen Dozenten, die eine Gebärdensprache beherrschen, benutzen lieber eine Form des manuellen Englisch als die Ame-

Dozenten konnten sich recht gut mit den Studenten verständigen und sich in ihre Welt, ihr Denken hineinversetzen. Die Verwaltung aber (so wurde mir gesagt) bildete einen abgehobenen Machtapparat und führte die Universität wie eine Firma, mit einer gewissen «wohlwollenden» Fürsorge gegenüber den «behinderten» Gehörlosen, aber mit wenig Verständnis für ihre Gemeinschaft und Kultur. Die Studenten und Dozenten, mit denen ich sprach, fürchteten, die Verwaltung werde den Anteil der gehörlosen Lehrkräfte in Gallaudet weiter verringern und den Gebrauch der Gebärdensprache im Unterricht zunehmend einschränken.

Die Studenten, die ich kennenlernte, wirkten in der Gruppe lebhaft und fröhlich, der Außenwelt gegenüber aber oft ängstlich und zaghaft. Es kam mir so vor, als sei ihr Selbstbild auf grausame Weise untergraben, und das galt selbst für jene, die vorgaben, stolz auf ihre Andersartigkeit zu sein. Ich hatte den Eindruck, daß einige von ihnen sich selbst als Kinder betrachteten – eine Reaktion auf die väterlich herablassende Haltung des Kuratoriums (und vielleicht auch einiger Mitglieder der Fakultät). Ich spürte bei ihnen eine gewisse Passivität, ein Gefühl, ihr Leben lasse sich zwar hier und da mit kleinen Schritten verbessern, insgesamt aber sei es ihr Schicksal, unbeachtete Bürger zweiter Klasse zu sein.

Donnerstag, 10. März, morgens: Der Taxifahrer setzt mich in der Fifth Street gegenüber der Universität ab. Die Tore sind seit 48 Stunden blockiert; das erste, was ich sehe, ist eine riesige, erregte, aber fröhliche und freundliche Menge, Hunderte von Studenten, die den Zugang zum Universitätsgelände ver-

---

rikanische Gebärdensprache. Bis auf die Dozenten des mathematischen Lehrstuhls, wo die meisten gehörlos sind, ist nur eine Minderheit der Lehrenden in Gallaudet gehörlos, während es zu Edward Gallaudets Zeit die Mehrheit war. Dies ist leider an den Gehörlosenschulen allgemein so. Es gibt nur sehr wenige gehörlose Gehörlosenlehrer, und die Amerikanische Gebärdensprache wird von der überwiegenden Zahl der hörenden Lehrer entweder nicht beherrscht oder nicht verwendet.

sperren, Transparente und Plakate tragen und sich angeregt in der Gebärdensprache unterhalten. Ein oder zwei Polizeiwagen stehen mit laufenden Motoren vor dem Eingang – die Beamten warten ab, machen aber einen gelassenen, friedlichen Eindruck. Viele der vorbeifahrenden Autos hupen – was ich erst verstehe, als ich ein Schild entdecke, auf dem steht: HUPEN SIE FÜR EINEN GEHÖRLOSEN PRÄSIDENTEN. Die Menge selbst ist eigenartig still und laut zugleich: Die Unterhaltungen, die Reden in der Gebärdensprache sind völlig lautlos, werden aber immer wieder von einem seltsamen Applaus unterbrochen, einem erregten Schütteln der Hände über dem Kopf, begleitet von schrillen Ausrufen und Schreien.* Ich sehe einen Studenten auf einen Pfeiler springen und mit ausdrucksvollen, schönen Gebärden eine Rede halten. Ich verstehe zwar nichts von dem, was er sagt, aber ich spüre, daß seine Gebärden rein und leidenschaftlich sind – sein ganzer Körper, all seine Gefühle scheinen in sie einzufließen. Ich höre, wie ein Name gemurmelt wird – Tim Rarus –, und mir wird klar, daß dies einer der vier Studentenführer ist. Seine Zuhörer verfolgen wie gebannt jede seiner Gebärden und brechen immer wieder in wilden Beifall aus.

Während ich Rarus und sein Publikum betrachte und dann meinen Blick über das weite Universitätsgelände jenseits der Barrikaden schweifen lasse, wo überall erregte, lautlose Gespräche in der Gebärdensprache geführt werden, habe ich das überwältigende Gefühl, nicht nur Zeuge einer anderen

---

* Es wird manchmal einfach vorausgesetzt, daß Gehörlose keine Laute von sich geben können und in einer lautlosen Welt leben, doch das trifft nicht unbedingt zu. Wenn sie wollen, können sie durchdringend schreien, um andere auf sich aufmerksam zu machen. Sie sprechen unter Umständen zu laut, und ihre Aussprache ist sehr schlecht, weil sie ihre Stimme nicht mit Hilfe des Gehörs steuern können. Schließlich kann es bei ihnen zu unbewußten und oft schrillen Ausrufen verschiedenster Art kommen – es handelt sich hierbei um zufällige und unwillkürliche Bewegungen des Sprachapparats, die weder beabsichtigt noch gesteuert sind und meist bei heftigen Gefühlen, körperlicher Anstrengung und in erregten Diskussionen auftreten.

Kommunikationsform, sondern auch einer anderen Art von Empfindung, einer anderen Daseinsweise zu sein. Man muß die Studenten nur ansehen – und sei es auch nur im Vorbeigehen, als Außenseiter (und ich war ebenso Außenseiter wie die Passanten oder die Menschen in ihren Autos) –, um zu spüren, daß sie mit ihrer Sprache und ihrer Lebensweise einen der ihren *verdienen* und daß jemand, der nicht gehörlos ist, der die Gebärdensprache nicht beherrscht, sie unmöglich verstehen kann. Man merkt intuitiv, daß Dolmetschen niemals ausreichen kann – daß zwischen den Studenten und einem Präsidenten, der nicht ebenfalls gehörlos ist, immer eine Kluft bestehen muß.

Zahllose Transparente und Schilder leuchten in der strahlenden Märzsonne; Ein gehörloser Präsident – und zwar sofort gibt deutlich die Grundstimmung wieder. Es zeigt sich ein gewisser Zorn – wie könnte es auch anders sein –, aber der kommt in Witz gekleidet daher. So gibt es viele Schilder mit der Aufschrift Dr. Zinser ist noch nicht so weit, mit der Welt der Gehörlosen zurechtzukommen – eine Erwiderung auf Spilmans unpassende Bemerkung über die Gehörlosen. Dr. Zinser selbst hatte am Abend zuvor in einer Fernsehsendung gesagt: «Eines Tages wird ein Gehörloser Präsident von Gallaudet sein», und prompt sieht man etliche Schilder, die fragen: Wie wär's mit dem 10. März 1988, Dr. Zinser? Die Zeitungen sprechen von «Kampf» und «Konfrontation», was den Eindruck vermittelt, als seien Verhandlungen möglich, als bewegte man sich langsam aufeinander zu. Aber die Studenten sagen: «Verhandlungen? Das Wort haben wir vergessen. ‹Verhandlung› kommt in unseren Wörterbüchern nicht mehr vor.» Dr. Zinser bittet sie immer wieder darum, sich einem «sinnvollen Dialog» zugänglich zu zeigen, aber schon diese Bitte nimmt sich sinnlos aus, denn zwischen den Fronten gibt es jetzt und gab es auch früher schon keine Grundlage für einen solchen Dialog. Den Studenten geht es um ihre Identität, ihr Überleben – es geht um alles oder nichts: Sie haben vier Forderungen gestellt, und die lassen keinen Raum für «irgendwann» oder «vielleicht».

Tatsächlich hat sich Dr. Zinser nicht gerade beliebt gemacht. Viele haben das Gefühl, sie sei nicht nur bemerkenswert unsensibel für die Stimmung unter den Studenten – immerhin ist ja nicht zu übersehen, daß diese sie nicht wollen und daß die Universität buchstäblich verbarrikadiert worden ist, damit sie nicht hineinkann –, sondern trete auch offen für die offizielle «harte Linie» ein. Zunächst brachte man ihr eine gewisse Sympathie entgegen: Sie war ordnungsgemäß gewählt worden und hatte keine Ahnung, auf was sie sich eingelassen hatte. Doch mit jedem Tag wurde diese Position weniger haltbar, und die ganze Angelegenheit entwickelte sich immer mehr zu einem Machtkampf. Dr. Zinsers kompromißlose Linie gipfelte gestern in der großsprecherischen Ankündigung, sie werde die aufmüpfige Universität «wieder in den Griff bekommen». «Wenn das hier so weitergeht», sagte sie, «sehe ich mich gezwungen, Schritte zu unternehmen, um die Lage wieder unter Kontrolle zu bringen.» Daraufhin verbrannten die aufgebrachten Studenten eine Zinser-Puppe.

Einige Schilder verraten die nackte Wut der Studenten. Auf einem steht: ZINSER IST SPILMANS MARIONETTE, auf einem anderen: WIR BRAUCHEN KEIN KINDERMÄDCHEN, MAMA SPILMAN. Langsam begreife ich, daß die Gehörlosen dabei sind, mündig zu werden. Endlich sagen sie sehr vernehmlich: «Wir sind keine Kinder mehr. Wir brauchen eure ‹Fürsorge› nicht mehr.»*

---

* Diese Zurückweisung des «Paternalismus» (oder «Maternalismus») kommt in der Sonderausgabe der Studentenzeitung *The Buff and Blue* vom 9. März deutlich zum Ausdruck. Darin steht unter anderem ein Gedicht mit dem Titel «Liebe Mama», dessen erste Strophe lautet:

Arme Mama Bassett-Spilman,
ihre Kinder sind nicht still,
wenn sie doch nur hören wollten,
was sie ihnen sagen will.

Und in diesem Stil geht es über dreizehn Strophen weiter. (Spilman war im Fernsehen aufgetreten und hatte sich für Zinser eingesetzt: «Vertrauen Sie uns – sie wird Sie nicht enttäuschen.») Das Gedicht war tausendfach fotokopiert worden – überall auf dem Universitätsgelände flatterten die Blätter umher.

Ich schiebe mich an den Barrikaden, Schildern und Rednern vorbei und spaziere über das weiträumige und herrlich grüne Universitätsgelände, vor dessen imposanten viktorianischen Gebäuden sich höchst unviktorianische Szenen abspielen. Überall sind, das ist deutlich zu sehen, Diskussionen im Gange, zu zweit oder in kleinen Gruppen. Rings um mich her Unterhaltungen, aber ich kann nichts davon verstehen; heute komme *ich* mir wie ein Gehörloser, wie ein Stimmloser vor – in dieser großen Gemeinschaft derer, die die Gebärdensprache beherrschen, bin ich der Behinderte, die Minderheit. Außer den Studenten sehe ich auch viele Fakultätsmitglieder: Ein Professor verkauft selbstgemachte Ansteckknöpfe (ZINSER, GO HOME!), die reißenden Absatz finden. «Ist das nicht großartig?» fragt er, als er mich sieht. «Seit damals in Selma hab ich mich nicht mehr so gut gefühlt. Es erinnert mich ein bißchen an Selma und die sechziger Jahre.»

Auf dem Campus stromern viele Hunde umher – fünfzig oder sechzig allein auf der großen Rasenfläche vor dem Eingang. Der Besitz von Hunden ist nicht streng geregelt; manche sind «Gehörlosenhunde», manche aber einfach nur – Hunde. Ich sehe eine Studentin, die ihrem Hund Befehle in Gebärdensprache gibt. Brav legt er sich auf den Rücken, macht «Bitte» und gibt Pfötchen. Sie hat ihm ein weißes Tuch umgebunden, auf dem steht: ICH VERSTEHE DIE GEBÄRDENSPRACHE BESSER ALS SPILMAN. (Die Kuratoriumsvorsitzende ist seit sieben Jahren im Amt und hat in dieser Zeit nicht mehr als ein paar «Brocken» Gebärdensprache gelernt.)

Während die Stimmung vorn an den Barrikaden zornig und angespannt war, ist es hier ruhig und friedlich, ja mehr noch: Es herrscht eine fröhliche, eher festliche Atmosphäre. Überall sind Hunde und Babies und Kinder; Freunde und Familien sitzen zusammen und unterhalten sich angeregt in der Gebärdensprache. Kleine, bunte Zelte sind auf dem Rasen aufgeschlagen, und an Imbißständen werden Brühwürstchen und Erfrischungsgetränke verkauft. Hunde und Brühwürstchen – das Ganze sieht mehr nach Woodstock aus als nach einer grimmigen Revolte.

Anfang der Woche hatte es wütende, unkoordinierte Reaktionen auf Elisabeth Ann Zinsers Wahl gegeben: Tausend Studenten liefen kreuz und quer über den Campus und zerrissen Toilettenpapier – die Stimmung war destruktiv. Aber plötzlich, so Bob Johnson, «veränderte sich das ganze Bewußtsein». Innerhalb weniger Stunden setzte sich ein neues, klares Bewußtsein, eine ruhige Entschlossenheit durch – eine politische Gruppe von zweitausend Menschen bildete sich, mit einem geeinten, zielgerichteten Willen. Was jeden, der es erlebte, erstaunte, war das verblüffende Tempo, mit dem sich diese Organisierung vollzog, das jähe Hervortreten eines einigen, gemeinsamen Geistes aus dem Chaos. Und doch war das natürlich zum Teil eine Illusion, denn es hatte dazu zahlreicher Vorbereitungen – und Menschen – bedurft.

Entscheidenden Anteil an dieser unvermittelten «Verwandlung» und somit auch an der Organisation und Artikulation des ganzen Aufstandes (der viel zu würdevoll, zu schön moduliert war, um als «Aufruhr» bezeichnet zu werden) hatten die vier bemerkenswert jungen Studentenführer: Greg Hlibok, der Vorsitzende des Studentenausschusses, und seine Mitstreiter Tim Rarus, Bridgetta Bourne und Jerry Covell. Greg Hlibok studiert Ingenieurwesen; «sehr sympathisch», meint Bob Johnson, «lakonisch und direkt, aber er wägt seine Worte genau ab.» Hliboks ebenfalls gehörloser Vater leitet ein Ingenieurbüro; Peggy O'Gorman, seine gehörlose Mutter, setzt sich bei Regierungsstellen dafür ein, daß die Amerikanische Gebärdensprache an allgemeinen Schulen unterrichtet wird. Er hat zwei gehörlose Brüder, der eine ist Schauspieler, der andere Vermögensberater. Tim Rarus, der auch von Geburt an gehörlos ist und aus einer Familie von Gehörlosen stammt, ist für Greg ein perfekter Partner: seine sprunghafte Spontaneität, seine Leidenschaftlichkeit und Intensität sind eine hervorragende Ergänzung zu Gregs ruhigem Temperament. Die vier waren schon vor dem Aufstand – noch zu Jerry Lees Amtszeit – gewählt worden, aber seit Jerry Lees Rücktritt ist ihnen eine ganz besondere, beispiellose Rolle zugefallen.

Hlibok und die anderen Studentenführer heizen die Stimmung nie auf – im Gegenteil, ihr Einfluß ist mäßigend und beruhigend, aber sie haben ein feines Gespür für die Stimmung in der Universität und in der Gehörlosengemeinschaft insgesamt, und wie die anderen fanden auch sie, daß die Zeit gekommen war, einen entscheidenden Schritt zu tun. Sie haben die Studenten, die einen gehörlosen Präsidenten forderten, organisiert. Allerdings standen sie dabei nicht allein: Sie wurden von früheren Gallaudet-Absolventen sowie von Gehörlosenorganisationen und deren Leitern in aller Welt aktiv unterstützt. Diese «Verwandlung» erforderte also zunächst viel erechnung, viel Vorbereitung und die Entstehung eines Gemeinschaftsgeistes. Die Ordnung ist keineswegs aus einem totalen Chaos hervorgegangen (auch wenn es den Anschein hat). Vielmehr ist sie die plötzliche Manifestation einer latenten Ordnung, ganz wie das unvermittelte Ausfällen von Kristallen in einer übersättigten Lösung – eine Kristallisation, die durch die Bekanntgabe von Dr. Zinsers Präsidentschaft am Sonntagabend ausgelöst wurde. Es ist dies eine qualitative Verwandlung von Passivität in Aktivität und im moralischen wie im politischen Sinne eine Revolution. Mit einemmal sind die Gehörlosen nicht mehr passiv, verstreut und machtlos; mit einemmal haben sie die ruhige Stärke des gemeinsamen Handelns entdeckt.

Am Nachmittag suche ich mir eine Dolmetscherin und befrage mit ihrer Hilfe ein paar gehörlose Studenten. Ein Mädchen erzählt: «Ich komme aus einer hörenden Familie... mein Leben lang habe ich Druck gekriegt, Druck von den Hörenden: ‹Du schaffst es nicht in der Welt der Hörenden, du bringst es einfach nicht›, und jetzt ist dieser ganze Druck weg. Plötzlich fühle ich mich frei, voller Energie. Die erzählen einem immer: ‹Das kannst du nicht, das kannst du nicht›, aber jetzt *kann* ich. Den Ausdruck ‹taub und tumb› wird es bald nicht mehr geben – statt dessen wird es heißen: ‹taub und top›.»

Das waren genau die Worte gewesen, mit denen Bob Johnson bei unserem Gespräch geschildert hatte, wie die Gehörlosen unter der «Illusion der Machtlosigkeit» gelitten hatten und wie diese Illusion plötzlich zerstört worden war.

———

Viele Revolutionen, Umwandlungen und Bewußtwerdungsprozesse sind eine Reaktion auf unmittelbare (und unerträgliche) Bedingungen. Das Bemerkenswerte am Streik in Gallaudet im Jahr 1988 ist das historische Bewußtsein, das Gefühl einer weit in die Geschichte zurückweisenden Perspektive, das ihn auszeichnet. Das war auf dem Universitätsgelände zu spüren; kaum war ich dort angekommen, da sah ich bereits ein Schild, auf dem stand: LAURENT CLERC WILL EINEN GEHÖRLOSEN PRÄSIDENTEN. ER SELBST IST NICHT HIER, ABER SEIN GEIST IST HIER. UNTERSTÜTZEN SIE UNS. Ich hörte einen Journalisten sagen: «Wer zum Teufel ist Laurent Clerc?» Seinen in der Welt der Hörenden unbekannten Namen und die Rolle, die er gespielt hat, kennt praktisch jeder Gehörlose. Er war ein Gründervater, ein Held in der Geschichte und der Kultur der Gehörlosen. Die *erste* Emanzipation der Gehörlosen – als sie Zugang zum Bildungswesen gewannen und sich Selbstachtung und die Achtung ihrer Mitbürger erwarben – ist größtenteils der Leistung und der Persönlichkeit Laurent Clercs zu verdanken. Es war daher sehr bewegend, dieses Schild zu sehen, und man konnte sich des Gefühls nicht erwehren, daß Clerc *tatsächlich* hier auf dem Campus, daß er, wenn auch postum, *tatsächlich* der authentische Geist, die authentische Stimme dieser Revolte war – denn er hatte mehr als alle anderen dazu beigetragen, den Grundstein für die Ausbildung und Kultur der Gehörlosen zu legen.

Als Clerc 1817 zusammen mit Thomas Gallaudet das American Asylum in Hartford gründete, führte er nicht nur die Gebärdensprache als Unterrichtsmedium für alle Gehörlosenschulen in den Vereinigten Staaten, sondern auch ein wohldurchdachtes Schulsystem ein, zu dem es in der Welt der Hörenden kein exaktes Pendant gibt. Bald etablierten sich überall im Land Internatsschulen für Gehörlose, in denen die in Hartford entwickelte Gebärdensprache gelehrt wurde. Praktisch alle Lehrer an diesen Schulen waren in Hartford ausgebildet worden, und die meisten von ihnen hatten den charismatischen Clerc kennengelernt. Sie brachten ihre eigene, selbst entwickelte Gebärdensprache ein und sorgten später, als das Bildungsniveau und die Ambitionen der Gehörlosen ständig stiegen, für die Verbreitung einer zunehmend differenzierten und allgemeinverbindlichen Amerikanischen Gebärdensprache.

Die einzigartige Form der Übermittlung einer Kultur der Gehörlosen gilt auch für ihre Sprache und ihre Schulen. Diese Schulen waren die Brennpunkte der Gehörlosengemeinschaft, und in ihnen wurden Geschichte und Kultur der Gehörlosen von einer Generation an die nächste weitergegeben. Ihr Einfluß ging weit über den eigentlichen Unterricht hinaus: Es war nicht ungewöhnlich, daß sich in ihrer Nähe Gemeinschaften von Gehörlosen bildeten, und oft blieben Schulabgänger im selben Ort oder arbeiteten sogar in der Schule. Carol Padden und Tom Humphries (1988, S. 6) haben darauf hingewiesen, wie entscheidend es war, daß es sich bei diesen Schulen um Internate handelte:

Das wichtigste Element des Internatslebens ist der Schlafsaal. Hier ist die strukturierte Kontrolle des Unterrichts aufgehoben, und die Kinder werden in die Gemeinschaft der Gehörlosen eingeführt. In der ungezwungenen Atmosphäre des Schlafsaals lernen sie nicht nur die Gebärdensprache, sondern werden auch mit der Kultur der Gehörlosen bekannt gemacht. Dadurch werden die Schulen zu Zentren der Gemeinschaft, die sie umgibt, und bewahren für die nächste Generation die Kultur der vorangegangenen Generationen... Diese einzigartige Form der Übermittlung ist das Herz und die Seele ihrer Kultur.*

---

* Diese Überlegungen sollte man bei der augenblicklichen Kontroverse um «Sonderschulen» oder «gemischte Klassen» nicht aus den Augen verlieren. Eine gemischte Klasse – in der gehörlose und hörende Kinder gemeinsam unterrichtet werden – hat den Vorteil, daß andere Kinder und die Welt der Hörenden insgesamt mit Gehörlosen vertraut gemacht werden (das jedenfalls ist die Idee, die dahintersteht); sie kann jedoch auch zu einer Isolation ganz besonderer Art führen und dazu beitragen, daß die Gehörlosen den Kontakt zu ihrer eigenen Sprache und Kultur verlieren.

So verbreitete sich in den Jahren nach 1817 in den Vereinigten Staaten nicht nur eine Sprache und eine allgemeine Bildung, sondern auch ein Fundus an gemeinsamem Wissen, gemeinsamen Überzeugungen und in Ehren gehaltenen Geschichten und Bildern, aus dem bald eine reiche charakteristische Kultur hervorging. Zum erstenmal stand den Gehörlosen nun eine «Identität» zur Verfügung, und zwar nicht bloß eine persönliche, sondern eine soziale, kulturelle. Sie waren nicht mehr lediglich Individuen, die persönliche Erfolge und Rückschläge erlebten – sie waren zu *einem Volk* geworden, das eine eigene Kultur besaß, wie die Juden oder die Waliser.

In den fünfziger Jahren des 19. Jahrhunderts wurde deutlich, daß eine Institution für eine weiterführende Ausbildung erforderlich war – die bisher ungebildeten Gehörlosen brauchten eine Hochschule. 1857 wurde Thomas Gallaudets Sohn Edward zum Direktor der ‹Columbia Institution for the Instruction of the Deaf and the Dumb and the Blind› ernannt.* Er war zwar erst zwanzig Jahre alt, aber aufgrund seiner Herkunft (seine Mutter war gehörlos, und die erste Sprache, die er lernte, war die Gebärdensprache), seines Einfühlungsvermögens und seiner Begabung war er für diese Aufgabe wie kein anderer geeignet. Er betrachtete das Institut von Anfang an als Universität und hoffte, es mit Unterstützung der Regierung auch offiziell dazu machen zu können. 1864 ging sein Wunsch in Erfüllung: Die später ‹Gallaudet College› genannte Lehranstalt wurde vom Kongreß als Hochschule anerkannt.

Edward Gallaudet war ein erfülltes und außergewöhnliches Leben beschieden (vgl. Gallaudet 1983). Er starb erst in unserem Jahrhundert und erlebte tiefgreifende (wenn auch nicht immer erfreuliche) Veränderungen in der Einstellung gegen-

------

* Es kam bald zu einer Aufteilung der Studiengänge, und die Blinden wurden getrennt von den Taubgeborenen unterrichtet. Unter den zweitausend gehörlosen Studenten an der Gallaudet University sind heute etwa zwanzig darüber hinaus blind. Sie müssen natürlich, wie Helen Keller, eine erstaunliche taktile Sensibilität und Intelligenz entwickeln.

über den Gehörlosen und ihrer Ausbildung. Besonders weitreichende Folgen hatte eine in den sechziger Jahren des
19. Jahrhunderts entstandene und in den USA von Alexander
Graham Bell propagierte Auffassung, die sich gegen den Gebrauch der Gebärdensprache wandte und darauf drängte, ihre
Verwendung in Schulen und Anstalten zu verbieten. Gallaudet
kämpfte dagegen an, vermochte sich jedoch gegen das geistige
Klima jener Zeit nicht durchzusetzen – die zu keinem Kompromiß bereite Unduldsamkeit seiner Gegner, die seinem auf
Vernunft vertrauenden Wesen fremd war.*

Als Gallaudet starb, war seine Universität weltbekannt und
hatte ein für allemal bewiesen, daß Gehörlose, wenn man ihnen Gelegenheit und Mittel gab, es in allen Bereichen des akademischen Lebens mit Hörenden aufnehmen konnten – übri-
gens auch auf dem Gebiet des Sports (die von Frederick Law
Olmsted entworfene Sporthalle der Universität, die 1880 ein-
geweiht wurde, war in ihrer aufsehenerregenden Architekto-
nik eine der schönsten im ganzen Land, und das *huddle* im amerikanischen Football, bei dem die Spieler vornübergebeugt im
Kreis stehend die Taktik des nächsten Spielzugs absprechen,
wurde in Gallaudet erfunden). Aber Gallaudet focht auf verlo-
renem Posten für die Gebärdensprache in einer Zeit, da die
Gehörlosenpädagogik sich bereits von ihr abgewendet hatte,
und mit seinem Tod verlor die Universität, verloren die Gehörlosen in der ganzen Welt, für die diese Institution zum
Symbol und zur Hoffnungsträgerin geworden war, den letzten
und bedeutendsten Befürworter einer Verwendung der Gebärdensprache im Unterricht.

Damit verschwand die Gebärdensprache, die bis dahin die
wichtigste Unterrichtssprache an der Universität gewesen

---

* Bell und Gallaudet, die Protagonisten dieses Kampfes, hatten zwar
beide gehörlose Mütter (allerdings mit grundlegend unterschiedlicher Einstellung zu ihrer Gehörlosigkeit) und widmeten sich, jeder
auf seine Art, mit Leidenschaft den Belangen der Gehörlosen, waren
aber insgesamt so verschieden, wie zwei Menschen es nur sein können (vgl. Winefield 1987).

war, von der Bildfläche und wurde nur noch als Umgangs-
sprache unter den Studenten verwendet.* So erlebten die Gehörlosen in dem Jahrhundert zwischen der Gründung des
American Asylum durch Thomas Gallaudet und Edward Gallaudets Tod im Jahre 1917 den Aufstieg und Fall, die Legitima-
tion und Ächtung der Gebärdensprache in Amerika.

Die Unterdrückung der Gebärdensprache in den achtziger
Jahren des 19. Jahrhunderts hatte für die Gehörlosen 75 Jahre
lang schlimme Folgen, und davon waren nicht nur ihre Erzie-

---

* Es gibt einen Bereich, in dem die Gebärdensprache weltweit trotz
der veränderten Einstellung und Anordnungen der Gehörlosenpäd-
agogen immer beibehalten wurde: die Gottesdienste für Gehörlose.
Geistliche sorgten immer für das Seelenheil ihrer gehörlosen Gemein-
demitglieder, lernten die Gebärdensprache (oft von eben diesen
Gehörlosen) und hielten, trotz der endlosen Dispute über Sprecherziehung, trotz des Verschwindens der Gebärdensprache aus Schulunter-
richt und Seminaren, Gottesdienste in ihr ab. De l'Epées Sorge um die
Gehörlosen war ursprünglich religiösen Motiven entsprungen, und an
dieser Sorge und der bereitwilligen Anerkennung der «natürlichen
Sprache» der Gehörlosen haben die Kirchen während des ganzen Hin
und Hers im Erziehungswesen zweihundert Jahre lang festgehalten.
Jerome Schein geht in seinem Buch auf diese religiöse Verwendung der
Gebärdensprache ein (Schein 1984, S. 144 f):
«Es sollte niemanden verwundern, daß die Gebärdensprache einen
spirituellen Aspekt hat, besonders wenn man bedenkt, daß sie sowohl
von Mönchen, die ein Schweigegelübde abgelegt haben, als auch von
Priestern beim Unterrichten gehörloser Kinder verwendet wird. Ihre
einzigartige Eignung für den Gottesdienst aber muß man erlebt haben, um sie voll und ganz würdigen zu können. Die Tiefe des Ausdrucks, die mit ihr erreicht werden kann, ist mit Worten nicht zu
beschreiben. Daß Jane Wyman 1948 einen ‹Oscar› für die Rolle der
gehörlosen Farmerstochter in dem Film ‹Schweigende Lippen› erhielt, verdankt sie zweifellos zum großen Teil ihrer ergreifenden (und
richtigen) Darstellung des Vaterunsers in der Amerikanischen Gebärdensprache.
Im Gottesdienst tritt die Schönheit der Gebärdensprache vielleicht
am deutlichsten zutage. In manchen Gemeinden gibt es Gebärden-
Chöre. Es kann ein ehrfurchtgebietendes Erlebnis sein, ihre in Roben
gekleideten Mitglieder ‹im Gleichklang› Gebärden ‹singen› zu sehen.»

hung und ihre akademischen Leistungen betroffen, sondern auch ihr Selbstwertgefühl und ihre ganze Gemeinschaft und Kultur. Zwar gab es Nischen, in denen diese Kultur sich halten konnte, aber das Bewußtsein einer landesweiten, ja sogar weltweiten Gemeinschaft und Kultur (das jedenfalls in der «Goldenen Zeit», den vierziger Jahren des 19. Jahrhunderts, vorhanden gewesen war) existierte nicht mehr.

In den letzten dreißig Jahren aber hat ein erneuter Kurswechsel stattgefunden: eine Rehabilitation und Renaissance der Gebärdensprache, wie diese sie noch nie erlebt hatte; mit ihr und vielen anderen Anstößen ging auch eine Entdeckung oder Wiederentdeckung der kulturellen Aspekte der Gehörlosigkeit einher – ein starkes Bewußtsein der Gemeinschaft, der Kommunikation und der Kultur, der Selbst-Definition im Rahmen einer einzigartigen Seinsweise.

De l'Epée hatte die Gebärdensprache bewundert, doch war er ihr zugleich mit großer Skepsis begegnet: Einerseits betrachtete er sie als eine vollwertige Form der Kommunikation («Jeder Taubstumme, der zu uns geschickt wird, besitzt bereits eine Sprache... Mit ihr verleiht er seinen Bedürfnissen, Wünschen, Schmerzen et cetera Ausdruck, und wenn andere sich ebenso ausdrücken, versteht er sie fehlerlos»), andererseits glaubte er, ihr fehle eine innere Struktur, eine Grammatik. (Diese versuchte er mit Hilfe seiner «methodischen Gebärden» aus dem Französischen auf die Gebärdensprache zu übertragen.) Während der nächsten zweihundert Jahre blieb es, selbst unter Gehörlosen, bei dieser eigenartigen Mischung aus Bewunderung und Herabsetzung. Und dabei ist es sehr wahrscheinlich, daß es in dieser Zeit kein Linguist für nötig befunden hat, sich eingehender mit der Gebärdensprache, mit ihrer Realität zu befassen. Das änderte sich erst, als William Stokoe 1955 nach Gallaudet kam.

Man kann von der «Revolution von 1988» sprechen und dabei, wie Bob Johnson und in gewisser Hinsicht jeder, das Gefühl haben, daß dies ein erstaunliches Ereignis war, eine Umwälzung, mit der man innerhalb der nächsten 25 Jahre eigentlich nicht hatte rechnen können. Und in gewisser Weise stimmt das ja auch; andererseits aber muß man sehen, daß es viele Jahre brauchte, die verschiedenen Bewegungen, die gemeinsam die Explosion von 1988 erzeugten, zusammenzufassen, und daß die Saat der Revolution vor dreißig (wenn nicht vor hundertfünfzig) Jahren ausgebracht worden ist. Es wird eine schwierige Aufgabe sein, die Geschichte der letzten dreißig Jahre zu rekonstruieren, vor allem das neue Kapitel der Gehörlosengeschichte, das wohl 1960 begonnen hat, als Stokoe seine sensationelle Arbeit über die «Struktur der Gebärdensprache» vorlegte – die erste ernstzunehmende, wissenschaftliche Auseinandersetzung mit dem «visuellen Kommunikationssystem der amerikanischen Gehörlosen».

Über diese komplexe Vorgeschichte der Revolution, das verwirrende Geflecht aus Ereignissen und sich ändernden Einstellungen, die ihr vorausgingen, habe ich mit vielen Menschen gesprochen: mit Studenten in Gallaudet, mit Historikern wie Harlan Lane und John Van Cleve (der die gewaltige, dreibändige «Gallaudet Encyclopedia of Deaf People and Deafness» zusammengetragen hat), mit Wissenschaftlern wie William Stokoe, Ursula Bellugi, Michael Karchmer, Bob Johnson, Hilde Schlesinger und vielen anderen – und jeder von ihnen vertrat eine andere Meinung.*

Stokoes Herz gehörte der Wissenschaft – und Sprachwissenschaftler sind eine ganz besondere Spezies: Sie müssen am Leben der Menschen, an der menschlichen Gemeinschaft und Kultur ebenso interessiert sein wie an den biologischen Determinanten der Sprache. Dieses zweifache Interesse, dieser zweifache Ansatz, bewegte Stokoe dazu, in den Anhang seines 1965 erschienenen «Dictionary» einen (von seinem gehörlosen Mit-

---

* Ich bedaure, daß ich nicht die Gelegenheit hatte, diesen Punkt mit Carol Padden und Tom Humphries zu erörtern. Beide sind selbst gehörlos *und* Wissenschaftler und daher in der Lage, die Ereignisse sowohl von innen als auch von außen zu beurteilen; in dem Kapitel «A Changing Consciousness» ihres Buches «Deaf in America» stellen sie in einer knappen, profunden Chronik dar, wie sich die Einstellung sowohl der Öffentlichkeit den Gehörlosen gegenüber als auch die Einstellung der Gehörlosen selbst in den letzten dreißig Jahren verändert hat.

arbeiter Carl Croneberg verfaßten) Beitrag, «The Linguistic Community», aufzunehmen, der die erste Beschreibung der sozialen und kulturellen Charakteristika der Gehörlosen lieferte, die sich der Amerikanischen Gebärdensprache bedienten. In einem fünfzehn Jahre später veröffentlichten Aufsatz über das «Dictionary» bezeichnete Padden dies als einen «Meilenstein» (Padden 1980, S. 90):

> Daß Gehörlose als kulturelle Gruppe dargestellt wurden, war noch nie dagewesen... Es war ein Bruch mit der langen Tradition der «Pathologisierung» der Gehörlosen... In gewisser Hinsicht lenkte es die Aufmerksamkeit der Behörden und der Öffentlichkeit auf einen tieferen Aspekt des Lebens der Gehörlosen: auf ihre Kultur.

Aber obwohl man Stokoes Werke rückblickend als «sensationell» und als «Meilensteine» betrachtete und obwohl man heute zu dem Schluß kommen kann, daß sie einen großen Anteil an der nachfolgenden Veränderung des Bewußtseins hatten, blieben sie damals so gut wie unbeachtet. Stokoe selbst bemerkte dazu sarkastisch (Stokoe 1980, S. 266 f):

> Die Veröffentlichung [des Buches «Sign Language Structure»] im Jahre 1960 löste an der Universität eine eigenartige Reaktion aus. Mit Ausnahme von Dekan Detmold und ein oder zwei Kollegen fielen alle Fakultätsmitglieder über mich, die Linguistik im allgemeinen und über meinen Ansatz her, die Gebärdensprache als eine Sprache zu studieren... Und im Vergleich zu der kühlen Aufnahme, die die erste linguistische Untersuchung der Gebärdensprache an meiner eigenen Universität fand, war die Reaktion eines großen Teils der Gehörlosenschulen frostig wie eine Tiefkühltruhe – und damals bildeten sie ein geschlossenes System, das der Gebärdensprache ablehnend gegenüberstand und von Linguistik keine Ahnung hatte.

183

Das Echo in der zeitgenössischen Sprachforschung war tatsächlich sehr gering: Die Standardwerke der sechziger Jahre erwähnen weder Stokoes Bücher noch die Gebärdensprache. Auch Chomsky, der revolutionärste Linguist unserer Zeit, machte da keine Ausnahme, als er 1966 (in der «Cartesianischen Linguistik») ein Buch über «Sprachsurrogate... beispielsweise die Gestensprache der Gehörlosen» ankündigte, eine Wendung, die die Gebärdensprache auf einen Platz unterhalb der Lautsprachen verwies.* Und als Klima und Bellugi sich 1970 selbst dem Studium der Gebärdensprache zuwandten, hatten sie das Gefühl, in unberührtes Gebiet, in einen völlig neuen Forschungszweig vorzustoßen. (Das lag sicher teilweise an ihrer eigenen Originalität, die ihnen jedes Forschungsgebiet als Neuland hätte erscheinen lassen.)

Bemerkenswerter jedoch war wohl die indifferente oder ablehnende Reaktion der Gehörlosen selbst. Man hätte doch meinen sollen, daß zumindest sie sich mit Stokoes Erkenntnissen befassen und sie willkommen heißen würden. Von früheren Kollegen Stokoes und anderen, die allesamt von klein auf die Gebärdensprache beherrschten, weil sie entweder gehörlos waren oder gehörlose Eltern gehabt hatten, liegen faszinierende Berichte über diese Ablehnung vor – und über spätere «Bekehrungen». Mußten nicht die Benutzer der Gebärdensprache die ersten sein, die die strukturelle Komplexität ihrer Sprache erkannten? Gerade sie aber waren es, die Stokoes Gedanken am verständnislosesten und reserviertesten gegenüberstanden. So sagt Gilbert Eastman (der später ein bedeutender Verfasser von Bühnenstücken in der Gebärdensprache

---

* Klima und Bellugi schildern jedoch, wie Chomsky 1965 auf einer Konferenz, in deren Verlauf er Sprache als «eine spezifische Korrespondenz zwischen Lauten und Bedeutungen» bezeichnete, gefragt wurde, wie er (im Rahmen dieser Definition) die Gebärdensprachen der Gehörlosen einordnen würde. Er zeigte sich aufgeschlossen, sagte, er sehe keinen Grund, den Lauten entscheidende Bedeutung beizumessen, und formulierte seine Definition um: Sprache, erklärte er nun, sei eine «Korrespondenz zwischen Signalen und Bedeutungen» (Klima und Bellugi 1979, S. 35).

184

und ein eifriger Verfechter von Stokoes Thesen wurde):
«Meine Kollegen und ich lachten über Dr. Stokoe und sein
Projekt. Es war unmöglich, unsere Gebärdensprache zu analy-
sieren.»

Die Gründe dafür sind komplex und vielschichtig. In der
Welt der Hörenden und Sprechenden gibt es hierzu vielleicht
auch gar keine Parallelen, denn für uns (das heißt 99,9 Prozent
von uns) sind Sprache und Sprechen etwas Selbstverständ-
liches; wir haben kein besonderes Interesse an der gesprochenen Sprache, wir denken nie wirklich darüber nach, und es ist
uns auch gleichgültig, ob sie untersucht und analysiert wird
oder nicht. Bei den Gehörlosen und ihrer Sprache aber ist das
ganz anders. Sie haben ein besonderes, intensives Verhältnis
zu ihrer Sprache, sie sprechen (wie schon Desloges im Jahr
1779) liebevoll und ehrerbietig von ihr. Die Gehörlosen haben
das Gefühl, daß ihre Sprache ein sehr persönlicher, untrenn-
barer Bestandteil von ihnen ist, etwas, von dem sie abhängig
sind und das ihnen – ein schrecklicher Gedanke – auch jeder-
zeit wieder genommen werden kann (wie es ja auf dem Kongreß in Mailand im Jahre 1880 tatsächlich geschehen ist). Sie
stehen, wie Padden und Humphries es ausdrücken, der «Wissenschaft der anderen» mißtrauisch gegenüber, denn sie
fürchten, daß diese ihr eigenes «impressionenhaftes, globales
und nicht von innen heraus analytisches» Wissen um die Gebärdensprache überrollen könnte. Paradoxerweise haben sie
aber trotz aller Hochachtung vor der eigenen Sprache oft die
von Verständnislosigkeit und Geringschätzung geprägten
Ansichten der Hörenden über die Gebärdensprache geteilt.
(Einer der Umstände, die Bellugi zu Beginn ihrer Untersuchung am meisten beeindruckten, war die Tatsache, daß
selbst die Gehörlosen, welche mit der Gebärdensprache aufgewachsen waren, keine Ahnung von der Grammatik und
der inneren Struktur ihrer Sprache hatten und sie als eine Art
Pantomime betrachteten.)

Aber vielleicht ist das ja auch gar nicht so verwunderlich.
Ein altes Sprichwort sagt, daß Fische am wenigsten wissen,
was Wasser eigentlich ist. Und für die Benutzer der Gebärdensprache ist diese Sprache ihr Medium, ihr «Wasser». Sie ist

ihnen so selbstverständlich und vertraut, daß sie für sie keiner Erklärung bedarf. Vor allem aber neigen Benutzer einer Sprache in naivem Realismus zu der Ansicht, ihre Sprache sei nicht ein Konstrukt, sondern ein Abbild der Wirklichkeit. «Die für uns wichtigsten Aspekte der Dinge sind durch ihre Einfachheit und Alltäglichkeit verborgen», schreibt Wittgenstein. Deshalb mag die Wahrnehmung eines Außenstehenden notwendig sein, der den Benutzern einer Sprache zeigt, daß ihre Äußerungen, die ihnen selbst so einfach und klar erscheinen, in Wirklichkeit unerhört komplex sind und daß in ihnen der gewaltige Apparat, den jede echte Sprache bildet, enthalten und verborgen ist. Und genau so hatte es sich mit Stokoe und den Gehörlosen verhalten – auch in dem folgenden Zitat von Louie Fant (1980) kommt das klar zum Ausdruck:

> Wie den meisten Kindern gehörloser Eltern war auch mir nicht bewußt, daß die Amerikanische Gebärdensprache eine Sprache ist. Erst mit Mitte dreißig wurde ich über meinen Irrtum aufgeklärt, und zwar von Leuten, die nicht mit der Gebärdensprache aufgewachsen waren. Sie gingen unbelastet an das Thema Gehörlosigkeit heran, hatten, was die Gehörlosen und ihre Sprache betraf, keine vorgefaßten Meinungen, betrachteten die durch Gebärden übermittelte Sprache der Gehörlosen mit vorurteilslosem Blick.

Fant beschreibt dann, wie er – obwohl er an der Gallaudet University arbeitete und Stokoe näher kennenlernte (er verfaßte sogar ein Lehrbuch der Gebärdensprache, das sich teilweise auf Stokoes Analyse stützte) – nicht glauben wollte, daß es sich um eine echte Sprache handelt. Als er 1967 der Universität den Rücken kehrte und mit anderen das National Theater of the Deaf gründete, hielten er und seine Mitarbeiter an dieser Meinung fest – alle Produktionen wurden in manuellem Englisch aufgeführt, denn die Amerikanische Gebärdensprache galt als «bastardisiertes Englisch, für die Bühne ungeeignet». Ein paarmal jedoch verfielen Fant und andere auf der Bühne unwillkürlich in die Amerikanische Gebärdensprache. Die Zuschauer waren wie elektrisiert, und dies hatte eine seltsame Wirkung auf die Mitglieder des Ensembles. «Irgendwo in den hinteren Regionen meines Gehirns», schreibt Fant über diese Zeit, «wuchs das Wissen, daß Bill recht hatte und daß unser Ausdruck ‹echte Gebärdensprache› in Wirklichkeit auf die ASL zutrifft.»

Aber der eigentliche Wandel kam erst 1970, als Fant Klima und Bellugi kennenlernte, die ihm zahllose Fragen über «seine» Sprache stellten:

Im Verlauf des Gesprächs wandelte sich meine Einstellung grundlegend. Auf ihre warme, gewinnende Art machte sie [Bellugi] mir bewußt, wie wenig ich in Wirklichkeit über die Gebärdensprache wußte, auch wenn ich von Kindheit an mit ihr vertraut war. Ich sah, wie sie Bill Stokoe und seine Arbeit lobte, und fragte mich, ob mir vielleicht etwas entgangen war.

Und schließlich, ein paar Wochen später:

Ich war bekehrt. Ich gab meinen Widerstand gegen den Gedanken, die Gebärdensprache sei eine Sprache, auf und begann, mich intensiv mit ihr zu beschäftigen, damit ich sie als Sprache lehren konnte.

Doch auch wenn viel von «Bekehrung» die Rede ist – intuitiv hatten die Gehörlosen schon immer gewußt, daß die Gebärdensprache eine Sprache ist. Vielleicht brauchte aber dieses Wissen eine wissenschaftliche Bestätigung, bevor es bewußt und ausgesprochen werden und Basis für ein neues, starkes Bewußtsein der eigenen Sprache werden konnte.

Die Künstler, erinnert uns Proust, sind die Sensoren der Menschheit. Und die Künstler waren es auch, die die Geburt dieses neuen Bewußtseins spürten und verkündeten. Die erste durch Stokoes Werk ausgelöste Bewegung war daher nicht pädagogischer oder sozialer oder politischer, sondern künstlerischer Natur. 1967, knapp zwei Jahre nach Erscheinen des «Dictionary», wurde das National Theater of the Deaf (NTD) gegründet. Erst sechs Jahre später aber erwarb das NTD die Rechte an einem Stück in echter Gebärdensprache und führte es auf; bis zu diesem Zeitpunkt hatte man lediglich in manuelles Englisch übertragene britische Stücke auf die Bühne gebracht (obwohl in den fünfziger und sechziger Jahren einige Theaterstücke unter der Regie George Detmolds, des Dekans der Gallaudet University, aufgeführt wurden, bei denen dieser die Schauspieler ermunterte, nicht in Handzeichen, sondern in der Gebärdensprache zu spielen). Als dadurch der Widerstand überwunden und dem neuen Bewußtsein zu seinem Recht verholfen worden war, gab es für gehörlose Künstler aller Art kein Halten mehr. Es entstanden Gedichte, Clownnummern, Lieder und Tänze in der Gebärdensprache – einzigartige Kunstformen, die sich nicht in die gesprochene Sprache übersetzen lassen. Die Kunst des Vortrags feierte eine Renaissance, mit Barden, Rednern, Erzählern, die sich der Gebärdensprache bedienten. Sie vermittelten und verbreiteten die Geschichte und Kultur der Gehörlosen und sorgten auf diese Weise dafür, daß sich das kulturelle Bewußtsein vertiefte. Das NTD ging und geht auch heute noch auf Welttourneen und bringt dadurch nicht nur den Hörenden die Kunst und die Kultur der Gehörlosen nahe, sondern bestätigt auch die Gehörlosen darin, daß sie Teil einer weltweiten Gemeinschaft und Kultur sind.

Kunst ist Kunst, und Kultur ist Kultur, aber dennoch können sie einen verborgenen (wenn nicht offenen) Einfluß auf Politik und Pädagogik haben. Fant selbst wurde Vorkämpfer und Lehrer. Sein 1972 erschienenes Buch «Ameslan: An Introduction to American Sign Language» war das erste Lehrbuch der Gebärdensprache, das sich ausdrücklich auf Stokoes Erkenntnisse stützte; es trug dazu bei, daß die Gebärdensprache in den Unterricht zurückkehren konnte. In den frühen siebziger Jahren geriet die ausschließliche Fixierung auf den Oralismus, die 96 Jahre lang gedauert hatte, ins Wanken, und die «totale Kommunikation» (die Verwendung sowohl der Laut- als auch der Gebärdensprache) wurde eingeführt – oder vielmehr wieder eingeführt, denn sie war ja in vielen Ländern schon hundertfünfzig Jahre zuvor recht verbreitet gewesen.* Natürlich traf dieser Wandel auf heftigen Widerstand. Hilde Schlesinger erzählt, daß sie, als sie für die Wiedereinführung der Gebärdensprachen als Unterrichtssprachen eintrat, Drohbriefe erhielt und daß ihr Buch «Sound and Sign» bei seinem Erscheinen im Jahr 1972 Kontroversen auslöste und gelegentlich «in braunes Packpapier eingeschlagen wurde, als sei es etwas Unanständiges». Bis heute ist der Konflikt nicht gelöst, und obwohl es inzwischen erlaubt ist, eine Gebärdensprache im Unterricht zu verwenden, *handelt es sich dabei praktisch immer um manuelles Englisch und nicht um die Amerikanische Gebärdensprache.* Von Anfang an hatte Stokoe gefordert, die Gehörlosen sollten in beiden Sprachen (und beiden Kulturen) zu Hause sein: Sie sollten sich die Sprache der dominierenden Kultur ebenso aneignen wie ihre eigene Sprache, die Gebärdensprache.** Da aber die Gebärdensprache noch immer

---

* Seit neuestem werden Lehrer und andere, die mit Gehörlosen zu tun haben, aufgefordert, gleichzeitig zu sprechen und zu gebärden; durch diese Methode («Simultane Kommunikation») könnten, so hofft man, die Vorteile beider Sprachen erhalten bleiben. In der Praxis freilich sieht das ganz anders aus. Die Lautsprache muß künstlich verlangsamt werden, damit die entsprechenden Gebärden gemacht werden können, aber selbst dann leiden die Gebärden darunter und werden meist schlecht ausgeführt. Manchmal werden wichtige Gebärden ausgelassen, so daß diejenigen, für die sie bestimmt sind – die Gehörlosen –, den Sinn nicht verstehen können. Man sollte hinzufügen, daß es kaum möglich ist, die Gebärden der ASL auszuführen und dabei zu sprechen, denn diese beiden Sprachen sind völlig verschieden; es ist ebenso unmöglich wie englisch zu sprechen und dabei chinesisch zu schreiben – vielleicht ist es sogar neurologisch unmöglich.
** Es ist in den Vereinigten Staaten jedoch nie ein offizieller Versuch unternommen worden, gehörlosen Kindern eine zweisprachige Erziehung anzubieten – es gab immer nur kleine Pilotprojekte wie zum Beispiel das von Michael Strong (Strong 1988) beschriebene. Im Gegensatz dazu, berichtete mir Robert Johnson in einem Gespräch, ist die zweisprachige Erziehung in Venezuela, wo sie vom Staat unterstützt wird, weit verbreitet und erfolgreich, und immer mehr erwachsene Gehörlose werden als Helfer und Lehrer eingestellt. Für Kinder, bei denen eine Gehörlosigkeit festgestellt worden ist, gibt es an den venezolanischen Schulen Horte, die sie tagsüber aufnehmen.

nicht in Schulen oder anderen Einrichtungen (mit Ausnahme kirchlicher Institutionen) verwendet wird, ist sie, wie vor siebzig Jahren, weitgehend auf den umgangssprachlichen Gebrauch beschränkt. Sogar an der Gallaudet University ist das so – tatsächlich war es seit 1982 die offizielle Politik der Universität, daß im Unterricht und bei Übersetzungen ausschließlich manuelles Englisch benutzt werden durfte – ein weiterer bedeutender Grund für die Studentenrevolte.

Persönliches und Politisches gehen immer Hand in Hand, und in diesem Fall ist beides mit der Linguistik verknüpft. Barbara Kannapell macht das deutlich, wenn sie den Einfluß Stokoes und des neuen Bewußtseins auf sich selbst beschreibt und schildert, wie sie sich ihrer selbst als Gehörlose bewußt wurde – «Ich bin meine Sprache» – und erkannte, daß die Gebärdensprache für die Gruppenidentität der Gehörlosen von zentraler Bedeutung ist: «Wer die Amerikanische Gebärdensprache ablehnt, lehnt den gehörlosen Menschen ab... [denn] die ASL ist die persönliche Schöpfung der Gehörlosen als Gruppe... sie ist das einzige, was den Gehörlosen ganz und gar gehört.» Diese persönlichen und soziokulturellen Überlegungen führten dazu, daß Kannapell 1972 «Deaf Pride» gründete, eine Organisation, die sich der Aufgabe verschrieben hat, den Gehörlosen den Rücken zu stärken.

Minderwertigkeitsgefühle, Unterwerfung, Passivität, ja sogar Scham waren in den frühen siebziger Jahren unter Gehör-

---

Dort haben sie Kontakt mit gehörlosen Erwachsenen, die die Gebärdensprache beherrschen, bis sie alt genug sind für die Vorschule oder Grundschule, wo sie zweisprachig unterrichtet werden. In Uruguay ist ein ähnliches System eingerichtet worden. Diese beiden südamerikanischen Modelle haben bereits zu beträchtlichen Erfolgen geführt und versprechen für die Zukunft weitere Fortschritte. Leider sind sie jedoch amerikanischen und europäischen Fachleuten so gut wie unbekannt (siehe aber Johnson, Liddell und Erting 1989). Beide Modelle beweisen, daß es sehr gut möglich ist, Lesen zu lernen, ohne sprechen zu können, und daß die «totale Kommunikation» kein notwendiges Zwischenstadium zwischen der Sprecherziehung und einer zweisprachigen Erziehung ist.

losen weit verbreitet; in Hannah Greens 1970 erschienenem
Roman «Mit diesem Zeichen» wird dies sehr deutlich. Erst
Stokoes «Dictionary» und die Legitimierung der Gebärdensprache durch Linguisten ermöglichten die Anfänge einer Bewegung in die umgekehrte Richtung – einer Bewegung, die
auf eine Identität und die Selbstachtung der Gehörlosen zu-
strebt.

Das war ein äußerst wichtiger, aber natürlich nicht der einzige Faktor, der die Gehörlosenbewegung seit 1960 prägte; es
gab viele andere Faktoren, die ein ebenso großes Gewicht hatten, und sie alle flossen zusammen und mündeten in die Revolution von 1988. Da war zum einen die allgemeine Stimmung
der sechziger Jahre mit ihrem Engagement für die Armen, die
Benachteiligten, die Minderheiten – die Bürgerrechtsbewe-
gung, die politischen Aktionen, die verschiedenen «Coming
outs» und Befreiungsbewegungen, all dies lag in der Luft, als
die Gebärdensprache langsam und gegen erhebliche Wider-
stände eine wissenschaftliche Beglaubigung erhielt. Gleichzeitig entwickelten die Gehörlosen nach und nach Selbstachtung,
schöpften Hoffnung und kämpften gegen die negativen Vorstellungen, die sie hundert Jahre lang ein Schattendasein hatten
fristen lassen. Allgemein herrschte eine tolerantere Einstellung
gegenüber kultureller Vielfalt. Immer mehr Menschen kamen
zu der Einsicht, die Völker der Erde seien zwar grundverschie-
den, aber jedes verdiene Wertschätzung, und insbesondere waren immer mehr davon überzeugt, die Gehörlosen seien nicht
bloß einzelne, abnorme, behinderte Individuen, sondern tatsächlich eine Art «Volk». Es war eine Bewegung, die von der
Pathologisierung unter medizinischen Aspekten zu einer anthropologischen, soziologischen oder ethnischen Sicht
führte.*

---

* Der Soziolinguist James Woodward hat sich intensiv mit dieser
Entpathologisierung beschäftigt (vgl. Woodward 1982). Die zuneh-
mende Anerkennung einer kulturellen Vielfalt im Gegensatz zu einer
einzigen festgelegten «Norm», von der es nach allen Seiten nur «Ab-
weichung» geben kann, wurzelt in einer mehr als hundert Jahre alten

Parallel zu dieser Entpathologisierung gab es immer mehr Darstellungen Gehörloser in allen Medien, angefangen von Dokumentarfilmen über Romane bis hin zu Theaterstücken – und diese wurden immer einfühlsamer und phantasievoller. Sie brachten sowohl den gesellschaftlichen Wandel als auch

---

Tradition der Großzügigkeit, besonders in Laurent Clercs Standpunkt (und dies ist ein weiterer, noch bedeutenderer Grund, warum die Studenten sich auf ihn beriefen und das Gefühl hatten, sein Geist führe sie an).

Bis zu seinem Tod übte Clerc einen stetigen Einfluß auf die Gesellschaft des 19. Jahrhunderts aus, erweiterte ihre Auffassung von der «menschlichen Natur», setzte gegen die dichotomische Unterscheidung in «normal» und «abnorm» eine relativistische und egalitäre Betrachtungsweise, die ein breites natürliches Spektrum zuließ. Wir bezeichnen unsere Vorfahren im 19. Jahrhundert oft als rigide, repressive, als tadelsüchtige Moralapostel, aber was Clerc und alle, die auf ihn hörten, zu sagen hatten, vermittelt einen Eindruck, der diesem Urteil widerspricht: den einer Epoche, die «dem Natürlichen» – der ganzen Vielfalt und Bandbreite der natürlichen Neigungen – sehr aufgeschlossen gegenüberstand und die nicht (oder jedenfalls weniger als die unsere) darauf ausgerichtet war, moralisierende oder klinische Urteile darüber zu fällen, was «normal» und was «abnorm» war.

Dieses Gefühl für den Reichtum der Natur durchzieht Clercs kurze «Autobiographie» (die in Lane 1988 zitiert wird). «Jedes Geschöpf, jedes Werk Gottes, ist bewundernswert geschaffen; vielleicht schlägt das, was wir in seiner Art mangelhaft finden, zu unserem Vorteil aus, ohne daß wir es wissen.» Oder, an einer anderen Stelle: «Wir können Gott nur danken für die reiche Vielfalt seiner Schöpfung und die Hoffnung haben, daß uns allen in der künftigen Welt der Grund dafür erklärt werden wird.»

Clercs demütige, ehrerbietige, sanfte, unverbitterte Vorstellung von «Gott», «Schöpfung», «Natur» wurzelte vielleicht in seiner Überzeugung, daß er und die übrigen Gehörlosen zwar anders, aber dennoch vollwertige Menschen seien. Ein schärferer Kontrast zu dem halb schrecklichen, halb prometheischen Zorn Alexander Graham Bells ist kaum denkbar, der in der Gehörlosigkeit immer ein Betrogensein, eine schwere Behinderung, eine Tragödie sah und ständig die Gehörlosen zu «normalen Menschen» zu machen, Gottes Fehler zu «korrigieren» und ganz allgemein die Natur zu «verbessern» trachtete.

Clerc trat für kulturellen Reichtum, für Toleranz und Vielfalt ein,

den Wandel in der Selbsteinschätzung der Gehörlosen voran und spiegelten ihn wider: Nicht mehr der schüchterne, bemitleidenswerte Mr. Singer aus Carson McCullers Roman «Das Herz ist ein einsamer Jäger» beherrschte die allgemeine Vorstellung, sondern die tapfere Heldin des Films «Gottes vergessene Kinder». Die Gebärdensprache tauchte in Fernsehprogrammen wie «Sesamstraße» auf und entwickelte sich an manchen amerikanischen Schulen zu einem beliebten Wahlfach. Die bis dahin unsichtbaren und unhörbaren Gehörlosen erkämpften sich ihren Platz im kollektiven Bewußtsein, und auch sie selbst nahmen sich und ihre wachsende Sichtbarkeit und Stärke deutlicher wahr. Gehörlose und Menschen, die sich wissenschaftlich mit ihnen befaßten, begannen in der Vergangenheit zu suchen – und entdeckten (oder schufen) eine Geschichte, eine Mythologie der Gehörlosen, ein Erbe, das ihnen zustand.★

So vereinten sich zwanzig Jahre nach Stokoes Veröffentlichung ein neues Bewußtsein, neue Motive, neue Kräfte aller Art – es gab eine neue Bewegung, und eine Konfrontation bahnte sich an. In den siebziger Jahren wurden nicht nur die Selbstachtung, sondern auch die Forderungen der Gehörlosen größer. Plötzlich hatten die bislang passiven Gehörlosen Anführer. Neue Wörter wie «Selbstbestimmung» und «Bevormundung» tauchten auf. Die Gehörlosen, die sich vorher als

---

Bell für Technologie, Manipulation der Gene, Hörgeräte und Telefone. Zwei Naturen, die nicht hätten gegensätzlicher sein können, aber beide haben offenbar ihren Platz in dieser Welt.

★ Ein umfangreiches, illustriertes Buch zu diesem Thema (Jack R. Gannon: «Deaf Heritage: A Narrative History of Deaf America») erschien 1981. Harlan Lanes 1976 und danach veröffentlichte Bücher stellten nicht nur die Geschichte der Gehörlosen auf dramatische, bewegende Weise dar, sondern waren an sich schon «politische» Ereignisse, denn sie vermittelten den Gehörlosen ein intensives (vielleicht zum Teil mythisches) Gefühl für ihre Vergangenheit und forderten sie eindringlich auf, das Beste aus dieser Vergangenheit für die Zukunft zu übernehmen. Sie zeichneten die Geschichte nicht bloß auf, sondern halfen auch, sie zu formen (so wie Lane selbst ja nicht nur Chronist, sondern aktiver Mitstreiter in der Revolte von 1988 war).

«behindert» und «abhängig» betrachtet hatten – was ja auch das Etikett war, das ihnen die Hörenden aufklebten –, begannen jetzt, sich als Mitglieder einer starken, autonomen Gemeinschaft zu fühlen.* Früher oder später, das lag auf der Hand, würde es zu einer Revolte kommen, mit dem Ziel, die Selbstbestimmung und Unabhängigkeit auf eindrucksvolle Weise politisch zu bekräftigen und die paternalistische Haltung der Hörenden ein für allemal zurückzuweisen.

Der Vorwurf, die Verwaltung der Gallaudet University sei «geistig taub», zielt nicht auf eine Böswilligkeit, sondern auf einen fehlgeleiteten Paternalismus, der nach Meinung der Gehörlosen keineswegs gütig ist, denn er gründet sich auf Mitleid und Herablassung und auf die insgeheime Überzeugung, sie seien «unfähig», wenn nicht gar krank. Besonders einige der Ärzte, die mit der Universität zusammenarbeiten, sind angegriffen worden, weil sie, so heißt es, Gehörlose als behinderte Personen, nicht aber als vollwertige Menschen mit einem anderen Wahrnehmungsmodus betrachteten. Allgemein fand man, der Kern dieser beleidigenden Gönnerhaftigkeit sei das Werturteil der Hörenden: «Wir wissen schon, was

---

* So jedenfalls sahen es Außenstehende: die Gehörlosen, die sich gegen das Stigma «behindert» auflehnten. Die Menschen hingegen, die an der Gehörlosen-Bewegung teilhatten, drückten es anders aus, um anzuzeigen, daß sie sich nie als Behinderte betrachtet hatten. Padden und Humphries (1988, S. 44) unterstreichen dies:
«‹Behindert› ist eine Bezeichnung, die auf Gehörlose nie zugetroffen hat. Es klingen darin Ziele und eine politisch orientierte Vorstellung an, die dieser Gruppe immer fremd waren. Wenn Gehörlose untereinander über ihre Gehörlosigkeit sprechen, verwenden sie Ausdrücke, die eng mit ihrer Sprache, ihrer Vergangenheit und ihrer Gemeinschaft verbunden sind. Ihr ständiges Trachten galt der Bewahrung ihrer Sprache, der Verbesserung des Unterrichts für gehörlose Kinder und der Erhaltung ihrer politischen und gesellschaftlichen Organisationen. Die modernen Wörter ‹Zugang› und ‹Bürgerrechte›, die den Gehörlosen eigentlich fremd sind, wurden von ihren Anführern gebraucht, weil die Öffentlichkeit diese Begriffe leichter versteht als solche, die die Gemeinschaft der Gehörlosen von anderen Bevölkerungsgruppen unterscheiden.»

für euch am besten ist. Überlaßt nur alles *uns*.» Das gilt für die Wahl der Sprache (die Frage, ob die Verwendung der Gebärdensprache gestattet sein soll oder nicht) ebenso wie für Befunde über die Befähigung zu einem Ausbildungsgang oder einer Arbeit. Im 19. Jahrhundert standen Gehörlosen mehr Möglichkeiten offen; heute werden noch immer – oder schon wieder – Stimmen laut, die fordern, sie sollten «einfache» Arbeiten verrichten und nicht nach einer höheren Bildung streben. Mit anderen Worten: Die Gehörlosen hatten das Gefühl, daß über sie verfügt wurde, daß sie wie unmündige Kinder behandelt wurden. Bob Johnson erzählte mir eine typische Geschichte:

«Ich bin jetzt seit ein paar Jahren hier, und ich habe den Eindruck, daß Fakultät und Verwaltung von Gallaudet mit den Studenten umspringen wie mit Haustieren. Ein Student beispielsweise ging zum Studentenwerk, weil angekündigt worden war, daß man dort Vorstellungsgespräche üben könnte. Die Idee war, sich für ein richtiges Vorstellungsgespräch anzumelden und dabei dann zu lernen, wie so was abläuft. Er ging also hin und trug sich in die Liste ein. Am nächsten Tag benachrichtigte ihn eine Frau vom Studentenwerk, sie habe einen Termin für ein Vorstellungsgespräch ausgemacht, einen Dolmetscher aufgetrieben und einen Wagen besorgt, der ihn hin- und wieder zurückfahren würde – und sie kapierte überhaupt nicht, warum er so wütend auf sie war. Er sagte ihr: ‹Ich wollte das machen, damit ich lerne, wie man Kontakt zu einem Personalchef kriegt, einen Wagen auftreibt und einen Dolmetscher organisiert, und jetzt haben Sie das alles für mich erledigt. Dafür bin ich nicht hergekommen.› Da liegt der Hase im Pfeffer.»

Die Studenten der Gallaudet University waren ganz und gar nicht kindlich oder unfähig, wie sie es angeblich sein «sollten» (und sich auch oft genug selbst gesehen hatten), sondern organisierten die Märzrevolte mit großem Geschick. Besonders beeindruckt war ich, als ich den Kommunikationsraum mit seinen Schreibtelefonen betrat. Er war während des Streiks das Nervenzentrum von Gallaudet.* Von hier aus hielten die Studenten den Kontakt mit der Presse und den Fernsehstationen: Sie luden Journalisten ein, gaben Interviews, werteten die Berichte aus, verschickten Pressemitteilungen – alles wurde rund um die Uhr meisterhaft gehandhabt. Von hier aus sammelten sie Geld, um die Kampagne für einen gehörlosen Präsidenten weiterführen zu können. Von hier aus bemühten sie sich mit Erfolg um die Unterstützung von Kongreßabgeordneten, Präsidentschaftskandidaten und Gewerkschaftsführern. Angewiesen auf offene Ohren in diesem einzigartigen Moment, brachten sie die Welt zum Zuhören.

Selbst die Verwaltung hörte ihnen zu. Vier Tage lang behandelte man die Studenten wie dumme und aufsässige Kinder, die man zur Räson bringen mußte, aber dann war Dr. Zinser gezwungen, innezuhalten und zuzuhören, ihre alten Grundsätze in Frage zu stellen und die Dinge in einem neuen Licht zu betrachten – und schließlich zurückzutreten. Als sie ihren Entschluß bekanntgab, klangen ihre Worte ehrlich und bewegend. Sie selbst wie auch das Kuratorium, gestand sie, seien von der Leidenschaft und dem Engagement der Studentenschaft überrascht worden. Man habe nicht erkannt, daß dieser Protest die Vorhut einer landesweiten Bewegung für die Rechte der Gehörlosen sei. «Ich habe aus dieser außergewöhnlichen sozialen Bewegung der Gehörlosen die Konsequenzen gezogen», sagte sie, als sie am Abend des 10. März ihr Rücktrittsgesuch ein-

---

* Selbst die entschiedensten Verfechter der Gebärdensprache haben nichts gegen andere Methoden der Kommunikation einzuwenden, wenn sie angebracht sind. In den vergangenen zwanzig Jahren hat sich das Leben der Gehörlosen durch den Einsatz verschiedener technischer Geräte wie Videotextempfänger und Schreibtelefone (TDD = Telecommunication Devices for the Deaf) außerordentlich verändert. Alexander Graham Bell, der das Telefon ursprünglich, wenigstens zum Teil, als Hilfe für Schwerhörige erfunden hat, hätte seine wahre Freude daran. Ohne diese von den Studenten professionell gehandhabten Geräte hätte der Streik in Gallaudet wohl nicht ein so großes Echo gehabt.

reichte. Ihr sei klargeworden, daß dies «ein ganz besonderer Augenblick» sei, «etwas Einzigartiges: die Stunde der Bürgerrechte in der Geschichte der Gehörlosen».

———

Freitag, 11. März: Auf dem Universitätsgelände herrscht Hochstimmung. Man hat eine Schlacht gewonnen, weitere werden folgen. Die Plakate mit den vier Forderungen der Studenten sind durch andere ersetzt worden, auf denen «3 ½» steht – mit Dr. Zinsers Rücktritt ist die erste Forderung (sofortige Ernennung eines gehörlosen Präsidenten) ja erst halb erfüllt. Aber es liegt auch eine Gelöstheit in der Luft, die neu ist. Die Wut und Anspannung, die noch am Donnerstag zu spüren waren, sind mit der Gefahr einer durch Hinhaltetaktik herbeigeführten demütigenden Niederlage verschwunden. Großzügigkeit ist überall greifbar, freigesetzt, wie mir scheint, durch die innere Größe, die Dr. Zinser mit ihrem Rücktritt bewiesen hat, und ihre Worte, mit denen sie für die «außergewöhnliche soziale Bewegung» Partei ergriff und ihr viel Erfolg wünschte.

Von überall her kommt Unterstützung: Dreihundert gehörlose Studenten vom National Technical Institute for the Deaf in Rochester, New York, treffen nach einer fünfzehnstündigen Busfahrt erschöpft, aber in Hochstimmung ein. Als Geste der Solidarität sind Gehörlosenschulen im ganzen Land geschlossen. Aus allen Bundesstaaten kommen Gehörlose herbei – ich sehe Schilder aus Iowa und Alabama, aus Kanada und Südamerika, auch aus Europa, und sogar aus Neuseeland. Die amerikanischen Zeitungen bringen die Ereignisse an der Gallaudet University seit zwei Tagen auf der ersten Seite. Inzwischen hupt fast jedes Auto, das vorbeifährt, und die Straßen füllen sich mit Menschen, denn der Marsch zum Kapitol steht bevor. Aber trotz des Hupens, der Reden, der Spruchbänder und Plakate herrscht eine Atmosphäre außergewöhnlicher Ruhe und Würde.

Mittag: Etwa zweieinhalbtausend Menschen – tausend Studenten, der Rest Sympathisanten – haben sich eingefunden, als wir uns auf den Weg zum Kapitol machen. Die wundersame

Ruhe, die den Zug umgibt, verwirrt mich. Dabei ist es nicht still (im Gegenteil: es ist sogar recht laut – beispielsweise hört man immer wieder die durchdringenden Schreie der Gehörlosen), und mir kommt der Gedanke, diese Ruhe spiegle die moralische Dimension des Geschehens wider und das Gefühl, einen historischen Augenblick zu erleben.

Langsam, denn es sind Kinder dabei, Säuglinge, die getragen werden müssen, und Körperbehinderte (manche sind blind und gehörlos, manche ataxisch, manche gehen an Krücken), marschieren wir mit einer Mischung aus Entschlossenheit und Feststimmung zum Kapitol, und dort, in der hellen Märzsonne, die schon die ganze Woche scheint, entrollen wir Transparente und halten Schilder hoch. Auf einem großen Spruchband steht WIR HABEN IMMER NOCH EINEN TRAUM, und auf einem anderen, wo mehrere zusammenstehen, von denen jeder einen Buchstaben emporstreckt, heißt es einfach HILF UNS, KONGRESS.

Wir stehen dichtgedrängt, aber man hat nicht den Eindruck, zu einer Masse zu gehören, sondern vielmehr das Gefühl einer außerordentlichen Zusammengehörigkeit. Kurz bevor die Reden beginnen, werde ich umarmt – zuerst denke ich, es ist jemand, den ich kenne, aber dann sehe ich, daß es ein Student ist, der ein Schild mit der Aufschrift ALABAMA trägt. Er umarmt mich, klopft mir auf die Schulter, lächelt – ein Genosse. Wir haben uns noch nie gesehen, aber in diesem besonderen Augenblick sind wir Genossen.

Es werden viele Reden gehalten; Greg Hlibok spricht, außerdem ein paar Mitglieder der Fakultät, Kongreßabgeordnete und Senatoren. Eine Zeitlang höre ich zu: «Es entbehrt nicht der Ironie», sagt ein Professor von Gallaudet, «daß Gallaudet noch nie von einem Gehörlosen geleitet wurde. Praktisch jedes College für Schwarze hat einen schwarzen Präsidenten, zum Beweis dafür, daß die Schwarzen keine Führung durch Weiße brauchen. Praktisch jedes College für Frauen hat eine Frau als Präsidentin, zum Beweis dafür, daß Frauen keine Führung durch Männer brauchen. Es ist höchste Zeit, daß Gallaudet einen gehörlosen Präsidenten bekommt, zum Beweis dafür, daß Gehörlose keine Führung durch Hörende brauchen.»

Ich sehe mich um und nehme die Szene als Ganzes auf: Tausende, Individuen ganz besonderer Art, sind hier durch einen einzigen gemeinsamen Wunsch vereint. Nach den Reden ist eine Stunde Pause. Ein paar gehen ins Kapitol, um mit Abgeordneten zu sprechen, die meisten aber setzen sich auf den großen Platz vor dem Kapitol, packen ihre Lunchpakete aus und unterhalten sich. Für mich und alle, die eigens hergekommen sind oder es zufällig gesehen haben, war dies vielleicht der schönste Augenblick: über tausend Menschen auf einem öffentlichen Platz, die sich ganz unbefangen in der Gebärdensprache unterhalten – nicht privat oder zu Hause oder innerhalb der schützenden Mauern von Gallaudet, sondern in aller Öffentlichkeit, vor dem Parlament.

Die Presse hat alle Reden wiedergegeben, aber ihr ist etwas entgangen, das sicher ebenso bedeutsam ist. Sie hat der Welt kein wirkliches Bild von der Vitalität und Lebendigkeit, vom ganz normalen Leben der Gehörlosen vermittelt. Und während ich durch die Menge der Gehörlosen gehe, die vor dem Kapitol in Gruppen beieinandersitzen, Butterbrote essen und Limonade trinken, fallen mir wieder die Worte eines gehörlosen Studenten an der California School for the Deaf ein, der im Fernsehen in Gebärdensprache erklärt hatte: «Wir sind ein ganz besonderes Volk mit einer eigenen Kultur und einer eigenen Sprache – der Amerikanischen Gebärdensprache, die erst seit kurzem als eigenständige Sprache anerkannt ist –, und das unterscheidet uns von den Hörenden.»

Zusammen mit Bob Johnson verlasse ich den Platz vor dem Kapitol. Ich bin eigentlich ein unpolitischer Mensch und gerate schon in Schwierigkeiten, wenn es darum geht, das Vokabular der Politiker zu begreifen. Bob, der in der Linguistik der Gebärdensprache Pionierarbeit geleistet und jahrelang in Gallaudet unterrichtet und geforscht hat, sagt jetzt: «Das ist wirklich bemerkenswert. Ich habe immer nur erlebt, daß Gehörlose passiv sind und sich von den Hörenden alles gefallen lassen. Sie kamen mir immer so vor, als wären sie bereit, sich als ‹Klienten› abspeisen zu lassen, wo sie doch die Dinge selbst in die Hand nehmen sollten ... Und jetzt auf einmal hat es einen Bewußtseinswandel gegeben, und plötzlich bedeutet Gehörlosigkeit etwas anderes, nämlich Verantwortung. Mit einemmal ist die falsche Vorstellung, die Gehörlosen seien machtlos, verschwunden, und damit kann sich für sie jetzt auch alles andere ändern. Ich bin sehr optimistisch, und ich freue mich auf das, was ich in den nächsten Jahren noch alles zu sehen bekomme.»

«Ich verstehe nicht ganz, was du mit ‹Klienten› meinst», sage ich.

«Du kennst doch Tim Rarus», erklärt Bob. «Das ist der, den du heute morgen bei den Barrikaden gesehen hast und dessen Gebärden du bewundert hast, weil sie so leidenschaftlich und rein waren. Also, er hat eigentlich bloß ganz kurz zusammengefaßt, worum es bei dieser Veränderung geht. Er hat gesagt: ‹Es ist ganz einfach: Kein gehörloser Präsident – keine Universität›, und dann hat er die Schultern gezuckt und in die Kamera gesehen, und das war's. Zum erstenmal haben Gehörlose kapiert, daß eine kolonialistische Fürsorgeindustrie wie diese ohne Klienten nicht leben kann. Für die Hörenden ist das ein Milliardengeschäft. Aber wenn die Gehörlosen nicht mitmachen, ist diese Industrie futsch.»

Am Samstag wird gefeiert. Alle haben frei (manche Studenten haben seit der ersten Demonstration am Sonntagabend praktisch durchgearbeitet), und auf dem Universitätsgelände werden Picknicks veranstaltet. Aber selbst hier kreist alles um das eine Thema. Es herrscht Siegesstimmung. Schüler und Studenten aus vielen anderen Bundesstaaten sind gekommen (ein schwarzes Mädchen aus Arkansas sagt beim Anblick all der Menschen, die die Gebärdensprache benutzen, in Gebärdensprache: «Heute fühle ich mich wie in einer großen Familie»). Man spürt auch die Anwesenheit gehörloser Künstler, die von überall her angereist sind, um diesen einzigartigen Augenblick in der Geschichte der Gehörlosen zu feiern und festzuhalten.

Greg Hlibok ist entspannt, aber wachsam. «Wir haben wohl alles unter Kontrolle», sagt er, «und können die Dinge jetzt ruhig auf uns zukommen lassen. Wir wollen nicht zu weit gehen.» Zwei Tage vorher hatte Zinser noch gedroht, *sie* werde die Lage «unter Kontrolle» bringen. Statt dieser von außen aufgezwungenen Kontrolle sieht man heute überall jenes ruhige Selbstbewußtsein und Selbstvertrauen, das aus einer inneren Stärke und Sicherheit kommt.

Sonntag, 13. März, abends: Das Kuratorium hat heute neun Stunden getagt. Es waren neun Stunden der Anspannung, des Wartens – niemand wußte, wie die Entscheidung ausfallen würde. Dann ging die Tür auf, und Philip Bravin, eines der vier gehörlosen Mitglieder des Kuratoriums, trat heraus. Jeder Student in Gallaudet kennt ihn, und als nicht Spilman, sondern er erschien, wußten alle Bescheid, noch bevor er das Ergebnis verkündete. Er teilte in der Gebärdensprache mit, daß er jetzt als Vorsitzender des Kuratoriums spreche, da Spilman zurückgetreten sei. Seine erste – erfreuliche – Amtshandlung sei es nun, bekanntzugeben, daß King Jordan von der Mehrheit des Kuratoriums zum neuen Präsidenten gewählt worden sei.

King Jordan, der mit einundzwanzig sein Gehör verlor, ist seit fünfzehn Jahren an der Gallaudet University; er ist Dekan der Fakultät für Philosophie und Geschichtswissenschaften, ein beliebter, bescheidener und sehr besonnener Mann, der Zinsers Wahl zunächst unterstützt hatte.* Sehr bewegt sagt er, in der Gebärdensprache und in Worten zugleich: «Ich folge mit Freuden der Bitte des Kuratoriums, das Amt des Präsidenten der Gallaudet University einzunehmen. Dies ist für Gehörlose in aller Welt ein historischer Augenblick. Nach den Ereignissen dieser Woche können wir mit Fug und Recht sagen, daß wir mit vereinten Kräften die Scheu überwunden haben, für unsere Rechte einzutreten. Die Welt war Zeuge, daß die Gehörlosen ihre Unmündigkeit hinter sich gelassen haben. Wir werden nicht mehr hinnehmen, daß man uns vorschreibt, was wir erreichen können und was nicht. Das höchste Lob gebührt den Studenten der Gallaudet University, denn sie haben uns

---

* Obwohl sich fast alle über seine Wahl freuten, gab es eine Fraktion, die sie (weil Jordan erst so spät ertaubte) als einen Kompromiß betrachtete und statt dessen für Harvey Corson eintrat, den Direktor der Louisiana School for the Deaf. Er war der dritte Kandidat und ist sowohl von Geburt an gehörlos als auch mit der Gebärdensprache aufgewachsen.

gezeigt, wie man eine Idee mit so viel Energie verfolgt, daß sie Wirklichkeit wird.»

Überall bricht nun der Jubel los. Als alle nach Gallaudet zurückkehren, um den Sieg zu feiern, sagt Jordan: «Sie wissen jetzt, daß die Grenzen dessen, was sie erreichen können, gefallen sind. Und wir wissen jetzt, daß Gehörlose – mit Ausnahme des Hörens – genausoviel können wie Hörende.» Und Hlibok gibt Jordan einen Rippenstoß und fügt hinzu: «Wir haben gemeinsam den Gipfel erreicht.»

Montag, 14. März: Äußerlich wirkt Gallaudet normal. Die Barrikaden sind verschwunden, das Universitätsgelände ist frei zugänglich. Der «Aufstand» hat genau eine Woche gedauert – vom Sonntagabend letzter Woche, als Dr. Zinser der Universität aufgezwungen wurde, bis zum glücklichen Ende gestern abend, jenem so ganz anderen Sonntagabend, als alles sich änderte.

———

«Die Welt wurde in sieben Tagen erschaffen – wir haben sie in sieben Tagen verändert.» Das war ein Spruch, der in der Gebärdensprache von einem Ende des Campus zum anderen lief. Und mit diesem Gefühl fuhren die Studenten in die Semesterferien, kehrten zu ihren Familien zurück und trugen die erfreuliche Botschaft und ihren Optimismus in alle Teile des Landes.

Aber ein tatsächlicher, ein historischer Wandel erfolgt nicht innerhalb einer Woche, auch wenn seine wichtigste Voraussetzung, der «Bewußtseinswandel», innerhalb eines Tages eintreten kann, wie es in Gallaudet ja auch der Fall war. «Viele Studenten», sagte Bob Johnson, «wissen jetzt zwar, wieviel Kraft und Durchsetzungsvermögen sie haben, aber ihnen ist nicht klar, wieviel Zeit und Mühe es kosten wird, eine Veränderung zu bewirken... Die Unterdrückungsmechanismen sind so tief ins System eingraviert.»

Und doch zeigen sich erste Erfolge. Ein neues «Image» und eine neue Bewegung beginnen sich zu etablieren, und zwar nicht nur in Gallaudet, sondern überall, wo es Gehörlose gibt. Berichte und besonders Fernsehfeatures über Gehörlose haben

ihnen landesweit Gelegenheit verschafft, aus ihrem Schattendasein herauszutreten und sich zu artikulieren. Den größten
Gewinn aber bedeutet das alles natürlich für die Gehörlosen
selbst. Es hat sie wie noch nie zuvor zu einer weltweiten Gemeinschaft zusammengeschweißt.

Für die Kinder haben die Ereignisse bereits eine – wenn auch
nur symbolische – Auswirkung gehabt. Eine von King Jor-
dans ersten Amtshandlungen nach den Semesterferien war ein
Besuch in der der Universität angeschlossenen Grundschule.
Er unterhielt sich dort mit den Kindern – das hatte ein Präsident von Gallaudet noch nie getan. Ein solches Erlebnis prägt
mit Sicherheit die Vorstellungen, die die Kinder von ihren
Möglichkeiten haben. (Gehörlose Kinder denken manchmal,
daß sie sich entweder in hörende Erwachsene «verwandeln»
oder aber, wenn ihnen das nicht gelingt, schwache, ausge-
nutzte Menschen zweiter Klasse sein werden.) In Albany verfolgte Charlotte aufgeregt die Ereignisse in Gallaudet am Bild-
schirm, trug ein «Deaf Power»-T-Shirt und begrüßte jeden
mit einem «Deaf Power»-Gruß. Und zwei Monate nach der
Revolte nahm ich an der jährlichen Abschlußfeier der Lexington School for the Deaf teil, die seit den sechziger Jahren des
19. Jahrhunderts ein Bollwerk der Sprecherziehung gewesen
ist. Ein ehemaliger Schüler, Greg Hlibok, war als Redner (als
Gebärdenredner) eingeladen worden, ebenso wie Philip Bravin, und alle Festreden wurden, zum erstenmal seit hundertzwanzig Jahren, in der Gebärdensprache gehalten. Vor der
Revolte wäre das alles undenkbar gewesen.

In Gallaudet sind alle möglichen Veränderungen – admini-
strative, pädagogische, soziale, psychologische – bereits im
Gang. Aber was zu diesem Zeitpunkt am meisten ins Auge
springt, ist der deutliche Verhaltenswandel der Studenten, die
ein neues, ganz unbefangenes Gefühl der Freude und der Bestätigung, des Selbstvertrauens und der Würde erkennen lassen. Dieses neue Selbstgefühl stellt einen rigorosen Bruch mit
der Vergangenheit dar, der vor ein paar Monaten noch unvorstellbar gewesen wäre.

Aber hat sich wirklich alles geändert? Wird der «Bewußtseinswandel» von Dauer sein? Werden die Gehörlosen in Gal-

laudet und anderswo wirklich die ersehnten Chancen bekommen? Werden wir, die Hörenden, ihnen diese Chancen geben? Werden wir es ihnen gestatten, sie selbst zu sein, eine einzigartige Kultur in unserer Mitte, und sie doch in jeder Hinsicht als Gleichberechtigte behandeln? Die Ereignisse in Gallaudet sind hoffentlich nur ein Anfang.

AUSGEWÄHLTE LITERATUR

ZUR GESCHICHTE DER GEHÖRLOSEN

Die umfassendste Darstellung der Geschichte der Gehörlosen von ihrer Emanzipation in den fünfziger Jahren des 18. Jahrhunderts bis zum Mailänder Kongreß (und seinen verheerenden Auswirkungen) im Jahre 1880 ist Harlan Lanes «Mit der Seele hören. Die Geschichte der Taubheit».

Auszüge aus den Autobiographien der ersten gebildeten Gehörlosen und ihrer Lehrer, die in dieser Zeit entstanden sind, hat Harlan Lane in «The Deaf Experience: Classics in Language and Education» zusammengestellt.

Jack R. Gannons Beitrag in «Deaf Heritage: A Narrative History of Deaf America» ist eine unterhaltsame inoffizielle Geschichte der Gehörlosen mit zahlreichen Anekdoten und faszinierenden Illustrationen.

Von Edward Gallaudet stammt eine halb-autobiographische Geschichte der Gallaudet University: «History of the College for the Deaf, 1857–1907».

In der elften Auflage der «Encyclopaedia Britannica» findet sich unter dem Stichwort «Deaf and Dumb» ein langer und außerordentlich informativer Eintrag.

DIE INSEL DER GEHÖRLOSEN

Nora Ellen Groces «Everyone Here Spoke Sign Language: Hereditary Deafness on Martha's Vineyard» ist eine höchst lebendige, bewegende Schilderung des Lebens auf Martha's Vineyard.

BIOGRAPHIEN UND AUTOBIOGRAPHIEN

David Wrights «Deafness» ist die schönste Schilderung einer später im Leben erworbenen Gehörlosigkeit.

Lou Ann Walkers kürzlich erschienenes Buch «Leben in einer stummen Welt» zeichnet ein eindringliches Bild vom Leben eines hörenden Kindes gehörloser Eltern.

Das von Brian Grant zusammengestellte und mit einem Vorwort von Margaret Drabble versehene «The Quiet Ear: Deafness in Literature» ist eine sehr lesbare und abwechslungsreiche Anthologie kurzer Beiträge, die von Gehörlosen beziehungsweise über sie geschrieben worden sind.

DIE GEMEINSCHAFT UND DIE SPRACHE DER GEHÖRLOSEN

Demographische Untersuchungen sind gewöhnlich langweilig, aber Jerome Schein ist gar nicht imstande, langweilig zu sein. «The Deaf Population of the United States» von Jerome D. Schein und Marcus T. Delk jun. vermittelt einen guten Überblick über die gehörlose Bevölkerung der USA. Diese Untersuchung wurde vor fünfzehn Jahren vorgenommen, zu einem Zeitpunkt, als sich gerade größere Veränderungen anbahnten. Empfehlenswert ist auch «Speaking the Language of Sign: The Art and Science of Signing» von Jerome D. Schein.

Es ist interessant, die Situation der Gehörlosen in den USA mit der in Großbritannien zu vergleichen. Eine gute Schilderung kann man J. G. Kyles und B. Wolls «Sign Language: The Study of Deaf People and Their Language» entnehmen.

Einen hervorragenden Überblick über die Gemeinschaft der Gehörlosen bietet das von Charlotte Baker und Robbin Battison herausgegebene Buch «Sign Language and the Deaf Community: Essays in Honor of William C. Stokoe». Wirklich jeder Essay in dieser Sammlung ist faszinierend, und darüber hinaus enthält sie einen wichtigen und bewegenden Rückblick von Stokoe selbst.

«Deaf in America: Voices from a Culture» von Carol Padden und Tom Humphries ist ein außergewöhnliches Buch, und dies um so mehr, als die Autoren gehörlos sind und diese Gemeinschaft – ihre Organisation, ihre Ziele, Vorstellungen, Überzeugungen, ihre Kunstformen, ihre Sprache usw. – aus eigener Erfahrung kennen.

Ebenfalls auch für den Laien sehr interessant ist Arden Neissers «The Other Side of Silence: Sign Language and the Deaf Community in America», das viele Interviews mit Gehörlosen enthält.

Ein echter Schatz, in dem man einfach blättern kann (auch wenn die Bände ein bißchen zu schwer sind, um im Bett darin zu lesen, und ein bißchen zu teuer, um sie mit in die Badewanne zu nehmen), ist die von John Van Cleve herausgegebene «Gallaudet Encyclopedia of Deaf People and Deafness». Einer der Vorzüge dieser (wie jeder wirklich guten) Enzyklopädie ist, daß man sie irgendwo aufschlagen kann und immer auf Interessantes und Unterhaltsames stößt.

KINDLICHE ENTWICKLUNG UND BILDUNGSWESEN DER GEHÖRLOSEN

Anhand der Werke von Jerome Bruner kann man sehen, wie eine revolutionäre Psychologie das Erziehungssystem umwälzen kann. In diesem Zusammenhang sind Bruners «Towards a Theory of Instruction» und «Wie das Kind lernt» besonders empfehlenswert.

Eine lesenswerte «Brunersche» Untersuchung der Entwicklung und Erziehung gehörloser Kinder ist «Teaching and Talking with Deaf Children» von David Wood, Heather Wood, Amanda Griffiths und Ian Howarth.

Hilde Schlesingers neuere Schriften tauchen ausschließlich in der Fachliteratur auf, die nicht immer leicht zugänglich ist. Ein früheres Buch aber ist sowohl lesenswert als auch ohne Schwierigkeiten erhältlich: «Sound and Sign: Childhood Deafness and Mental Health» von Hilde S. Schlesinger und Kathryn P. Meadow.

In Dorothy Burlinghams «Psychoanalytic Studies of the Sighted and the Blind» sind wissenschaftliche Untersuchung und Psychoanalyse eine beeindruckende Verbindung eingegangen; eine ähnliche Studie über gehörlose Kinder wäre wünschenswert.

Auch David Sterns «Mutter und Kind. Die erste Beziehung» ist eine Verbindung von direkter Beobachtung und analytischem Kommentar. Besonders interessant sind die Passagen über die Entwicklung eines «verbalen Selbst», das sich innerhalb kurzer Zeit beim Kind herausbildet.

GRAMMATIK, LINGUISTIK UND DIE GEBÄRDENSPRACHE

Das überragende linguistische Genie unserer Zeit ist Noam Chomsky, der seit seinem 1957 erschienenen Buch «Strukturen der Syntax» ein Dutzend Bücher über die Sprache veröffentlicht hat. Das meiner Meinung nach interessanteste und lesenswerteste ist «Sprache und Geist» (1970).

Seit 1970 ist Ursula Bellugi die überragende Expertin auf dem Ge-

biet der Linguistik der Gebärdensprache. Keine ihrer Veröffent-
lichungen ist das, was man als populärwissenschaftliche Literatur bezeichnen würde, aber Edward S. Klimas und Ursula Bellugis enzy-
klopädisches «The Signs of Language» läßt sich mit Vergnügen lesen
und eröffnet faszinierende Einblicke. Bellugi und ihre Kollegen haben
auch als erste die neuralen Grundlagen der Gebärdensprache untersucht; die Lektüre des Buches «What the Hands Reveal about the
Brain» von Howard Poizner, Edward S. Klima und Ursula Bellugi
vermittelt etwas von der Faszination dieses Themas.

ALLGEMEINE WERKE ÜBER DIE SPRACHE

Höchst lesenswert, witzig und provozierend ist Roger Browns
«Words and Things».

Ebenfalls lesenswert, hervorragend, wenn auch stellenweise zu
dogmatisch ist Eric H. Lennebergs «Biologische Grundlagen der
Sprache».

Die tiefste und schönste Erforschung der Sprache findet sich in
L. S. Wygotskis «Denken und Sprechen», das zuerst 1934 postum in
der Sowjetunion erschien. Man hat Wygotski – nicht zu Unrecht –
den «Mozart der Psychologie» genannt.

Eines meiner Lieblingsbücher ist «Sprache und die Entdeckung
der Wirklichkeit. Über den Spracherwerb des Kleinkindes» von Joseph Church, ein Buch, auf das man immer wieder zurückkommt.

KULTURANTHROPOLOGIE

Obgleich seine Erkenntnisse vielleicht überholt sind (vielleicht sind
sie es aber auch nicht), sind alle Werke von Lucien Lévy-Bruhl und
seine Überlegungen über das Denken und die Sprache der «Primitiven» von großem Interesse; sein erstes, 1910 erschienenes Buch
«Das Denken der Naturvölker» gibt eine gute Einführung.

«The Interpretation of Cultures» von Clifford Geertz muß man
zur Hand haben, wenn man sich Gedanken über «Kultur» macht –
es ist ein unerläßliches Korrektiv für naive, romantische Vorstellungen vom reinen, unverfälschten Menschen im Naturzustand.

Ebenso aber muß man Rousseau lesen, und zwar im Zusammenhang mit dem Thema ‹Gehörlose und ihre Sprache›; mir scheint
seine «Abhandlung über den Ursprung und die Gründe der Ungleichheit unter den Menschen» das reichste und ausgewogenste seiner Werke zu sein.

WILDE KINDER

Diese seltenen und schrecklichen, aber äußerst wichtigen Phänomene (von denen, wie Lord Monboddo gesagt hat, jedes bedeutsamer ist als die Entdeckung von dreißigtausend Sternen) ermöglichen einzigartige Einblicke in das Wesen von Menschen, die der normalen Sprache und Kultur beraubt sind. Es ist daher kein Zufall, daß Harlan Lanes erstes Buch «Das wilde Kind von Aveyron» sich damit befaßte.

Anselm von Feuerbachs 1832 erschienene Denkschrift über Kaspar Hauser ist eines der erstaunlichsten psychologischen Dokumente des 19. Jahrhunderts. Auch hier ist es gewiß kein Zufall, daß Werner Herzog nicht nur einen sehr bewegenden Film über Kaspar Hauser, sondern mit «Land des Schweigens und der Dunkelheit» auch einen Film über Taubblinde geschaffen hat.

Die eingehendste zeitgenössische Analyse des «Verbrechens an der Seele», das an Kaspar Hauser verübt wurde, findet sich in einem brillanten psychoanalytischen Essay von Leonard Shengold, der in dem Band «Halo in the Sky: Observations on Anality and Defense» enthalten ist.

Eine lohnende Lektüre ist auch Susan Curtiss' «Genie: A Psycholinguistic Study of a Modern-Day ‹Wild Child›» – eine äußerst detaillierte Untersuchung eines «wilden Kindes», das 1970 in Kalifornien entdeckt wurde.

BIBLIOGRAPHIE

Baker, Charlotte, und Battison, Robbin, Hg. 1980. *Sign Language and The Deaf Community: Essays in Honor of William C. Stokoe*. Silver Spring, Md.: National Association of the Deaf.

Bell, Alexander Graham. 1883. *Memoir Upon the Formation of a Deaf Variety of the Human Race*. New Haven: National Academy of Science.

Bellugi, Ursula. 1980. «Clues from the Similarities Between Signed and Spoken Language.» In *Signed and Spoken Language: Biological Constraints on Linguistic Form*, hg. v. U. Bellugi und M. Studdert-Kennedy. Weinheim und Deerfield Beach, Fla.: Verlag Chemie.

Bellugi, Ursula, und Newkirk, Don. 1981. «Formal Devices for Creating New Signs in American Sign Language.» *Sign Language Studies* 30: 1–33.

Bellugi, U.; O'Grady, L.; Lillo-Martin, D.; O'Grady, M.; van Hoek, K.; und Corina, D. 1989. «Enhancement of Spatial Cognition in Hearing and Deaf Children.» In *From Gesture to Language in Hearing Children*, hg. v. V. Volterra und C. Erting. New York: Springer Verlag.

Belmont, John; Karchmer, Michael; und Bourg, James W. 1983. «Structural Influences on Deaf and Hearing Children's Recall of Temporal / Spatial Incongruent Letter Strings.» *Educational Psychology* 3, Nr. 3–4: 259–274.

Brown, Roger. 1958. *Words and Things*. Glencoe, Ill.: The Free Press.

Bruner, Jerome. 1966. *Towards a Theory of Instruction*. Cambridge, Mass.: Harvard University Press.

–. 1986. *Actual Minds, Possible Worlds*. Cambridge, Mass., und London: Harvard University Press.

–. 1987. *Wie das Kind lernt*. Stuttgart: Huber.

Bullard, Douglas. 1986. *Islay*. Silver Spring, Md.: T. J. Publishers.

Burlingham, Dorothy. 1972. *Psychoanalytic Studies of the Sighted and the Blind*. New York: International Universities Press.

Changeux, Jean-Pierre. 1984. *Der neuronale Mensch: Wie die Seele funktioniert –. die Entdeckungen der neuen Gehirnforschung*. Reinbek: Rowohlt.

Chomsky, Noam. 1970. *Sprache und Geist*. Frankfurt a. M.: Suhrkamp.

–. 1971. *Cartesianische Linguistik: Ein Kapitel in der Geschichte des Rationalismus*. Tübingen: Niemeyer.

–. 1974. *Strukturen der Syntax*. Den Haag: Mouton.

Church, Joseph. 1971. *Sprache und die Entdeckung der Wirklichkeit*. Frankfurt a. M.: Suhrkamp.

Conrad, R. 1979. *The Deaf Schoolchild: Language and Cognitive Function*. London und New York: Harper & Row.

Corina, David P. 1989. «Recognition of Affective and Noncanonical Linguistic Facial Expressions in Hearing and Deaf Subjects.» *Brain and Cognition* 9, Nr. 2: 227–237.

Crick, Francis. 1989. «The Recent Excitement About Neural Networks.» *Nature* 337 (January 12, 1989): 129–132.

Curtiss, Susan. 1977. *Genie: A Psycholinguistic Study of a Modern-Day «Wild Child».* New York: Academic Press.

Damasio, A.; Bellugi, U.; Damasio, H.; Poinzer, H.; und van Gilder, J. 1986. «Sign Language Aphasia During Left-Hemisphere Amytal Injection.» *Nature* 322 (24. Juli 1986): 363–365.

Eastman, Gilbert. 1980. «From Student to Professional: A Personal Chronicle of Sign Language.» In *Sign Language and The Deaf Community*, hg. v. C. Baker und R. Battison. Silver Spring, Md.: National Association of the Deaf.

Edelman, Gerald M. 1987. *Neural Darwinism: The Theory of Neuronal Group Selection.* New York: Basic Books.

Erting, Carol J.; Prezioso, Carlene; und Hynes, Maureen O'Grady. 1989. «The Interactional Context of Deaf Mother-Infant Communication.» In *From Gesture to Language in Hearing and Deaf Children*, hg. v. V. Volterra und C. Erting. New York: Springer Verlag.

Fant, Louie. 1980. «Drama and Poetry in Sign Language: A Personal Reminiscence.» In *Sign Language and the Deaf Community*, hg. v. C. Baker und R. Battison. Silver Spring, Md.: National Association of the Deaf.

Feuerbach, Anselm von. 1832. *Kaspar Hauser: Beispiel eines Verbrechens am Seelenleben des Menschen.* Ansbach: Dollfuß.

Fischer, Susan D. 1978. «Sign Language and Creoles.» In *Understanding Language Through Sign Language Research*, hg. v. Patricia Siple. New York: Academic Press.

Furth, Hans G. 1972. *Denkprozesse ohne Sprache.* Düsseldorf: Schwann.

Gallaudet, Edward Miner. 1983. *History of the College for the Deaf, 1857–1907.* Washington, D.C.: Gallaudet College Press.

Gannon, Jack R. 1981. *Deaf Heritage: A Narrative History of Deaf America.* Silver Spring, Md.: National Association of the Deaf.

Gee, James Paul, und Goodhart, Wendy. 1988. «ASL and the Biological Capacity for Language.» In *Language Learning and Deafness*, hg. v. Michael Strong. New York und Cambridge: Cambridge University Press.

Geertz, Clifford. 1973. *The Interpretation of Cultures.* New York: Basic Books.

Goldberg, E. 1989. «The Gradiential Approach to Neocortical Functional Organization.» *Journal of Clinical and Experimental Neuropsychology* 11, Nr. 4 (Sommer 1989).

Goldberg, E., und Costa, L. D. 1981. «Hemispheric Differences in the Acquisition of Descriptive Systems.» *Brain and Language* 14: 144–173.

Goldberg, E.; Vaughan, H. G.; und Gerstman, L. G. 1978. «Nonverbal Descriptive Systems and Hemispheric Asymmetry: Shape Versus Texture Discrimination.» *Brain and Language* 5: 249–257.

Goldin-Meadow, S., und Feldman, H. 1977. «The Development of Language-like Communication without a Language Model.» *Science* 197: 401–403.

Grant, Brian, Hg. 1987. *The Quiet Ear: Deafness in Literature.* Vorwort v. Margaret Drabble. London: Andre Deutsch.

Gregory, Richard. 1974. *Concepts and Mechanisms of Perception*. London: Duckworth.

Groce, Nora Ellen. 1985. *Everyone Here Spoke Sign Language: Hereditary Deafness on Martha's Vineyard*. Cambridge, Mass., und London: Harvard University Press.

Head, Henry. 1926. *Aphasia and Kindred Disorders of Speech*. Cambridge: Cambridge University Press.

Heffner, H. E., und Heffner, R. S. 1988. «Cortical Deafness Cannot Account for ‹Sensory Aphasia› in Japanese Macaques.» *Society for Neuroscience Abstracts*, 14 (2): 1099.

Hewes, Gordon. 1974. «Language in Early Hominids.» In *Language Origins*, hg. v. W. Stokoe. Silver Spring, Md.: Linstok Press.

Hughlings-Jackson, John. 1915. «Hughlings-Jackson on Aphasia and Kindred Affections of Speech, together with a complete bibliography of his publications on speech and a reprint of some of the more important papers.» *Brain* XXXVIII: 1–190.

Hutchins, S.; Poizner, H.; McIntire, M.; Newkirk, D.; und Zimmerman, J. 1986. «A Computerized Written Form of Sign Languages as an Aid to Language Learning.» In *Proceedings of the Annual Congress of the Italian Computing Society* (AICA), Palermo, Italien: 141–151.

Itard, Jean. 1972. «Gutachten und Berichte über Victor von Aveyron.» In: Lucien Malson, Jean Itard, Octave Mannoni. *Die wilden Kinder*. Frankfurt a. M.: Suhrkamp.

Jacobs, Leo M. 1974. *A Deaf Adult Speaks Out*. Washington, D.C.: Gallaudet College Press.

James, William. 1893. «Thought Before Language: A Deaf-Mute's Recollections.» *American Annals of the Deaf* 38, Nr. 3: 135–145.

Johnson, Robert E.; Liddell, Scott K.; und Erting, Carol J. 1989. «Unlocking the Curriculum: Principles for Achieving Access in Deaf Education.» Gallaudet Research Institute Working Paper 89–3.

Kannapell, Barbara. 1980. «Personal Awareness and Advocacy in the Deaf Community.» In *Sign Language and the Deaf Community*, hg. v. C. Baker und R. Battison. Silver Spring, Md.: National Association of the Deaf.

Klima, Edward S., und Bellugi, Ursula. 1979. *The Signs of Language*. Cambridge, Mass.: Harvard University Press.

Kosslyn, S. M. 1987. «Seeing and Imagining in the Cerebral Hemispheres: A Computational Approach.» *Psychological Review* 94: 148–175.

Kuschel, R. 1973. «The Silent Inventor: The Creation of a Sign Language by the Only Deaf-mute on a Polynesian island.» *Sign Language Studies* 3: 1–27.

Kyle, J. G., und Woll, B. 1985. *Sign Language: The Study of Deaf People and Their Language*. Cambridge: Cambridge University Press.

Lane, Harlan. Hg. 1984. *The Deaf Experience: Classics in Language and Education*, übers. v. Franklin Philip. Cambridge, Mass., und London: Harvard University Press.

–. 1985. *Das wilde Kind von Aveyron: Der Fall des Wolfsjungen*. Berlin: Ullstein.

–. 1988. *Mit der Seele hören: Die Geschichte der Taubheit*. München: Hanser.

Lenneberg, Eric H. 1972. *Biologische Grundlagen der Sprache*. Frankfurt a. M.: Suhrkamp.

Lévy-Bruhl, Lucien. 1926. *Das Denken der Naturvölker*. Wien/Leipzig: Braumüller.

Liddell, Scott K., und Johnson, Robert E. 1986. «American Sign Language Compound Formation Processes, Lexicalization, and Phonological Remnants.» *Natural Language and Linguistic Theory* 4: 445–513.

–. In Vorbereitung. *American Sign Language: The Phonological Basis*. Silver Spring, Md.: Linstok Press.

Lurija, Alexander R. 1986. *Die historische Bedingtheit individueller Erkenntnisprozesse*. Weinheim: VCH.

Lurija, Alexander R. und Judowitsch, F. J. 1982. *Die Funktion der Sprache in der geistigen Entwicklung des Kindes*. Frankfurt a. M. / Berlin / Wien: Ullstein.

Mahler, Margaret S.; Pine, Fred; und Bergman, Anni. o. J. *Die psychische Geburt des Menschen. Symbiose und Individuation*. Frankfurt a. M.: Fischer TB.

Mann, Edwin John. 1836. *The Deaf and the Dumb*. o. O.: Hitchcock.

Miller, Jonathan. 1976. «The Call of the Wild.» *New York Review of Books*, 16. September.

Myklebust, Helmer R. 1960. *The Psychology of Deafness*. New York und London: Grune & Stratton.

Neisser, Arden. 1983. *The Other Side of Silence*. New York: Alfred A. Knopf.

Neville, Helen J. 1988. «Cerebral Organization for Spatial Attention.» In *Spatial Cognition: Brain Bases and Development*, hg. v. J. Stiles-Davis, M. Kritchevsky, und U. Bellugi. Hillsdale, N. J.; Hove; und London: Lawrence J. Erlbaum.

–. 1989. «Neurobiology of Cognitive and Language Processing: Effects of Early Experience.» In *Brain Maturation and Behavioral Development*, hg. v. K. Gibson und A. C Petersen. Hawthorn, N. Y.: Aldine Gruyter Press.

Neville, H. J., und Bellugi, U. 1978. «Patterns of Cerebral Specialization in Congenitally Deaf Adults: A Preliminary Report.» In *Understanding Language Through Sign Language Research*, hg. v. Patricia Siple. New York: Academic Press.

Newkirk, Don. 1987. *SignFont Handbook*. San Diego: Emerson & Stern Associates.

Padden, Carol. 1980. «The Deaf Community and the Culture of Deaf People.» In *Sign Language and the Deaf Community*, hg. v. C. Baker und R. Battison. Silver Spring, Md.: National Association of the Deaf.

Padden, Carol, und Humphries, Tom. 1988. *Deaf in America: Voices from a Culture*. Cambridge, Mass., und London: Harvard University Press.

Petitto, Laura A., und Bellugi, Ursula. 1988. «Spatial Cognition and Brain Organization: Clues from the Acquisition of a Language in Space.» In *Spatial Cognition: Brain Bases and Development*, hg. v. J. Stiles-Davis, M. Kritchevsky, und U. Bellugi. Hillsdale, N. J.; Hove; und London: Lawrence J. Erlbaum.

Poizner, Howard; Klima, Edward S.; und Bellugi, Ursula. 1987. *What the Hands Reveal about the Brain*. Cambridge, Mass., und London: MIT Press.

Rapin, Isabelle. 1979. «Effects of Early Blindness and Deafness on Cognition.» In *Congenital and Acquired Cognitive Disorders*, hg. v. Robert Katzman. New York: Raven Press.

–. 1986. «Helping Deaf Children Acquire Language: Lessons from the Past.» *International Journal of Pediatric Otorhinolaryngology* 11: 213–223.

Restak, Richard M. 1988. *Geheimnisse des menschlichen Gehirns: Ursprung von Denken, Fühlen und Handeln.* München: MVG.

Rymer, Russ. 1988. «Signs of Fluency.» *The Sciences*, September 1988: 5–7.

Sacks, Oliver. 1987. *Der Mann, der seine Frau mit einem Hut verwechselte.* Reinbek: Rowohlt.

Schein, Jerome D. 1984. *Speaking the Language of Sign.* Garden City, N. Y.: Doubleday.

Schlesinger, Hilde. 1987. «Dialogue in Many Worlds: Adolescents and Adults – Hearing and Deaf.» In *Innovations in the Habilitation and Rehabilitation of Deaf Adolescents*, hg. v. Glenn B. Anderson und Douglas Watson. Arkansas Research and Training Center.

–. 1988. «Questions and Answers in the Development of Deaf Children.» In *Language Learning and Deafness*, hg. v. Michael Strong. Cambridge und New York: Cambridge University Press.

Schlesinger, Hilde S., und Meadow, Kathryn P. 1972. *Sound and Sign: Childhood Deafness and Mental Health.* Berkeley, Los Angeles, London: University of California Press.

Shengold, Leonard. 1988. *Halo in the Sky: Observations on Anality and Defense.* New York: Guilford Press.

Stern, Daniel N. 1974. *Mutter und Kind: Die erste Beziehung.* Stuttgart: Klett-Cotta.

Stokoe, William C. 1960. *Sign Language Structure.* Reissued. Silver Spring, Md.: Linstok Press.

–. 1974. «Motor Signs as the First Form of Language.» In *Language Origins*, hg. v. W. Stokoe. Silver Spring, Md.: Linstok Press.

–. 1979. «Syntactic Dimensionality: Language in Four Dimensions.» Ersch. bei New York Academy of Sciences, November 1979.

–. 1980. Nachwort. In *Sign Language and the Deaf Community*, hg. v. C. Baker und R. Battison. Silver Spring, Md.: National Association of the Deaf.

–. 1987. «Sign Writing Systems.» In *Gallaudet Encyclopedia of Deaf People and Deafness*, Bd. 3, hg. v. John Van Cleve. New York: McGraw-Hill.

Stokoe, William C.; Casterline, Dorothy C.; und Croneberg, Carl G. 1976. *A Dictionary of American Sign Language on Linguistic Principles.* Überarbeitete Ausg., Silver Spring, Md.: Linstok Press.

Strong, Michael. 1988. «A Bilingual Approach to the Education of Young Deaf Children: ASL and English.» In *Language Learning and Deafness*, hg. v. M. Strong. Cambridge und New York: Cambridge University Press.

Supalla, Samuel J. In Vorbereitung. «Manually Coded English: The Modality Question in Signed Language Development.» In *Theoretical Issues in Sign Language Research*, Bd. 2: *Acquisition*, hg. v. Patricia Siple. Chicago: University of Chicago Press.

Supalla, Ted, und Newport, Elissa. 1978. «How Many Seats in a Chair?: The Derivation of Nouns and Verbs in American Sign Language.» In *Understanding Language through Sign Language Research*, hg. v. Patricia Siple. New York: Academic Press.

Tronick, E.; Brazelton, T. B.; und Als, H. M. 1978. «The Structure of Face-to-face Interaction and its Developmental Function.» *Sign Language Studies* 18: 1–16.

Tylor, E. B. 1874. *Researches into the Early History of Mankind*. London: Murray.

Van Cleve, John V., Hg. 1987. *Gallaudet Encyclopedia of Deaf People and Deafness*. New York: McGraw-Hill.

Walker, Lou Ann. 1989. *Leben in einer stummen Welt*. München: Knaur.

Washabaugh, William. 1986. *Five Fingers for Survival*. Ann Arbor: Karoma.

Whorf, Benjamin Lee. 1963. *Sprache – Denken – Wirklichkeit: Beiträge zur Metalinguistik und Sprachphilosophie*. Reinbek: Rowohlt.

Winefield, Richard. 1987. *Never the Twain Shall Meet: Bell, Gallaudet and the Communications Debate*. Washington, D.C.: Gallaudet University Press.

Winnicott, D. W. o. J. *Reifungsprozesse und fördernde Umwelt: Studien zur Theorie der emotionalen Entwicklung*. Frankfurt a. M.: Fischer TB.

Wittgenstein, Ludwig. 1984. *Philosophische Untersuchungen*. In: Werkausgabe, Bd. 1. Frankfurt a. M.: Suhrkamp.

Wood, David; Wood, Heather; Griffiths, Amanda; und Howarth, Ian. 1986. *Teaching and Talking with Deaf Children*. Chichester und New York: John Wiley & Sons.

Woodward, James. 1978. «Historical Bases of American Sign Language.» In *Understanding Language Through Sign Language Research*, hg. v. Patricia Siple. New York: Academic Press.

Woodward, James. 1982. *How You Gonna Get to Heaven if You Can't Talk with Jesus: On Depathologizing Deafness*. Silver Spring, Md.: T. J. Publishers.

Wright, David. 1969. *Deafness*. New York: Stein and Day.

Wygotski, Lew Semjonowitsch. 1969. *Denken und Sprechen*. Frankfurt a. M.: S. Fischer.

Zaidel, E. 1981. «Lexical Organization in the Right Hemisphere.» In *Cerebral Correlates of Conscious Experience*, hg. v. P. Buser und A. Rougeul-Buser. Amsterdam: Elsevier.

REGISTER

217

223